Dia Nobre

INCÊNDIOS DA ALMA

Maria de Araújo e os milagres do Padre Cícero:
a história que o Vaticano tentou esconder

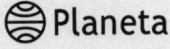

Copyright © Dia Nobre, 2024
Copyright © Editora Planeta do Brasil, 2024
Todos os direitos reservados.

Preparação: Fernanda Guerriero Antunes
Revisão: Thayslane Ferreira e Marianna Muzzi
Projeto gráfico e diagramação: Márcia Matos
Capa: Renata Spolidoro
Ilustração de capa: Daiane Lucio
Pesquisa iconográfica: Tempo Composto Ltda | Daniela Baraúna

Dados Internacionais de Catalogação na Publicação (CIP)
Angélica Ilacqua CRB-8/7057

Nobre, Dia
    Incêndios da alma : Maria de Araújo e os milagres do Padre Cícero: a história que o Vaticano tentou esconder / Dia Nobre. – 1. ed. – São Paulo : Planeta do Brasil, 2024.
    336, [16] p.

ISBN 978-85-422-2743-7

1. Araújo, Maria de, 1862-1914 - Biografia 2. Vida cristã I. Título

24-2222   CDD 922

Índice para catálogo sistemático:
1. Araújo, Maria de, 1862-1914 - Biografia

 Ao escolher este livro, você está apoiando o manejo responsável das florestas do mundo

2024
Todos os direitos desta edição reservados à
EDITORA PLANETA DO BRASIL LTDA.
Rua Bela Cintra, 986 – 4º andar
Consolação – 01415-002 – São Paulo-SP
www.planetadelivros.com.br
faleconosco@editoraplaneta.com.br

Para minha avó, Ana Guerra.

Eu sou uma pessoa que nasci dentro do mato, me criei dentro do mato, não tive educação nenhuma, só do meu pai e da minha mãe, de rezar e adorar o Nosso Senhor. É só o que eu sei.

Ana Guerra, minha avó, em gravação caseira

Para enxergar é preciso olhar, é preciso saber o que se olha.

Olga Tokarczuk

Começo por avisar: não assumo qualquer responsabilidade pela exatidão dos fatos, não ponho a mão no fogo, só um louco o faria. Não apenas por serem decorridos mais de dez anos, mas, sobretudo porque verdade cada um possui a sua, razão também, e no caso em apreço não enxergo perspectiva de meio-termo, de acordo entre as partes. Enredo incoerente, confuso episódio, pleno de contradições e absurdos, conseguiu atravessar a distância a mediar entre a esquecida cidadezinha fronteiriça e a capital [...] indo ressoar na imprensa metropolitana.

Jorge Amado

Nota da autora

Esta edição é fruto da adaptação do trabalho entregue originalmente como tese do doutorado em História Social na Universidade Federal do Rio de Janeiro no ano de 2014. O texto original, que contém extensas citações teóricas e referências acadêmicas que servem de instrumento para pesquisa, pode ser acessado no Banco de Teses e Dissertações da Capes.

Neste volume, minha preocupação se ateve a narrar a história da beata Maria de Araújo, apresentando a você, leitor, um texto repleto de detalhes e fluidez. O que, muitas vezes, não se consegue em uma tese acadêmica.

Os textos em italiano, latim, francês e inglês foram traduzidos livremente por mim.

Prefácio à primeira edição

"A BEATA É POBRE E DE BAIXA CONDIÇÃO! O JUAZEIRO É UM INSIGnificante povoado! Serão estes os obstáculos às manifestações divinas?", assim o monsenhor Francisco Rodrigues Monteiro demonstrou sua indignação com as desconfianças sobre a santidade de Maria de Araújo, personagem central do evento que deu início à fama de "milagreiro" ao padre Cícero Romão Batista. Monsenhor Monteiro foi um dos maiores defensores da veracidade da transformação da hóstia em sangue quando posta na boca de Maria, a partir de março de 1889.

A beata era zeladora do Apostolado da Oração – também conhecido como Associação do Sagrado Coração de Jesus –, leiga, analfabeta, negra e tinha por "diretor espiritual" o próprio padre Cícero. Depois do primeiro evento, a transubstanciação repetiu-se por várias semanas, sempre às quartas e sextas-feiras, atraindo um número crescente de curiosos e crentes.

Reitor do Seminário do Crato, monsenhor Monteiro comandou cerca de 3 mil pessoas à capela de Nossa Senhora das Dores em Juazeiro, local onde Maria de Araújo continuou a operar o inexplicável acontecimento. Considerada a primeira romaria ao Juazeiro, aumentou de forma incontrolável o conhecimento do caso – a essa altura, ampliado pela publicidade adquirida pela beata e pelos paninhos nos quais o suposto sangue ficaria guardado. Cerca de seis meses depois, ao saber pelos jornais da proporção assumida pelo "milagre", Dom Joaquim Vieira, o bispo de Fortaleza, exigiu explicações do padre Cícero. Quase um ano depois, teve início o Primeiro Processo Episcopal sobre a hóstia ensanguentada de Maria de Araújo.

Esses ingredientes poderiam dar base a uma farsa ou a uma tragédia ficcional, não fosse a História sempre mais imprevisível que qualquer criação imaginária. Imprevisível e surpreendente, pois, se Maria de Araújo foi uma das protagonistas dessa história, podemos nos perguntar: Por que só o padre Cícero é até hoje conhecido? Como tão poucos sabem quem foi a beata que deu origem à fama popular e religiosa do "Padinho"?

Essas e várias outras questões conduziram o trabalho de pesquisa de Dia Nobre por mais de dez anos. Com base nele, poderemos conhecer uma parte da história dessa beata, bem como percorrer os caminhos que a fizeram "desaparecer" no rasto da notoriedade alcançada por Cícero. A primeira contribuição do trabalho de Dia é mostrar que muitas vezes não encontramos as respostas porque as perguntas não foram feitas, e não porque as fontes não existam ou não podiam responder a elas.

No caso de Maria de Araújo, o mais impressionante é exatamente constatar, com espanto, como essa história ainda não tinha sido objeto de pesquisa historiográfica aprofundada, quando boa parte da documentação consultada esteve sempre disponível no Brasil. Contudo, além de reunir vasta correspondência de sacerdotes, bispos, médicos e com a Santa Sé, Dia incluiu também uma documentação inédita do *Archivio Segreto Vaticano* e do *Archivio dela Congregazione per la Dottrina della Fede* sobre o caso – parte dela reproduzida em um precioso Caderno de Imagens. Enviado para Roma em 1893, o processo recebeu um julgamento definitivo e rigoroso. Maria não passava de uma farsante.

Localizada e consultada a documentação, o passo seguinte foi buscar a personagem e a fala de Maria de Araújo e de suas oito companheiras beatas na documentação produzida com a finalidade de condená-la. Com as perguntas direcionadas e as narrativas dessas mulheres – sobretudo de Maria de Araújo –, então seria possível procurar o fio de autenticidade que a trama inquisitorial terminou por encobrir.

Expressão nada original de modelo de santidade feminina, bastante divulgada com base em relatos hagiográficos de meados da Idade Média, a trajetória de Maria recuperada pela documentação identifica ainda na infância os primeiros traços do comportamento especial e marcado por desígnios insondáveis que a levariam das visões aos estigmas, do arrebatamento ao casamento místico com Jesus Cristo e, finalmente, à transubstanciação da hóstia em *Precioso Sangue*.

Produto de uma antiga e secular narrativa sobre a vida dos santos e santas, a beata assumiu desde jovem a versão possível de santidade à qual parecia predestinada, cumprindo os passos que a fariam reconhecida por sua vivência mística e pessoal, ao mesmo tempo compartilhada e dividida com a comunidade que a valorizava. A ambiguidade desse lugar – produto de um discurso e fonte de poder – indica, ao mesmo tempo, a vulnerabilidade de Maria em meio à teia de discursos e práticas masculinas que envolveu seu caso, no ano da Proclamação da República.

E, aqui, abre-se mais uma das muitas camadas que o trabalho de Dia analisa e organiza, no grande mosaico de questões políticas e religiosas que a possibilidade de um milagre poderia acarretar para a Igreja no contexto de reordenação de seus poderes, com o fim do padroado e o fortalecimento dos poderes laicos e civis da República.

Na outra ponta, o padre Cícero beneficiou-se exatamente da força local do poder religioso conquistado como intermediário do "milagre da hóstia". Poder religioso que logo se tornou capital político – muito bem negociado pouco tempo depois –, mas não impediu que fosse punido pela ousadia de afirmar a consumação de milagre sem confirmação oficial, jamais obtida.

A história de Maria de Araújo que Dia nos traz, ilumina, assim, várias dimensões da história daqueles anos de transição da Monarquia para a República. A história da construção de uma crença, de um lugar santo, de uma beata e de um padre sacralizados pela vivência religiosa popular, alheia à ortodoxia que os processos episcopais buscam controlar. A transformação da hóstia foi objeto também da ciência: médicos buscaram explicações racionais para o sangue que brotava da boca de Maria, sem chegar a um consenso.

Religião e política, religião e ciência, religiosidade popular e ortodoxia católica são alguns dos binômios imbricados na teia de múltiplos atores e interesses que se cruzaram a partir dos eventos extraordinários ocorridos na capela de Nossa Senhora das Dores, em março de 1889. O caso seria encerrado em Roma, por meio do Relatório de 1898: Maria foi reduzida a "embusteira" e inventora de milagres. Sua história deveria ser silenciada para sempre, repetindo o desfecho de tantos outros processos semelhantes e anteriores.

Assim, subjacente aos aspectos já ressaltados, o peso do gênero de Maria se expressa de forma completa: condenada, retirada da casa do padre Cícero onde vivia, foi isolada e esquecida. Juazeiro floresceu, o padre viu seu poder religioso e político crescer, Maria desapareceu gradativamente dos registros que, pouco tempo depois, relataram o evento. Da entrega de seu corpo à mística católica ao desaparecimento físico da própria história, eis o que *Incêndios da alma* nos leva a conhecer.

A opção pela narrativa dos múltiplos aspectos que envolveram a história construída para Maria de Araújo, seus meandros e nuances, revelam a complexidade de um tempo e as combinações inesperadas que seus personagens puderam construir ou representar. Dia nos guia pelas sendas dessas muitas possibilidades, com um texto envolvente e uma tese desafiadora, apoiada em documentação variada e rara competência para analisá-las.

Que nos deixemos levar por sua leitura é o convite que faço, na certeza de que descobrirão novas perspectivas historiográficas e interpretativas acerca do "milagre do Juazeiro" e de seus personagens. E ainda outras tantas perguntas à espera de respostas, a demonstrar um dos aspectos mais fecundos que se pode esperar da pesquisa séria, sofisticada e abrangente que *Incêndios da alma* nos oferece.

Jacqueline Hermann
Professora Titular aposentada da UFRJ,
Professora Colaboradora do PPGHIS
Maio de 2016

Entre Anas e Marias

[...] nos dijeron, a toditos, que eso era hermoso y misterioso, que eso, morir, sacrificarte, entregar tu cuerpo a los más horribles tormentos por y para alguien, era el amor.

Mónica Ojeda

QUANDO EU ERA CRIANÇA, TINHA QUE LEVANTAR MUITO CEDO para acompanhar minha avó na sua rotina muito peculiar de rezas e orações. Ela despertava às quatro da manhã, sem precisar de relógio, pois dizia que era acordada pelas almas do purgatório. Ajoelhava-se em frente ao pequeno altar na sala de visitas pintada de verde-água e rezava o Ofício da Imaculada Conceição:

> Agora, lábios meus,
> dizei e anunciai
> os grandes louvores
> da Virgem, Mãe de Deus.
> Sede em meu favor,
> Ó Virgem Soberana
> livrai-me do inimigo
> com Vosso valor.

Depois, íamos para a Igreja dos Franciscanos. Eu, uma criança que só queria dormir; ela, uma mulher de 1,50 metro de altura, mãos ásperas do trabalho na roça, olhos tristes de solidão e uma fé inabalável.

O ritual do Ofício se repetia ainda ao meio-dia e às 6 horas da tarde, durante o crepúsculo. Entre *laudes*, *noas* e *vésperas*, eu poderia dizer que minha avó era uma beata, se por beata eu entendo uma mulher devota e religiosa. Como ela, tantas outras chegaram ao Cariri ainda criança, movidas pela fé de seus pais, saídos de Esperança, na Paraíba – como se a crença fosse algo que passa de pai para filho (e não é?) –, para habitar as terras doces da Chapada do Araripe e confirmar a fé nos poderes milagrosos do padre Cícero.

Muitos podem achar que esses rituais e práticas não passam de mera subserviência à Igreja Católica e à sua hierarquia. Eu também pensava assim, até quando, muitos anos depois, eu me inquietei com a história de outra beata: a Maria de Araújo. Minha avó, como a maioria dos adventícios do Juazeiro, sabia pouco sobre essa mulher, mas, mesmo sem saber, elas tinham muito em comum. Ambas ouviam um chamado, conversavam com espíritos e acreditavam que há algo sobrenatural, divino e maravilhoso que vai muito além da nossa compressão.

Hoje eu invejo essa capacidade de crer no mistério sem ressalvas que minha avó e a beata Maria tinham. No entanto, como uma mulher nascida no final do século XX, eu faço a única coisa que poderia fazer para honrar a vida difícil que elas tiveram: escrevo e tento, assim, libertá-las do esquecimento.

Dia Nobre

1

O milagre ou a semente da discórdia

NAQUELA NOITE MARIA DE ARAÚJO NÃO DORMIU. PASSOU TODA A madrugada em vigília com suas companheiras rezando novenas ao Sagrado Coração de Jesus na capela do pequeno povoado do Juazeiro.

Por volta das cinco da manhã, o padre Cícero Romão Batista decidiu ministrar a comunhão às incansáveis mulheres que estiveram com ele naquela penitência, dispensando-as de acompanhar a missa matinal.

Ao receber a comunhão, Maria sentiu um calafrio e um arrebatamento tomou-lhe a alma. Ela caiu em êxtase. Quando voltou a si, notou que um líquido espesso escorria da sua boca. Era sangue. Ela olhou para seu diretor espiritual e mostrou a transformação que acabara de ocorrer. O sangue brotava da hóstia consagrada em tão grande quantidade que caía no chão.

Aquela era a primeira sexta-feira da quaresma de 1889.

Maria de Araújo tinha 27 anos, morava com sua família – mãe e oito irmãos – e vivia de pequenas costuras, com as quais também ajudava no sustento da casa, como faziam todas as mulheres da região que não haviam se casado.

O sangramento da hóstia na madrugada de 6 de março de 1889 marcou, no entanto, uma mudança crucial em sua rotina. Ela começou a ser visitada por crentes e curiosos, atraídos principalmente pela natureza extraordinária dos fenômenos. Ainda naquele ano, mudou-se para a casa do padre Cícero, onde já vivia a beata Joana Tertulina (1864-1944), conhecida como beata Mocinha, secretária e governanta do padre.

Como as outras mulheres presentes na capela naquela sexta-feira, Maria de Araújo era zeladora do Apostolado da Oração, uma associação leiga que nasceu na França em 1844, aprovada pelo Papa Pio IX em 1849, também conhecida como Associação do Sagrado Coração de Jesus. As leigas que participavam dessa associação eram chamadas de *beatas*, alcunha que acabava por se incorporar ao nome delas, como um título sagrado.

A princípio, o acontecimento permaneceu restrito ao local, mas foi ganhando popularidade, pois passou a se repetir todas as quartas e sextas-feiras daquele mês de quaresma, inclusive quando outros padres ministravam a comunhão. O sangue que brotava da hóstia assim que ela entrava em contato com a boca de Maria de Araújo era enxuto com alguns panos, guardados pelo padre Cícero em uma urna de vidro depositada no sacrário da pequena igreja. Aos poucos, os panos manchados de sangue também se tornaram objeto de culto, atraindo romeiros de todas as partes do Brasil.

Em 1891, a Diocese cearense instaurou um Processo Episcopal, a fim de investigar se os fenômenos extraordinários manifestados por Maria de Araújo eram milagres, embustes ou manifestações diabólicas. O Processo, dividido em dois inquéritos, executados entre 1891 e 1892, foi enviado para a Congregação para a Doutrina da Fé, com sede em Roma, em 1893. Em 1894, a Santa Sé exarou sua decisão: os fenômenos eram falsos e Maria de Araújo, uma embusteira.

Para entendermos como se chegou a esse resultado em tão pouco tempo, é preciso que voltemos um pouco à história da própria formação sociopolítica do Brasil naquele momento.

Considerando que Maria de Araújo era uma mulher negra naquele contexto de recém abolição da escravatura, havia uma dificuldade dos membros da Igreja Católica de empatizarem com sua imagem, por causa da desqualificação social que a população negra sofreu com a escravidão no período de colonização, quando o regime era justificado a partir da inferioridade espiritual dos povos africanos.

No período colonial, podemos destacar os cultos a Santo Elesbão e Santa Ifigênia, os santos pretos carmelitas, estudados por Anderson de Oliveira e que, nas igrejas do Rio de Janeiro e de Minas Gerais, faziam parte de um projeto de catequese para os africanos e seus descendentes, reforçando a unidade de crenças, mas mantendo as diferenças hierárquicas baseadas na cor.[1] Outras igrejas que serviam de espaço de integração para as irmandades de negros, como as de Nossa Senhora do Rosário dos Pretos, estavam localizadas nas capitais (Fortaleza, Recife, Salvador), não havendo nenhuma na região do Vale do Cariri até 1921 quando foi inaugurada na pequena cidade de Barbalha.

É importante notar também a pouca representação de mulheres negras na Igreja daquele período. Um destaque importante é o caso de Rosa Egipcíaca, uma ex-escravizada africana que fundou um convento de recolhidas no Rio de Janeiro no século XVIII. No entanto, após sua morte, Rosa também acabou esquecida por muito tempo nos porões dos arquivos da Torre do Tombo até 1983.[2]

Destituídas de significado histórico, as personagens negras da História do Brasil foram apagadas por estruturas de poder feitas por homens brancos e só podem ter suas memórias recuperadas quando, nós, pesquisadoras, ousamos perguntar onde elas estão.

---

1. Cf. OLIVEIRA, A. J. M. *Devoção Negra:* santos pretos e catequese no Brasil Colonial. Rio de Janeiro: Quartet/FAPERJ, 2008.
2. MOTT, Luís. *Rosa Egipcíaca:* uma santa africana no Brasil. São Paulo: Companhia das Letras, 1993, p. 241.

Nas próximas páginas, nos aproximaremos dos elementos que contribuíram para o esquecimento social e historiográfico de Maria de Araújo para depois nos reencontrarmos na documentação.

2

Religião e política no Vale do Cariri: edifícios arruinados e população revoltosa

Com a divulgação dos fenômenos, chamados por muitos de *milagres*, surgiram vários conflitos de ordem hierárquica entre a Diocese e os crentes. Apesar de ser uma diocese jovem, questões de quebra ou conflito com a hierarquia não eram inéditas na história do Episcopado cearense.

Até meados do século XIX, o Ceará pertencia à jurisdição eclesiástica da Diocese pernambucana e, nos Relatórios dos Presidentes de Província, abundavam as reclamações sobre a "decadência do culto" e "um clero ignorante, de costumes derrancados, de uma moral corrupta, envolvido em questões, e interesses do século e descuidoso da sua celeste missão", como descreve o Relatório do Presidente José Joaquim Coelho em 10 de setembro de 1841.

Ainda há queixas sobre o estado dos templos em todos os relatórios entre 1836 e 1860 denunciando o seguinte: "[As igrejas tinham] edifícios arruinados, sem asseio, imundos, paramentos dilacerados, ou antes, indecentes andrajos; alfaias que o mais pobre não quereria ter em casa, como podem excitar o respeito, acatamento, o terror, que devem dominar os espíritos em presença dos tremendos mistérios da Religião?". Trata-se do Relatório do Presidente de Província Vicente Pires da Mota de 1º de julho de 1855.

Outra questão que incomodava o Presidente era o envolvimento dos padres na política, principalmente porque havia ali uma divisão em termos de afinidades partidárias que foram se definindo já ao longo da primeira metade do século XIX: de um lado, o Partido Liberal (*chimangos*), que tinha mais força e prestígio no Vale do Cariri; de outro, o Partido Conservador (*saquaremas*), com maior representação na Capital.

A antecipação da maioridade de D. Pedro II e sua elevação ao trono em 1840 fortaleceram esse movimento de centralização e promoveram a atuação dos conservadores. No Ceará, os efeitos foram logo sentidos, uma vez que, no final da década de 1830, o poder dos *chimangos* reduziu de modo considerável. Os anos que seguem a essas mudanças estruturais na política nacional colocam a capital Fortaleza em oposição às cidades do sul da província:

> [...] a organização judicial centralizada em Fortaleza, o estabelecimento da Guarda Nacional nos distritos do interior da província, a constituição de um sistema de ensino secundário público em Fortaleza, e, principalmente, a superação econômica do porto de Aracati, o grande entreposto entre o Recife e o sertão, pelo porto de Fortaleza. Reforçando essa centralização, a construção das ferrovias, que direcionaram os fluxos da economia colonial dos postos do sertão para o porto de Fortaleza, também foi um elemento importante na segunda metade do século XIX.[3]

---

3. OLIVEIRA, Almir Leal de. A construção do Estado Nacional no Ceará na Primeira Metade do Século XIX: autonomias locais, consensos políticos e projetos nacionais. *In*: OLIVEIRA, Almir Leal de; BARBOSA, Ivone Cordeiro (Org.). *Compilação das Leis provinciais:* Estado e cidadania (1835-1861). 3 volumes. Fortaleza: INESP, 2009, p. 19.

Uma consequência dessas querelas políticas e econômicas é o vínculo que a região do Cariri construiu com a província de Pernambuco e a rivalidade estabelecida com a própria capital da província, Fortaleza. A disputa era tão acirrada que os filhos dos fazendeiros e donos de engenho iam estudar geralmente no Seminário de Olinda, no qual a formação clerical era associada a um espírito liberal e nacionalista fugindo do ranço conservador da capital.

Alguns episódios ocorridos ainda no início do século XIX mostram como no Cariri a política girava em torno dos ideais republicanos. Conta-se que, já em 1817, alguns padres – entre eles, o vigário Miguel Carlos de Saldanha e o padre José Martiniano de Alencar – proclamaram a República no Crato, inspirados pelo movimento republicano ocorrido naquele mesmo ano em Pernambuco, a chamada *Revolução Pernambucana*.

O historiador caririense Irineu Pinheiro narra o episódio: "Neste dia subiu ao púlpito da matriz do Crato, revestido de batina e roquete, o diácono José Martiniano de Alencar, emissário do governo revolucionário de Pernambuco, e proclamou nossa Independência e República".[4] O movimento, apesar de fracassado, rendeu ao padre José Martiniano projeção política que o levou à presidência da província entre outubro de 1834 e novembro de 1837, e depois a assumir um cargo de senador vitalício do Império.

Uma série de pequenos incidentes marcou esse período, como o de 5 de agosto de 1821, quando moradores da Serra de São Pedro (antigo distrito do Crato, atual Caririaçu), fiéis ao Rei, durante a realização de um *Te Deum* em ação de graças ao regime constitucional na Matriz do Crato, invadiram a igreja atacando os presentes, pois ouviram dizer que a imagem de Nossa Senhora da Penha seria substituída pela de uma prostituta chamada Úrsula. O episódio, que ficou conhecido como a *Invasão dos Cerca-Igrejas*, foi logo aplacado pelas forças locais.

---

4. PINHEIRO, Irineu. *Efemérides do Cariri*. Fortaleza: Imprensa Universitária do Ceará, 1963, p. 57.

Outro conflito importante e de maior relevância nacional foi a *Confederação do Equador* em 1824, da qual participaram os principais representantes das famílias abastadas do Crato que se opunham à política centralizadora do governo de Dom Pedro I. Em 1831, outro conflito político de caráter emancipacionista opôs as vilas de Crato e Jardim (separadas por apenas 55 quilômetros). Se no Crato o movimento era em prol da autonomia provincial, em Jardim o movimento político reivindicava a restauração de D. Pedro I. O conflito se estendeu até 1834, terminando com a prisão e o fuzilamento do líder das tropas jardinenses, coronel Joaquim Pinto Madeira, no dia 28 de novembro de 1834.

Acompanhando as publicações do jornal *O Araripe*, primeiro jornal publicado na região do Cariri, que se declarava abertamente como um defensor das ideias liberais, é possível entender um pouco das tensões e dos conflitos latentes na sociedade caririense de meados do século XIX.

De início, formado a partir de núcleos familiares, de relações de apadrinhamento e de tomadas de partido em determinadas ocasiões, o cenário político no Cariri não fugiu à regra de uma tendência centralizadora que dirigia o governo brasileiro na época.

As notícias destacam uma ativa vida política na região, sendo o espaço da igreja utilizado para as reuniões de partido e para as eleições provinciais. Em 1856, no entanto, um ofício do visitador da Província, cônego Antônio Pinto de Mendonça, proibiu os encontros nas igrejas, visto que muitas vezes os acirramentos decorrentes das discussões políticas terminavam em mortes. Em oito de setembro de 1856, por exemplo, o memorialista Irineu Pinheiro conta que uma eleição na matriz do Crato para juiz de paz e membros da câmara terminou no assassinato de um eleitor do partido liberal, José Gonçalves Landim, por dois soldados da força local e pelo delegado que era do partido conservador.

A participação maciça da elite caririense masculina na política fez a Igreja no final do século XIX se configurar como um espaço singularmente feminino, no qual os homens só apareciam em tempos de eleições, como relatam os viajantes da época, a exemplo das descrições que o botânico Freire Alemão faz em seu *Diário de viagem*. Ele passou pela região nos anos entre 1859 e 1860 quando estava à frente da Comissão Científica de Exploração das Províncias do Norte, que tinha como objetivo coletar dados sobre a fauna e flora brasileira. Em seu diário, encontramos mais de dez relatos que observam que a quantidade de mulheres nos cultos superava, e muito, a presença masculina: "O corpo da igreja tinha grande quantidade de mulheres [...] os homens que ainda eram poucos, estavam em roda, encostados nas pilastras". Em outro momento, ele diz: "Havia uma boa porção de mulheres, pela maior parte brancas, poucos cabras e negros; muito poucos homens".[5]

Nesse sentido, a criação de um bispado próprio em 1860 e a nomeação de Dom Luís Antônio dos Santos (1817-1891) para ocupar o cargo de bispo foram, segundo o jornal *O Cearense*, providenciais no sentido de impor ordem a esse "desregramento moral e social" que atingia o Ceará e a própria Igreja brasileira: "[Esta] se acha ameaçada, senão de um cisma ao menos de graves e desagradáveis complicações do governo por causa do célebre projeto dos casamentos mistos", diz o editorial de 18 de setembro de 1859.

Não obstante, Dom Luís ficou conhecido pelo bom senso com o qual administrava "[...] as lutas mais ranhidas [sic] travadas entre o Estado e o Clero [...] ao passo que mantinha ilesos os direitos da Igreja, que julgava imprescritíveis, não procurava perturbar as boas relações existentes entre a sociedade civil e religiosa", como lemos no jornal *A Constituição* de 30 de julho de 1882.

---

5. ALEMÃO, Freire. *Diário de viagem de Francisco Freire Alemão* (1859-1861) / Francisco Freire Alemão; organização e apresentação, Antônio Luiz Macêdo e Silva Filho, Francisco Régis Lopes Ramos, Kênia Sousa Rios. Fortaleza: Fundação Waldemar Alcântara, 2011, p. 49.

Abundam na historiografia os relatos sobre um clero desmoralizado e negligenciado nas Dioceses brasileiras no século XIX. A situação era tão difícil de controlar que mesmo as Dioceses antigas, cujos padres haviam se formado em sua maioria na Europa – como a Diocese de São Paulo –, caíram no descrédito. Uma carta do Secretário de Estado do Vaticano, o cardeal Mariano Rampolla (1843-1913), para o Internúncio brasileiro Girolamo Maria Gotti (1834-1916), em julho de 1889, critica o clero brasileiro e pede mais rigor da representação eclesiástica no país:

> Faço-lhe saber então, ter sido enviado à Santa Sé uma nova reclamação à Diocese de São Paulo, na qual existe um quadro verdadeiramente desolador das condições da religião católica [...] Se diz que o povo viva na mais crassa ignorância em questão de religião, não praticam os deveres, não recebem os sacramentos. O Clero ignorante e indolente negligencia suas obrigações especialmente a instrução catequética, a predicação e a observância da disciplina eclesiástica.

A situação de São Paulo pode com facilidade ser estendida a todo o território brasileiro, e a vinda de Dom Luís para o Ceará foi significativa para o projeto de contenção desse desregramento.

Dom Luís era natural de Angra dos Reis, no Rio de Janeiro. Formou-se em Direito Canônico no Colégio Pio Latino-americano de Roma e foi discípulo de Dom Antônio Ferreira Viçoso (1787-1875), conhecido por sua ação reformadora enquanto bispo de Mariana, Minas Gerais. Foi indicado para o Bispado do Ceará em 31 de janeiro de 1859 por Decreto Imperial, confirmado pelo Papa Pio IX em 28 de setembro de 1860, e, em 16 de junho de 1861, tomou posse da Diocese em um ato solene realizado na catedral de Fortaleza, qualificado pelo jornal *O Cearense* como "aparatoso".

O mesmo jornal reiterava em 20 de agosto de 1861 que o novo bispo encontraria a "sua igreja carecedora de séria proteção". Esse periódico dizia: "O mal estado das matrizes e outras necessidades do culto devem merecer-lhe a solicitude do seu paternal cuidado".

Em suas cartas ao Internúncio Apostólico, o próprio Dom Luís ratifica o seguinte sobre a situação do clero: "Neste Bispado é como em todo o Império, esquecido de suas obrigações; por isso os bispos devem por toda a sua esperança na criação de novo [clero] educado convenientemente", diz em carta de 28 de fevereiro de 1862. Em outra carta, de julho de 1862, o bispo avisa ao Internúncio Apostólico que prefere seguir o calendário de festas de Mariana, "mais conforme à [folhinha] Romana" que aquele usado no Pernambuco, mais atrasado. Na mesma carta, justifica o atraso do envio das indicações das novas paróquias: "porque [...] não me posso deliberar a pôr Paróquias a concursos enquanto não tiver um Clero, em que possa escolher com segurança de consciência".

A reforma "à romana" mencionada pelo diocesano é o que na historiografia brasileira ficou conhecida como "romanização" ou "política ultramontana", e tinha como objetivo remodelar o clero dando ênfase à autoridade institucional e hierárquica da Igreja, como forma de controlar a doutrina e sobretudo as manifestações fervorosas do laicato.

Em um ofício dirigido ao Presidente de Província em 16 de janeiro de 1862, Dom Luís apresentou seu primeiro projeto para a Diocese: a construção de um Seminário para formação de um novo corpo eclesiástico, segundo ele, mais urgente e importante que a reforma das matrizes, pois uma das causas do "mau clero" era justamente a falta de formação:

> Os estudantes desta Diocese que podem pagar, mando-os para o Seminário da Bahia, que é o único dos vizinhos, que me merece conceito devido a

>   reforma feita pelo falecido Sr. Arcebispo. Os do
>   Maranhão e do Pernambuco ainda se acham dirigi-
>   dos pelo velho sistema, que tão maus resultados
>   têm dado, como prova o atual Clero.

O requerimento de construção de um Seminário no Ceará foi apoiado pela imprensa local e pelos políticos mais influentes da província. Em 24 de setembro de 1862, o deputado Figueira de Mello reforçou a sua criação no jornal *Gazeta Oficial*, argumentando sobre a "carência de clérigos para ministrarem os sacramentos e exercer os ofícios religiosos", carência aumentada naquele momento por causa da epidemia de cólera que grassou no estado deixando inúmeras vítimas.

Dom Luís ainda empreendeu uma severa perseguição às comunidades leigas e aos seus dirigentes ou pais espirituais. Desautorizando as missões na província, Dom Luís reforçava a importância das *Visitas Pastorais*, pois, segundo explicava em um ofício dirigido em 19 de julho de 1869 ao pároco do Crato, Manuel Joaquim Aires do Nascimento (1804-1883), "alguns resultados [de Missões] têm aparecido não pouco inconvenientes, com detrimento da disciplina eclesiástica e daquela paz e harmonia que deve reinar entre o próprio Pastor e o rebanho".

Segundo a tradição tridentina, os bispos reformadores não deveriam estimular viagens missionárias, mas investir nas Visitas Pastorais, um instrumento fundamental de controle, provocando sobretudo um sentimento de medo nos padres e sacerdotes que seriam visitados, pois estariam sob o olhar direto de seu superior. Assim, a Visita Pastoral era um recurso que funcionava como um eficaz método de disciplina social e, como tal, investia extensivamente nas regiões rurais – o espaço que com frequência estava mais distante do controle –, pelas próprias questões geográficas (e, no caso do Cariri no século XIX, também pela dificuldade de comunicação).

3

Dom Luís e os pregadores indesejados

ESTIMULANDO AS VISITAS CONTROLADAS E O CUIDADO NA PREGAção para o povo, o bispado de Dom Luís se destacou também pela oposição que fez à atividade dos missionários. São relevantes os abaixo-assinados que a Santa Sé recebia em favor de evangelistas proibidos de missionar, como o que a população de Limoeiro, interior do Ceará, enviou em 14 de setembro de 1873 em solidariedade ao Frei Estevão Maria da Hungria, que teria sido impedido pelo bispo Dom Luís de continuar seu trabalho na província:

> [...] a infausta notícia da retirada do Reverendo Frei Estevão [...] espalhando-se por toda esta Vila e seus subúrbios, trouxe a tristeza e o choro a milhares de pessoas que lhe são tão dedicadas, quanto o são fiéis a sua doutrina e prescrição. [...] estando todos certos que nenhum inconveniente trará à Santa Causa da Religião, antes pelo contrário, sua conservação nesta localidade é tanto necessária.

Outro missionário que incomodou o prelado de Dom Luís foi o padre José Antônio de Maria Ibiapina (1806-1883), que missionou pelo Cariri por volta de 1864 e ali encontrou um território profícuo para suas atividades. Dez anos antes, ele havia largado o posto de juiz de direito em Sobral, cidade onde vivia com a família, rejeitando o matrimônio em favor da peregrinação missionária pelos interiores do que hoje chamamos de Nordeste.

Gilberto Carvalho destaca que Ibiapina havia mostrado, desde o início de sua carreira como deputado, uma tendência a lutar contra as injustiças, angariando vários inimigos e enfrentando continuamente importantes chefes políticos. Quando esteve no Rio de Janeiro, iniciou uma campanha oposicionista ao governo, ficando conhecido na Assembleia pelo seu temperamento impetuoso e seus violentos ataques às autoridades. O abandono da carreira pública teria a ver, seguindo a linha de pensamento dos biógrafos de Ibiapina, com uma constante insatisfação diante das injustiças sociais e com uma extrema necessidade de solidão e introspecção.

Outra versão mais profana da conversão de Ibiapina conta que em 1834 ele chegou a marcar casamento com a sobrinha do padre José Martiniano de Alencar, àquele tempo senador da Província do Ceará. Depois de uma temporada no Rio de Janeiro, voltou ao Ceará descobrindo que a noiva havia fugido com um de seus primos. Será que essa decepção amorosa teve alguma influência na sua decisão de "largar o mundo"? Coincidência ou não, foi logo depois de voltar da Corte que Ibiapina deixou seu cargo público e se entregou à vida espiritual.

Ibiapina seguiu para o Recife, onde morou com uma irmã durante três anos na rua Santa Rita, desenvolvendo estudos teológicos e cultivando a vida espiritual. Assíduo frequentador do Convento da Penha, dirigido pelos oratorianos, decidiu-se por assumir seu desejo de tornar-se padre e em 1853 o bispo de Pernambuco na época, Dom João Perdigão, permitiu que ele pulasse algumas etapas da ordenação. Em 8 de dezembro de 1855, no aniversário de proclamação do dogma da Imaculada Conceição de Maria, de quem Ibiapina era devoto, ele passou a assinar seu nome padre José Maria

Ibiapina, trocando o sobrenome Pereira pelo de Maria em homenagem à Mãe de Jesus, inspiração do seu apostolado.

É importante notar que o Convento da Penha tinha uma orientação oratoriana, na qual se enfatizavam aspectos práticos baseados mais na caridade concreta do que na penitência, mas seu diretor espiritual era um padre franciscano, o que promoveu uma mescla importante na sua formação e se manifestou justamente no aspecto pragmático de suas ações caritativas.

Nesse sentido, as pregações e missões do padre Ibiapina parecem ser uma adaptação ou releitura das Santas Missões dos padres capuchinhos – estas, por sua vez, adaptadas de um modelo existente na Itália que funcionava ainda nos moldes sugeridos em Trento.

As missões se organizavam durante um período de oito dias, dos quais seriam quatro dias de pregação intensa, quando o padre "empenhava-se em combater os 'vícios' que corrompiam a moral dos sertanejos e em esclarecer os fiéis sobre as virtudes da caridade, bem como sobre os benefícios do amor de Deus".[6] Após a pregação, que deveria também estimular a prática caritativa, o padre recebia esmolas públicas por dois dias. No sétimo dia, ele promovia um encontro em que todos aqueles que tivessem conflitos, brigas, querelas etc. deveriam se reconciliar. Por fim, o oitavo e último dia servia para confissão geral, procissão e um ritual de flagelação pública, no qual havia também queima de violas e "pontas de vestidos" (vestidos femininos curtos):

> Em sua estrutura básica, a santa missão durava de oito a dez dias [a de Ibiapina era feita em nove dias]. Na noite de chegada pregava-se o 'sermão forte', que devia 'demonstrar a gravidade

---

6. RIBEIRO, Josiane M. C. *Entre a penitência do corpo e o corpo em festa:* uma análise das missões do padre Ibiapina no Ceará (1860-1883). 2003. Dissertação de Mestrado – Universidade Federal do Ceará, p. 13.

> do pecado, a essência da ofensa a Deus e suas
> consequências no plano social, a visão exata dos
> castigos eternos', e em seguida havia confissões
> que se prolongavam durante a noite, enquanto o
> povo entoava benditos. [...] O ponto alto da mis-
> são era a procissão de penitência, em que mis-
> sionários e fiéis perfaziam longos trajetos em
> meio a pregações (centradas nas ideias de casti-
> go, inferno e apocalipse) e muitas confissões.[7]

É esse tipo de prática missionária que inspiraria o próprio padre Cícero, como veremos mais adiante. Um evento que colaborou ainda mais para a fama de Ibiapina foi noticiado em 13 de dezembro de 1868 no jornal *A Voz da Religião*, uma publicação criada pelo jornalista José Marrocos para divulgar as obras sociais da Igreja e do padre Ibiapina. A notícia fala sobre a ocorrência de "milagres" em uma fonte de água mineral existente no lugar chamado Caldas, na cidade de Barbalha:

> Luzia Pesinho, parda, casada, moradora da vila
> da Barbalha, paralítica das pernas a 3 anos pede
> que a levem à presença do Revdo. Missionário.
> No dia 20 de Junho de 1868 vê realizado o seu
> desejo e achando-se ao encontro do Missionário
> Cearense, JOSÉ ANTONIO DE MARIA IBIAPINA [sic]
> que lhe passava na porta, roga-lhe com a mais
> viva instancia que lhe ensinasse o remédio do
> seu mal. - Eu não sou médico do corpo, lhe diz
> Venerando Padre Mestre; o meu ministério é curar
> as almas. - Ah! Meu Santo Padre, ensine-me, lhe
> retorquiu Luzia, sim, ensine-me o que quiser;
> eu tenho fé de ficar boa. - Pois bem, mulher,

---

7. POMPA, C. *A religião como tradução. Missionários, Tupi e Tapuia no Brasil colonial.* Bauru: EDUSC, 2003, p. 86.

> vá tomar 3 banhos na fonte do Caldas ao sair do
> sol. Luzia creu, foi ao lugar indicado no meio
> de uma carga e acompanhada de seu marido que tam-
> bém sofria de uma hérnia. Ambos foram ao banho e
> voltarão bons.

Continuamente, em todas as edições do jornal – que era semanal – até novembro de 1869, houve divulgação de milagres realizados pelas águas curativas do Caldas que haviam sido abençoadas pelo padre Ibiapina. No lugar próximo ao da fonte, o padre ergueu a Capela do Bom Jesus dos Aflitos e é provável que a ocorrência desses "milagres" tenha chamado ainda mais a atenção da Diocese sobre a figura do padre Ibiapina.

Como já falamos, em julho de 1869, o bispo Dom Luís proibiu qualquer tipo de Missão no interior, substituindo-as pelas Visitas Pastorais, com exceção apenas das Missões recomendadas sobretudo pelo diocesano. A ordem dirigida ao pároco do Crato, embora não citasse o nome de Ibiapina, se referia claramente a ele e aos fenômenos que estavam em pauta naquele momento. Iniciou-se aí uma tentativa de controle por parte do diocesano sobre as ações de Ibiapina e podemos conjeturar que o clima de cordialidade que permitiu ao padre missionar pelos interiores cearenses havia sido substituído por uma animosidade que beirava a intolerância.

Outra ação que se destacou na obra ibiapiniana foi a criação de Casas de Caridade. Mais do que simples recolhimentos, essas Casas serviam como escolas e orfanatos, tendo ainda uma roda de expostos a fim de desestimular o infanticídio e o aborto. A instituição foi inspirada no modelo das Irmãs de Caridade de São Vicente de Paula que surgiu na França. Assim, apesar de ser uma instituição leiga, as mulheres que assumiam cargos na Casa de Caridade se submetiam a uma rotina e ao regulamento inspirado no modelo vicentino já dominante na Diocese e recebiam o título de *beata*.

Geralmente, as Casas tinham uma enfermaria para doentes internos e externos, uma escola onde eram ensinadas as primeiras letras, cisternas para armazenar a água das chuvas, dormitórios, cozinhas, lavanderias e um espaço para produção de pequenas manufaturas que supriam uma parte das necessidades financeiras da Casa. No entanto, a maior fonte de recursos para construção e manutenção das Casas provinha do auxílio da população: as terras e os materiais de construção eram doados por pessoas mais abastadas enquanto os mais pobres ajudavam com a mão de obra.

É importante considerar também que a Igreja e o Estado estavam em conflito direto desde o governo do Marquês de Pombal (1750-1777), o que provocou o fechamento dos noviciados de ordens religiosas em 1855. As Casas de Caridades se mantinham como uma alternativa às mulheres que queriam seguir uma vida religiosa, ou mesmo àquelas que não tinham condições de manterem-se sozinhas. Não obstante, três anos depois, em 1872, o padre Ibiapina foi expulso do Ceará e proibido de voltar a missionar na região do Cariri, sendo obrigado a entregar a direção das Casas à Diocese. O jornal *A voz da religião* parou de ser editado e não houve mais menções à fonte miraculosa do Caldas.

A expulsão do padre Ibiapina do Ceará marcou também o fim de sua trajetória como missionário. Em uma declaração de 16 de setembro de 1872, o padre Ibiapina se despede da população local:

> Fiz entrega das Casas de Caridade do Cariri Novo ao Exmo. e Revmo. Sr. Bispo por segurar-lhes um venturoso futuro, porque debaixo de tão valiosa proteção de um Pai tão habilitado pelas circunstâncias favoráveis que o cercam, não posso deixar de animar a todos os beatos e Irmãs de caridade para que auxiliem a permanência das Casas e a propriedade delas. [...] Não tendo mais a posição moral que me autorizava a pedir esmolas,

os que eram meus esmoleiros, não poderão mais
em meu nome, porém para a Caridade; esperem as
Casas pela deliberação do Sr. Bispo, que não se
esquecerá de providenciar quanto antes para que
as Casas não se fechem. [...] Adeus, bom povo do
Cariri Novo [...].

Em meados de 1873, o bispo Dom Luís nomeou alguns padres recém-formados no Seminário da Prainha de Fortaleza, para assumir a direção das Casas de Caridade e de paróquias no interior do estado, entre eles os padres Fernandes Távora (1851-1916) e Francisco Rodrigues Monteiro (1847-1912). Começaria aí uma nova fase das Casas de Caridade que ficaram sob o controle das irmãs vicentinas. Pouco a pouco as Casas foram perdendo o foco do seu objetivo principal. Após sua partida, o padre Ibiapina se fixou na Casa de Caridade Santa Fé (Arara, PB), onde faleceu em 19 de fevereiro de 1883.

Ainda em 1883, Dom Luís Antônio dos Santos deixou a Diocese cearense, para assumir o mais importante cargo na hierarquia religiosa brasileira naquele momento, o de Arcebispo da Bahia. O Ceará já possuía então dois seminários, o Seminário Episcopal da Prainha em Fortaleza e o Seminário São José na cidade do Crato, ambos dirigidos pelos padres franceses da Congregação da Missão.

Em seu lugar, a diocese recebeu o paulista de Itapetininga, Joaquim José Vieira, formado no Seminário Episcopal da Diocese de São Paulo (1860). Descrito como "empreendedor, caritativo, afável, dedicado, prudente e conciliador", o padre Vieirinha, como era conhecido, foi indicado pelo Imperador Dom Pedro II para a Sé Episcopal de Fortaleza em 1883 e chegou ao Ceará em 1884 com 48 anos de idade e vinte e quatro anos após sua ordenação no Seminário de São Paulo dos Capuchinhos.

Cuidando em seguir os passos do seu antecessor, Dom Joaquim realizou o primeiro Sínodo cearense em 1888, cujo objetivo principal era tratar "da reforma dos costumes, da extirpação de abusos porventura introduzidos, e, finalmente, dos meios mais conducentes a fiel observância dos mandamentos divinos e eclesiásticos", incorporando assim as decisões do Concílio Vaticano I (1869-1870). O documento produzido nesse Sínodo contém discussões que versam sobre a doutrina católica, os deveres e direitos dos eclesiásticos, a conduta individual e o papel social dos padres, e até sobre a estrutura física das igrejas e paróquias da região. Com a realização desse Sínodo, o bispo Dom Joaquim pretendeu reformular o código de conduta dos sacerdotes e atualizar o culto, pois, até então, o código que regia a conduta eclesiástica eram as *Constituições Primeiras do Arcebispado da Bahia*, publicadas em 1707.

Esse Sínodo expressava ainda as principais preocupações da Igreja Católica, naquele momento, em particular, da Diocese cearense, no sentido de conter algumas "manifestações exacerbadas" da religião, expressas sobretudo na forma como os ritos eram conduzidos pelo laicato em geral. Outros objetivos eram: regulamentar as matérias concernentes à administração dos sacramentos e o culto em geral e impor um melhor comportamento aos padres da região, famosos por constituírem família e não respeitarem o celibato. No ano seguinte, os objetivos e preocupações expressas no texto que conclui o Sínodo ficaram mais evidentes.

O ano de 1889, por sua vez, marcou uma importante mudança política: a Proclamação da República no Brasil, um sistema de governo que, segundo José Murilo de Carvalho (1987), se propunha a trazer o povo para o palco da atividade política, mas que acabou por alargar ainda mais a separação entre o povo e uma elite intelectual e política. A instituição de um novo regime político instaurou uma significativa mudança nas relações entre a sociedade e a religião, culminando com a definitiva separação entre o Estado e a Igreja.

Certa elite intelectual recebeu com vivas e comemorações essa separação que assinalou uma importante vitória para o novo regime, cuja primeira medida foi retirar da Constituição o Artigo 5º que fazia da Igreja Católica Apostólica Romana a única religião do Império. A Igreja liderada naquele momento pelo Papa Leão XIII acedeu à separação como uma estratégia política, uma vez que era impossível e perigoso ser contra a instalação do novo regime que se faria de qualquer forma, com ou sem o apoio religioso.

A grande preocupação era como a Igreja iria se adaptar à nova ordem, como os episcopados deveriam agir, principalmente, depois da publicação do Decreto A-119 de 7 de janeiro de 1890, no qual o novo regime se desobrigava, pelo fim do Padroado Régio,[8] a manter o culto católico, colocando sob ameaça questões caras à Igreja – por exemplo, o casamento civil, a espoliação dos bens eclesiásticos e o sentimento de anticlericalismo que o novo regime trouxe consigo.

Ao que consta, iniciou-se nesse período uma intensa comunicação entre os bispos e cardeais brasileiros e romanos sobre a

---

8. O Padroado Régio originou-se ainda na Idade Média, no qual se estabelecia uma relação de trocas entre o Estado monárquico e a Igreja. Esta última assegurava ao Estado a legitimação da dominação por meio da indicação de um indivíduo que atuasse nesse sentido, enquanto o Estado assegurava a presença da Igreja nas colônias e sustentava os sacerdotes mediante o pagamento de um salário (Cf. GOMES, Francisco José. A igreja e o poder: representações e discursos. *In*: RIBEIRO, Maria Eurydice de Barros (org.). *A vida na Idade Média*. Brasília: Ed. UnB, 1997. pp. 33-60). No Brasil do século XIX, a concepção de padroado estava mais ligada à ideia de um "poder adquirido" por parte do Império em relação à Igreja: "A partir do Segundo Reinado, o governo passou a adotar uma perspectiva regalista, ou seja, pretendia a completa subserviência da Igreja ao Estado" (SOUZA, Ana Guiomar Rêgo. *Paixões em cena*: a Semana Santa na cidade de Goiás (Século XIX). Tese de doutorado. Brasília-DF: Universidade de Brasília, 2007). Essa relação veio de Portugal, muito antes da independência, sendo reproduzida no Brasil. É contra essa perspectiva regalista que a Igreja reage, fortalecendo seu vínculo com a Sé Romana e dando início a uma Reforma da Igreja que ficará conhecida no Brasil como "Romanização".

separação entre a Igreja e o Estado, a fim de explicar quais as opiniões pessoais sobre a separação e quais estratégias de ação seriam efetivadas naquele momento.[9]

O Clero brasileiro dividia-se em opiniões sobre os efeitos que a separação poderia causar. O cônego Eduardo Duarte e Silva (1852-1924), por exemplo, apesar de ter sido Capelão Imperial em 1880, considerou que a República trazia uma "bela oportunidade para a Santa Sé vir em auxílio do Brasil", uma vez que, "sendo abolido de uma vez para sempre o maldito padroado", "tendo o novo decreto reconhecido a personalidade jurídica das Ordens Religiosas e, tendo dado liberdade de possuir e administrar os bens", seria o caso de a Santa Sé obrigar as ordens a transferir os bens para os Episcopados, "a fim de que nada caísse nas mãos do Governo caso uma Ordem viesse a acabar", diz em carta de janeiro de 1890 ao Núncio Apostólico.

Já o novo bispo cearense, Dom Joaquim José Vieira, opinava diferente. Ele entendia que o Decreto trazia sérias dificuldades à Igreja no Brasil, uma vez que seria preciso criar urgentemente uma estratégia de subvenção de recursos para sustentação do culto católico. No entanto, para o bispo, o mais grave era o ponto que tratava da liberdade e igualdade de cultos, como ele explica nesta carta para o monsenhor Spolverini, o Secretário do Vaticano no Brasil:

---

9. Encontrei no Fundo da Nunciatura Apostólica (ASV), em Roma, três pastas com cartas entre o Internúncio no Brasil, Mons. Spolverini, o Secretário de Estado, cardeal Rampolla e bispos brasileiros sobre a separação. Na época um ofício circulou entre o Episcopado, no qual os bispos deveriam responder em caráter de urgência a algumas questões como: "Qual a impressão geral de V. Ex. sobre este decreto em relação ao estado e futuro da Igreja no Brazil e aquilo que podia-se temer mais? [...] Que vantagens e consequências advirão à Igreja pela abolição do Padroado e suas prerrogativas a respeito de nomeações aos Bispados e aos Benefícios e honras eclesiásticas?". Circular Reservada enviada pelo Internúncio Apostólico em 13.01.1890 aos Bispos do Brasil. Nunciatura Apostólica, ASV, B. 68, Fasc. 330, Doc. 17, p. 43.

> [...] o decreto abre porta franca para o positi-
> vismo, espiritismo e quejandas doutrinas [...] a
> igualdade de cultos é por si mesma injuriosa à
> Religião Católica, porque coloca a verdade e o
> erro no mesmo nível. [...] Em resumo: a Separação
> da Igreja do Estado é um mal imenso para a Igreja
> Católica no Brasil, e influirá perniciosamente
> nos futuros costumes da Nação. Seria muito para
> desejar se houvesse perfeita harmonia entre o po-
> der espiritual e o temporal auxiliando-se mutua-
> mente no desempenho de suas respectivas missões.
> Infelizmente, parece-me pouco provável a conser-
> vação dessa harmonia sem quebra da dignidade da
> Igreja. Se assim o é, exortamos de dois males o
> menor: venha a Igreja livre no Estado livre.

Formado no espírito ultramontano, era difícil para Dom Joaquim aceitar a total liberdade de cultos. No interior da Diocese, ainda se praticava um catolicismo muito similar àquele colonial, forjado através de representações consideradas *supersticiosas* e que estimulavam práticas banidas da ortodoxia, como a flagelação, e a adoração direta a Deus dispensando intermediários.

Nesse contexto de mudança política e religiosa, aconteceu o sangramento da hóstia na boca de Maria de Araújo, em março de 1889, alguns meses antes da Proclamação da República. Entre os sacerdotes que apoiavam Maria, o destaque é dado ao padre Cícero Romão Batista, diretor espiritual da beata desde sua infância. No entanto, enquanto Cícero estava interessado em escondê-la do olhar da Diocese, outros sacerdotes se ocupavam em propagar os milagres de Maria de Araújo.

4

A primeira romaria ao Juazeiro

> Eram passados já três anos que acontecia o prodígio, mas o confessor da dita religiosa, Pe. Cícero Romão Baptista, sacerdote de costumes irrepreensíveis, muito bem instruído, zeloso e sumamente dedicado à nossa Santa Religião, mas sendo incapaz de querer enganar a quem quer que fosse (como diria o mesmo Exmo. Sr. Bispo diocesano D. Joaquim José Vieira na sua sentença com relação a estes fatos) tinha sempre procurado *mantê-lo oculto*. Mas Deus que com esse prodígio queria provocar a fé já quase extinta desse povo na Sua presença real no sacramento da Eucaristia, arranjou tudo de modo que contra o querer do Sacerdote e da Religiosa o fato fosse publicado.

Não sabemos ao certo quantas pessoas estavam presentes na capela no momento em que a hóstia sangrou na boca de Maria de Araújo. O padre Cícero nos conta, em depoimento escrito para o bispo diocesano, que o fato surpreendeu não só aos presentes, mas a própria beata, ela parecia atordoada com o ocorrido. O fenômeno continuou acontecendo todas as quartas e sextas-feiras na Capela de Nossa Senhora das Dores a partir daquele dia, e o padre Cícero conseguiu ocultá-lo com certo sucesso por alguns meses.

No entanto, todo esforço não foi o suficiente para esconder o fenômeno dos outros padres da região. Em 7 de julho daquele mesmo ano – não coincidentemente, no mesmo dia em que se celebrava a festa do *Preciosíssimo Sangue* –,[10] o reitor do Seminário do Crato, monsenhor Francisco Rodrigues Monteiro, liderou uma procissão com cerca de 3 mil pessoas em direção à Capela de Nossa Senhora das Dores em Juazeiro, a fim de prestar culto ao sangue que brotava nas hóstias consumidas por Maria de Araújo e que era enxuto nos pequenos guardanapos de pano fino, chamados sanguíneos, cuja finalidade é limpar o cálice dos sacerdotes após a consagração do vinho em sangue de Cristo. Essa procissão ficou conhecida como a primeira romaria ao Juazeiro e deu extrema publicidade ao fenômeno do sangramento da hóstia.

Toda essa notoriedade que o culto ao *Sangue Precioso* (como era chamado o sangue que vertia das hóstias de Maria de Araújo) ganhou, considerando-se principalmente que estava sendo corroborado pelos padres da região, chamou a atenção do bispo cearense. É possível perceber um tom de surpresa e indignação na carta enviada ao padre Cícero em 4 de novembro de 1889, na qual Dom Joaquim pede explicações: "[sobre o] boato que aqui corre com relação à beata Maria de Araújo".

---

10. A festa dedicada ao Preciosíssimo Sangue de Jesus Cristo está ligada a uma relíquia conservada na igreja de São Nicola no Cárcere em Roma. Segundo a tradição, a relíquia era um pedaço do manto do centurião que traspassou Cristo com a lança para verificar se ele estava morto. Em 1708, os príncipes Savelli de Roma, que se consideravam descendentes do Centurião, doaram a relíquia à igreja de São Nicola em Cárcere fazendo celebrar todos os anos, no primeiro domingo de julho, a festa do Preciosíssimo Sangue. Em 1808, no primeiro centenário da doação, o Cônego Francisco Albertini fundou uma Pia Associação em honra do Preciosíssimo Sangue. Em 1849, o Papa Pio IX estendeu a festa à toda a Igreja com o Decreto "*Redempti sumus*". Fonte: https://www.vatican.va/content/pius-ix/pt.index.4.html. Ver mais na Encíclica Indi a Primis de João XXIII: https://www.vatican.va/content/john-xxiii/pt.html. Acesso em: 15 abr. 2024.

Na mesma carta, o bispo relembra que em 1886 o padre lhe havia comunicado "certas maravilhas praticadas por esta devota" e o adverte sobre as orientações que dera no sentido de evitar ilusões. A principal queixa de Dom Joaquim dizia respeito ao fato de não ter sido comunicado de imediato sobre a *nova ocorrência* de fenômenos e, sobretudo, por haver mais uma vez sabido deles por meio dos jornais. Além disso, padres de outras cidades começaram a escrever comunicando a saída das pessoas em romaria ao povoado do Juazeiro. Contrariando parte da historiografia sobre o tema, é possível aventar, com a análise das cartas trocadas entre o bispo e o padre, que eles tinham uma forte relação de afetividade e respeito construída ao longo dos anos, desde a chegada do bispo paulista à Diocese cearense, relação que discutiremos mais adiante.

Outro fator agravante para o bispo foi a atitude precipitada do monsenhor Francisco Monteiro em organizar uma romaria, fato que "abalou o Ceará e excitou a curiosidade pública" levando a notícia aos quatro ventos. Esse desconhecimento sobre o caso foi decisivo para que o bispo se posicionasse desde o início contra os fenômenos:

> Como Bispo desta Diocese não posso ser estranho a esse movimento, e por isso interpelo a V.Revma. sobre o fato, pela seguinte forma: primeiramente estabelecerei a seguinte preliminar: Sou amigo e admirador de V.Revma., confio na sua sinceridade e na sua ilustração, e por isso *o julgo incapaz de qualquer embuste*. Mas, padre Cícero, como se explica isto: V.Revma. é *a única pessoa* que pode *atestar* o fato portentoso da conversão da partícula em sangue, e a sua palavra de sacerdote respeitável e respeitado que produz todo este movimento de romarias, etc. Entretanto, a mim que sou bispo da Diocese, nada se diz!!! Como é que pretende estabelecer *uma nova ordem de*

> *coisas religiosas*, sem audiência do Diocesano!
> Como se dá audiência a um fato ainda não comple-
> tamente averiguado?!!

Nessa carta temos alguns indícios que podem ajudar a compreender a contrariedade do bispo em relação aos fenômenos do Juazeiro. Além do mal-estar criado pela falta de comunicação entre os padres e a Diocese, devemos considerar ainda o próprio contexto social e religioso daquele final de século no Brasil. Ao perguntar, "como se pretende *estabelecer* uma *nova ordem de coisas* religiosas sem a audiência do diocesano?", Dom Joaquim destaca algumas questões importantes e nos chama atenção para as relações estabelecidas entre clero e leigos.

Na região do Cariri, a atuação dos leigos em atividades religiosas ou mesmo a liberdade de usos do espaço da igreja não era novidade e, muitas vezes, as relações entre clérigos e leigos não eram pacíficas. Não obstante todo o esforço da Igreja para retomar o controle absoluto sobre os ritos e cultos católicos, destituindo os leigos dessas funções, é possível afirmar que no final do século XIX beatas e beatos representavam a maior evidência de participação leiga na religião não só no Cariri cearense, mas também em outros lugares do Brasil. Os leigos circulavam com certa facilidade entre os âmbitos público e privado, ora na atuação cotidiana em Associações de Piedade, ora na administração de Recolhimentos.

Em março de 1889, o medo da fome e da seca devido à escassez de chuvas fez a população do Juazeiro sair às ruas em procissão, recitando novenas e ladainhas ao Bom Jesus, enquanto na Capela de Nossa Senhora das Dores era realizado um louvor de reparação ao Sagrado Coração de Jesus. Foi justamente nessa cerimônia que a hóstia sangrou pela primeira vez na boca de Maria de Araújo.

Os paninhos manchados do sangue que escorria da hóstia e da boca da beata, a princípio, ficaram sob a guarda do padre Cícero, mas logo foram expostos à visitação pública; além disso, o sangramento foi proclamado como milagre sem o conhecimento e sem a autorização do bispo diocesano. Foi essa atitude de omissão e de quebra de hierarquia por parte do padre Cícero e dos sacerdotes da região que consolidou em Dom Joaquim a certeza do embuste.

Para o bispo, o culto não poderia ser estimulado sem que houvesse antes uma investigação apropriada que confirmasse, segundo a doutrina da Igreja, se os "fatos extraordinários" eram mesmo divinos e passíveis de culto. Dom Joaquim parecia ter a dimensão das consequências que um evento como esse podia acarretar, ao contrário do padre Cícero, que permanecia seduzido pela ideia do milagre.

Em carta, provavelmente datada de setembro de 1889, Dom Joaquim adverte padre Cícero: "Atenda-me bem e não me desobedeça mais: os fatos extraordinários do Juazeiro exigem máxima prudência, grande circunspecção, de modo que não se anuncie doutrina nova, não se dê culto novo sem permissão da Igreja". Em outra carta, de 4 de novembro de 1889, o bispo solicitou ao padre que fizesse uma exposição minuciosa "de todas as circunstâncias que precederam, que acompanharam e subseguiram o fato". Não encontramos a carta enviada pelo padre Cícero ao bispo diocesano, mas em 17 de janeiro de 1890 o bispo alega que, a partir da narração do padre e também do relato obtido do monsenhor Monteiro, não era possível "depreender a veracidade do fato portentoso, isto é, de se ter convertido em sangue a sagrada partícula".

O argumento de Dom Joaquim partia da premissa de que deitar sangue pela boca no momento da comunhão não era o suficiente para atestar a conversão da hóstia, pois o sangue poderia provir de um ferimento já existente ou mesmo ter sido forjado. Para o bispo, "um milagre é coisa muito séria" e nenhum fato poderia ser apresentado como miraculoso "sem que esteja revestido de provas tais que não seja lícito a um homem sensato e razoável da sua veracidade".

Dom Joaquim queria deixar claro que se um fato ocorria fora das vistas do diocesano, sem sua avaliação – principalmente um fato acontecido com uma mulher leiga –, não poderia ser qualificado de milagre sem uma investigação mais apurada. Diante disso, o bispo exarou uma série de medidas a serem tomadas a partir daquele momento, com o intuito de reunir um conjunto de provas razoáveis a serem apresentadas:

> Importa muito, V.Revma. [refere-se ao padre Cícero], na hipótese de se darem novas maravilhas, procurem cercá-las de testemunhas que possam depor sob juramento o que viram e ouviram, de modo que se possa formar um processo regular, diversamente não passará o negócio de uma crendice particular [...] Se Deus quiser operar qualquer maravilha em favor do Ceará, Ele o fará de modo que não deixará dúvida alguma.

A questão se agravou de modo considerável quando, em 24 de abril de 1891, foi publicado no jornal *O Cearense* um atestado médico do Dr. Marcos Rodrigues Madeira, descrevendo com minuciosidade o episódio da transformação da hóstia e dando parecer médico a respeito do que havia presenciado. Transcrevemos a seguir parte do referido atestado, que, apesar de ser um pouco longo, é peça fundamental para o entendimento dessa história:

> Atesto que sendo chamado para observar a beata Maria de Araújo, poucos minutos depois de ter comungado no dia 26 do corrente [março de 1891] [...] examinando nesta ocasião a língua da referida beata, verifiquei com meus olhos, que a partícula estava quase toda transformada em uma pasta sanguínea, menos na parte central, na qual se divulgava ainda uma pequena parte em sua cor quase natural. [...] Esse sangue assim descrito tomava a forma de um coração humano e acima deste

coração assim descrito observava-se uma úlcera na parte média e anterior da língua, cujas bordas eram salientes e se elevavam bastante na língua. [...] Minutos depois, quando tornei a aproximar-me para proceder a novo exame na língua da referida beata já não encontrei nada do que antes havia observado com muita atenção. O sangue tinha desaparecido completamente e bem assim a úlcera ou chaga como chamaram as outras pessoas que comigo foram testemunhas do fato, não ficando absolutamente na língua o menor vestígio dos fenômenos que acabava de operar-se. [...] Continuando ainda o meu exame *não descobri a menor ferida, úlcera ou ferimento de natureza alguma na língua, gengivas, laringe e enfim em toda a cavidade bucal, sendo de notar-se que a língua estava completamente limpa e sem ter mesmo a menor rachadura.* Outro fato digno de menção é que este sangue completamente rubro não sofreu a menor alteração na sua cor durante todo o tempo que foi observado na língua, pelo espaço de duas horas mais ou menos, apesar da ação do ar atmosférico, que com ele estava em contato. Quanto a mim trata-se de *um fato sobrenatural* para o qual *não me foi possível encontrar explicação científica.*

A publicação desse documento foi decisiva para que o bispo tomasse providências mais severas com relação ao evento que "movimentava" o interior da sua Diocese. Para Dom Joaquim, já era grave os padres da sua Diocese acreditarem piamente nos fenômenos ocorridos com uma mulher cuja procedência não se sabia ao certo e, além disso, agissem em total descaso com sua autoridade não só omitindo os fatos, como também prestando culto e organizando romarias sem autorização.

No cerne de toda essa questão, está Maria de Araújo, uma mulher negra e pobre. Exposta à observação pública e análises constantes, ela foi submetida a diversos juízos em um momento no qual a própria Igreja se encontrava vulnerável.

Em 19 de julho de 1891, depois de receber e ler a exposição do padre Cícero, Dom Joaquim publicou um documento intitulado *Determinações do bispo diocesano*, mas que ficou conhecido como *Decisão Interlocutória*, no qual exarava algumas ordens e declarava que instituiria uma Comissão para investigar o caso. Nesse documento, exigia que Maria de Araújo se recolhesse na Casa de Caridade do Crato por seis meses a partir daquela data.

5

A Diocese *versus* Maria de Araújo

A PUBLICAÇÃO DA *DECISÃO INTERLOCUTÓRIA* EM JULHO DE 1891 provocou um grande alarido na região. Os crentes e defensores do *Sangue Precioso* acreditavam que o "milagre" era incontestável e atacavam como podiam o bispo diocesano. Por outro lado, a cautela de Dom Joaquim e a ênfase que ele deu à necessidade de uma investigação prévia dos fatos antes de comunicar Roma só serviram para alimentar ainda mais a crença nos fenômenos e para que ele perdesse o controle total sobre parte de seu rebanho:

> [...] com todo cuidado e vigilância devemos procurar o aumento e a conservação de nossa Santa Fé Católica, somos também obrigados a trabalhar por impedir e até mesmo extinguir tudo quanto ofender possa a sua pureza e Santidade, temos resolvido, em cumprimento de nosso ofício pastoral e em observância do que a respeito dispõe o S. Concílio Tridentino sessão vinte cinco - *Invocatione Sanctorum* - fazer examinar, como convém, os referidos factos.

O padre Cícero e o jornalista José Marrocos elaboraram uma *Apelação*, a fim de contestar a *Decisão Interlocutória* e solicitar o envio do caso à Santa Sé. Esse documento, datado de 14 de agosto de

1891, foi assinado pelo padre Cícero e nele foi anexado um abaixo-assinado que apoiava o pedido e contava com assinaturas de homens e mulheres da região. No texto, Cícero assume a responsabilidade pela *Apelação*, apresentando de imediato um *mea culpa* por questionar a decisão do bispo:

> [...] tudo me seria mais fácil do que levar esse peso enorme de não cumprir a decisão de V. Revma. e sustentar a minha crença, de tantos sacerdotes e de milhares de pessoas que de todas as partes tem vindo a esse lugar: - mas, Senhor Bispo, *é a minha consciência que reclama que eu continue a estar convencido que Deus quer que eu assim proceda crendo*, como creio firmemente que o que aqui se tem dado, é uma grande manifestação que Nosso Senhor por esforço de seu coração e de sua misericórdia quer fazer para a salvação dos homens em uma época de tanta descrença. A vista de tudo isto, Exmo. E. Rmo. Sr., e depois de muito consultar a Deus e a Santíssima Virgem e ao Sagrado Coração tomei a resolução de sem a menor intenção ainda de leve de ofender a V. E. Revma., e sim forçado por minha consciência e com todo o respeito e acatamento apelar da sentença de V. E. Revma. Para a Santa Sé, usando do direito que nos concede a Santa Igreja, protestando desde já obedecer de todo o meu coração como a Deus mesmo a qualquer decisão. E desejando que este negócio tenha um resultado tal, que eu sem desobedecer, e de nenhum modo incorra no desagrado de V. E. Revma. (o que me seria profundamente sensível) digo a V. E. Revma., *que a Apelação está feita; mas eu a submeto a V. E. Revma., rogando que, se achar conveniente, como um meio mais pronto para a decisão deste negocio fazê-la seguir, ou então suspender a decisão*

> que V. E. Revma. Deu, e consultar a Santa Sé,
> ficando-me também o direito de fazer consultas
> a este respeito.

Podemos imaginar a indignação do bispo ao receber essa carta, que questionava abertamente, ainda que com mesuras, sua autoridade. O padre Cícero, no entanto, parecia esperar que o bispo cedesse na sua *Decisão* – e não só isso, mas que também lhe concedesse permissão para advogar pela Causa diante da Santa Sé. Essa atitude do padre significava uma afronta à hierarquia sem precedentes.

Dom Joaquim não só ignorou o pedido de apelação à Santa Sé como logo em seguida enviou ao Juazeiro a Comissão que devia investigar as condições nas quais se dava aquele fenômeno. O primeiro inquérito do *Processo instruído sobre os fatos do Juazeiro* foi instaurado em 21 de julho de 1891, em uma portaria na qual Dom Joaquim alegava que:

> E por que ora não nos seja possível ir pessoalmente instruir o oportuno e necessário processo, reconhecendo na pessoa do Reverendo Clicério da Costa Lobo os requisitos necessários para o tal inquérito proceder, havemos por bem comissioná-lo, como pela presente nossa Portaria o fazemos, a exercer essa missão, para o que lhe delegamos todos os poderes necessários. Em o [sic] dito processo de averiguação servirá como secretário, o muito Reverendo Doutor Francisco Ferreira Antero, ou na falta deste, outro qualquer sacerdote que ao nosso Comissionado bem pareça eleger; sendo o dito processo, tanto que seja concluído, a nós transmitido para os seus devidos efeitos.

Para essa missão, Dom Joaquim escolheu dois padres muito conceituados da Igreja: o padre Clicério da Costa Lobo (1839-1916) assumiu a função de Delegado da Comissão e o padre Francisco Ferreira Antero (1855-1929), a função de Secretário/Escrivão. O primeiro era Doutor em Teologia, e morava no Rio de Janeiro quando foi convidado a assumir o cargo de secretário particular do bispo Dom Luís Antônio dos Santos no Ceará em 1880. Assumiu também ali uma cátedra no Seminário Maior da Diocese e foi Secretário do Sínodo Diocesano realizado em 1888.

Ao chegar ao Juazeiro para iniciar o Processo instaurado pelo bispo Dom Joaquim, o padre Clicério tinha 52 anos. Nesse momento, já havia recusado a indicação para dois importantes cargos eclesiásticos: o de Bispo Coadjutor do Ceará e o de Coadjutor do Arcebispado da Bahia, para o qual fora indicado alguns anos antes pelo próprio Dom Joaquim, que o qualificava como filho legítimo da Igreja, "de exemplar conduta, regular ilustração e muito dedicado à Santa Religião".[11]

O padre Francisco Ferreira Antero, mais jovem, com apenas 36 anos, era natural da cidade de Icó (sertão central do Ceará), ordenou-se em 1878 no Colégio Pio-Americano de Roma e, dada a sua grande erudição, também havia sido cotado para uma vaga de Bispo Coadjutor no Ceará. Ele assumiu o papel de Secretário da Comissão Episcopal. Como podemos ver, ambos os sacerdotes eram bem-conceituados e considerados aptos para desenvolver tão relevante missão.

A Comissão chegou ao Juazeiro em 8 de setembro de 1890 e no dia seguinte o padre Antero abriu com o *Termo de juramento* o primeiro inquérito que investigaria os fenômenos ocorridos com Maria de Araújo. É muito importante ressaltar que nesse momento a Comissão pretendia investigar sobretudo o sangramento

---

11. ABREU, Júlio. Em torno da nomeação de um bispo coadjutor. *In: Revista do Instituto do Ceará*. Fortaleza, s.n., 1943, p. 185.

da hóstia que desde 1889 se deu com regularidade nas quartas e sextas-feiras, quase sem interrupção, mesmo quando a beata ficou recolhida na Casa de Caridade.

Uma grande preocupação de Dom Joaquim era o culto dado aos panos ensanguentados. No entanto, curiosamente, por ordem diocesana de 21 de maio de 1891 ao padre Cícero, os panos foram guardados dentro do Sacrário, peça mais importante no culto ao Santíssimo Sacramento: "[...] Se acontecer de novo que a sagrada partícula se trasmude em sangue [...] guarde a dita partícula em uma âmbula ou em um cálix sagrado, feche-a, lacre-a e guarde-a no Sacrário para que a todo tempo conste". Ora, se o sangue não era o sangue de Cristo, por que guardá-lo na peça que o representa? Essa, no entanto, era apenas uma das contradições que se apresentavam naquele momento e que discutiremos mais adiante.

Outra questão é que a própria atitude do bispo parece contraditória porque, se por um lado ele afirma que era errado considerar o sangue aparecido nas partículas como "Sangue de Nosso Senhor Jesus Cristo, pois que não o é nem pode ser, segundo os ensinamentos da Teologia Católica" – e, assim, excluía a possibilidade de milagre –, por outro lado, ele se mostra muito condescendente e tolerante. Em carta de 23 de agosto de 1891 ele diz ao padre Cícero:

> *Eu não proíbo, não posso proibir* e *nem quero* que V. Revma. e outras pessoas deixem de narrar o que hão visto, e *acho que o devem fazer*, mas o que manda o Concílio de Trento é que não se qualifiquem de milagre, no púlpito [...] antes que a Santa Sé examine os fatos. Examine com prudência os fatos, mas não os qualifique já. O padre Clicério vai colecionar os depoimentos e fazer outras diligências atinentes ao caso; depois de tudo feito subirá o processo à Santa Sé, esperemos, pois com maior paciência.

Se o bispo não admitia a possibilidade do milagre, por que ele estimulava o padre Cícero a "narrar o que tinham visto"? Outra incoerência é que, apesar de considerar que os fatos deveriam ser examinados pela Santa Sé, o bispo resiste ao máximo em enviar o Processo para Roma, o que só vai acontecer em 1893, isto é, dois anos depois da realização do primeiro inquérito.

Esse momento é marcado, pois, por muitas dúvidas e contradições, e cabia ao padre Clicério, pessoa que segundo o bispo possuía todos os requisitos necessários, investigar os fatos. A questão é que o bispo esperava que a Comissão devolvesse o inquérito à Diocese com um relatório final que confirmasse a opinião já exarada na *Decisão Interlocutória*: que o sangue aparecido nas Sagradas Partículas "não o é e nem pode ser" o Sangue de Jesus Cristo. Suponho que, mesmo determinando a investigação do caso, Dom Joaquim já tinha uma opinião prévia, isto é, de que os fenômenos não podiam ser considerados milagres. No entanto, ele não tinha poderes suficientes para condenar o caso de imediato, e precisou seguir o caminho hierárquico e institucional.

O primeiro inquérito instruído sobre os fatos do Juazeiro é uma peça documental completa, no sentido de que possui uma linha narrativa muito clara do começo ao fim. Elaborado ao longo de oitenta dias, entre 9 de setembro e 28 de novembro de 1891, dos quais dez foram destinados a ouvir as 23 testemunhas chamadas a depor. Além disso, grande parte do tempo foi dedicada às observações da transformação da hóstia e de outros fenômenos que ocorriam com Maria de Araújo, sobre os quais a Comissão nada sabia até chegar ao Juazeiro. Tanto Maria de Araújo quanto as outras mulheres fazem referência a outros fenômenos: viagens ao Purgatório, Céu e Inferno, aparecimento de hóstias ensanguentadas, estigmas da crucificação, sangramento de crucifixos de metal maciço, relatos de visões, profecias, êxtases e comunhões espirituais.

No corpo documental desse inquérito, encontramos cinco termos de verificação da transformação da hóstia que são descrições da observação dos fenômenos com a assinatura das testemunhas presentes no momento; quatro termos de verificação das caixas contendo panos ensanguentados; dois termos de verificação dos fenômenos de crucificação de Maria de Araújo – as crucificações, ou crucifixões, como eram chamadas pelos peritos, consistiam na representação dos ferimentos de Cristo na cruz, isto é, eram estigmas que apareciam na cabeça, mãos e pés de Maria de Araújo ao mesmo tempo –; um termo de graças alcançadas; três atestados médicos e testemunhos de oito padres da região, onze beatas (sendo dois de Maria de Araújo e dois da beata Jahel Cabral) e três outras testemunhas. Encontramos ainda outros três depoimentos escritos de próprio punho de monsenhor Monteiro, padre Quintino Rodrigues e José Marrocos e uma carta do mesmo monsenhor.

Maria de Araújo foi interrogada em 10 de setembro e no dia 11 se apresentou de modo espontâneo para fazer um adendo ao seu depoimento. Também foram chamadas as beatas ligadas ao padre Cícero e ao Apostolado da Oração, que provavelmente estavam na Capela de Nossa Senhora das Dores no dia do primeiro sangramento, embora não tenhamos certeza sobre isso. As beatas convocadas foram: Jahel Cabral (1860-?); Maria da Soledade (1862-?); Maria das Dores (1876-?); Joana Tertulina (1864-1944); Antônia Maria da Conceição (1861); Maria Joana (1858-?); Anna Leopoldina (1872-?); Ângela Merícia (1863-?) e Rachel Sisnando (1852-?).

Dos oito sacerdotes inquiridos, apenas dois viviam no Crato: o padre Quintino Rodrigues (1863-1928) e monsenhor Francisco Rodrigues Monteiro (1847-1912), reitor do Seminário Episcopal do Crato. Os outros seis eram de paróquias vizinhas: os padres Félix Aurélio Arnaud (1815-1901) e Nazário David de Souza Rolim (1846-?) de Missão Velha; o padre Joaquim Sother de Alencar (1858-1914) de Barbalha; o vigário Manoel Rodrigues (1839-?)

e o vigário Manoel Furtado de Figueiredo, ambos da cidade de Milagres (1853-?); o vigário Manoel Antônio Martins de Jesus (1832-?) de Salgueiro (Diocese de Pernambuco).

Os três cidadãos, José Pereira da Silva Magalhães, Miguel Gonçalves Dantas de Quental e Joaquim Gonçalves Dantas de Quental, possivelmente foram escolhidos por serem de outras cidades e por terem ido ao Juazeiro a fim de presenciar o sangramento da hóstia ou para fazer algum voto ao *Sangue Precioso*. Também não descartamos a ideia de as testemunhas terem se oferecido para prestar depoimento, no entanto seus testemunhos não apresentam dados novos, embora sirvam para ressaltar o "bom conceito" de Maria de Araújo diante da comunidade leiga.

Pelos autos do inquérito é possível saber que os padres da Comissão organizavam grupos de três pessoas por dia e as perguntas eram feitas de modo que as testemunhas respondessem "sim" ou "não". De forma geral, as questões eram iguais para todos, com pequenas variações. Uma das mais recorrentes era, por exemplo: "Consta-lhe que a Beata goza do melhor conceito perante o público de modo que todos a julgam incapaz de qualquer impostura nesse particular?", feita com o objetivo de perscrutar o comportamento público de Maria de Araújo, se era "bem-vista" pela comunidade, se havia algo que poderia "manchar" seu nome ou fizesse duvidar das graças que ela dizia receber. Outras perguntas eram mais gerais:

- Conhece a beata Maria de Araújo, sabe de quem é filha e de onde é natural?
- Sabe de si mesmo ou consta-lhe alguma coisa com relação à transformação da hóstia em sangue em ocasião que a beata comunga?
- Consta-lhe que a beata tinha tido muitas vezes comunhões miraculosas?
- Sabe ou ouviu dizer de alguém que a beata tem tido, muitas vezes, êxtases e estigmas miraculosos?

- Consta-lhe que a mesma beata em raptos extáticos tem ido tanto ao Céu como ao Inferno e ao Purgatório, prendendo no Inferno demônios e libertando do Purgatório algumas almas?

- Apesar dos fatos ocorridos com a beata, sabe ou consta-lhe gozar ela de saúde regular?

- Que conceito faz ou consta-lhe que geralmente se faz quanto ao espírito que reina nesta povoação?

- Consta-lhe que se tinham operado algumas maravilhas desde que se tem dado os diversos fatos aludidos?

Aqui é preciso enfatizar que o objeto da investigação era o sangramento da hóstia. Neste sentido, a questão colocada pela Comissão era se o sangue que brotava da hóstia podia ser o sangue de Cristo. Observo ainda que em nenhum momento Maria de Araújo foi alvo das romarias, pois, ainda que ela tenha sido considerada "santa" ou "visionária" por algumas pessoas, as romarias eram feitas em honra do *Sangue Precioso*.

É certo que a conduta da beata foi investigada pela Comissão, mas isto porque seria incoerente que o sangue de Cristo se manifestasse na comunhão de alguém considerado "impuro" ou indigno. Outro aspecto importante é que até o início das inquirições só Maria de Araújo alegava manifestar os "fenômenos extraordinários", nenhuma outra beata reivindicava qualquer tipo de manifestação, o que só veio a ocorrer ao longo da execução do primeiro inquérito.

Do grupo dos três cidadãos, o primeiro a depor, no dia 15 de setembro, foi o agricultor José Pereira da Silva Magalhães, "de cinquenta anos, casado, natural da Freguesia de Vila Bela, bispado de Pernambuco, e residente na Freguesia de Jardim deste bispado do Ceará". Respondendo às perguntas da Comissão, disse que conhecia Maria de Araújo, embora não soubesse de quem era filha. Sobre o sangramento da hóstia, disse que "ele próprio viu muitos panos manchados em sangue, e contendo partículas que apresentavam forma de carne"; no entanto, não sabia informar nada novo acerca das comunhões miraculosas e dos estigmas por ter apenas "ouvido da boca" de outras pessoas.

Toda informação parece ser mediada por um terceiro que invariavelmente havia sabido dos fenômenos por meio do padre Cícero ou de outro sacerdote, o que contradiz uma das afirmações de Cícero sobre o sigilo que ele teria guardado dos acontecimentos. Aqui é importante ressaltar que a Comissão já tinha conhecimento sobre os outros fenômenos manifestados pela beata, porque tiveram acesso ao depoimento que Cícero prestou ao bispo em julho daquele ano.

As duas últimas testemunhas do rol dos cidadãos foram pai e filho: Miguel Gonçalves Dantas de Quental, "agricultor, de quarenta e três anos, casado, natural da freguesia de Milagres e ali residente", e Joaquim Gonçalves Dantas de Quental, "natural da freguesia de Milagres, deste bispado e ali residente, solteiro, idade de dezenove anos, estudante". Ambos confirmaram que tudo o que sabiam era "de ouvir dizer" por outras pessoas e sacerdotes da região.

O mais velho, Miguel Gonçalves, afirmou que ouviu dizer que Maria de Araújo havia previsto a seca de 1877 e 1878, uma das mais violentas registradas naquela região na segunda metade do século XIX. Essa é a única referência existente sobre tal "predição" e nem mesmo Maria de Araújo ou o padre Cícero fazem alusão a isso. Desse modo, é muito provável que a partir da popularidade do sangramento da hóstia, algumas histórias tenham começado a ser criadas para aumentar a credibilidade da beata. Já o mais jovem, Joaquim Gonçalves, afirmou que conhecia a beata pessoalmente, mas apenas ratificou o depoimento do pai, não acrescentando nenhuma informação nova.

Os depoimentos mais ricos em detalhes são os dos padres que viviam ou visitavam com frequência a cidade do Crato. Eles foram ouvidos entre 17 e 27 de setembro, mas não há qualquer referência aos critérios utilizados pelo padre Clicério Lobo para definir a ordem de audição ou mesmo a escolha dos padres. Por exemplo, monsenhor Francisco Rodrigues Monteiro, que tinha mais proximidade com Maria de Araújo, foi o último a depor perante a Comissão, no dia 27 de setembro. Seu depoimento é um dos mais relevantes, pois ele mantinha relações estreitas com Maria de Araújo, tendo lhe acompanhado durante algumas meditações sobre a Paixão de Cristo.

É possível que ele tenha se acercado mais da beata quando esta passou a morar na Casa de Caridade do Crato (após a ordem de Dom Joaquim expressa na *Decisão Interlocutória*), uma vez que era ele quem celebrava missas na capela da referida Casa. Em suas cartas ao bispo Dom Joaquim, ainda em 1890, ele fez alusão a diversos momentos, nos quais chamava Maria de Araújo para meditar com ele sobre a Paixão de Cristo na Casa de Caridade.

Em seu depoimento, monsenhor Monteiro ressalta que conhecia a beata desde menina e, portanto, podia "atestar" que ela possuía uma trajetória de "santidade", no sentido de manter uma vida de piedade, brincando com o menino Jesus de "levantar altares" e ouvindo seus conselhos.

Os outros padres tinham poucas informações ou pareciam querer evitar um comprometimento e encontramos depoimentos mais evasivos como o do vigário Manoel Rodrigues de Lima, de 54 anos, pároco da freguesia de Milagres. Inquirido em 17 de setembro, afirmou ter conhecimento das visões, revelações, comunicações e viagens espirituais, mas só havia testemunhado pessoalmente uma das inúmeras transformações da hóstia, durante a qual afirma que ouviu com clareza o padre Cícero dizer: "Vejam, e examinem bem; é este o verdadeiro sangue de Jesus Cristo".

No dia 19 do mesmo mês, foi a vez do padre Manoel Antônio Martins de Jesus, de 59 anos, que era vigário da cidade de Salgueiro, no Pernambuco, mas natural de Missão Velha (cidade vizinha ao Crato), e é possível que ainda tivesse família naquela região, o que justificaria sua presença em Juazeiro. Ele afirmou que conhecia a beata e tinha "razão particular para nela reconhecer o dom de discernimento, em caso que lhe afeta muito diretamente".

Depois do padre Cícero, esse padre foi o primeiro a falar sobre o *dom de discernimento* atribuído a Maria de Araújo, o qual se refere à capacidade de enxergar espíritos e, além disso, de descobrir o significado das revelações e profecias. O termo aparece no Novo Testamento, sobretudo em 1Jo 4:1, Mt 24:5 e 1Tm 4:1: "Trata-se de uma dotação especial dada pelo Espírito, para o portador do dom discernir e julgar de modo correto profecias e distinguir se uma mensagem provém do Espírito Santo ou não".

No entanto, o padre não entrou em detalhes sobre o caso citado e encerrou seu depoimento com a narração da primeira comunhão sanguinolenta da beata, a qual não teve oportunidade de testemunhar, mas que lhe foi contada.

O padre Félix Aurélio Arnaud, o mais idoso da região, com 76 anos, provavelmente conhecia Maria de Araújo desde criança, contudo seu depoimento foi curto e direto. Ele depôs no dia 22 de setembro e respondeu que tudo o que sabia sobre os fenômenos manifestados por Maria de Araújo era por ouvir dizer, sendo o padre Cícero quem em geral lhe atualizava sobre os eventos.

O padre Nazário Rolim, de 45 anos, era natural de Cajazeiras, mas já vivia fazia muito tempo em Missão Velha. Ele seguiu o mesmo padrão narrativo do padre Félix Arnaud: não afirmou nada concretamente, mas disse ter testemunhado uma das crucificações de Maria de Araújo e sabia o seguinte: "Ela desde menina é dada a piedade". Confirmou ainda que a entrada de pessoas no povoado aumentava de modo diário e gradativo, "as quais vêm impelidas por esses fatos, a tratar de receberem ali os sacramentos da penitência e da eucaristia". Os depoimentos desses padres são interessantes, pois seja pela descrença nos fenômenos, seja pelo receio de se comprometer, mais tarde, eles se posicionariam a favor de Dom Joaquim.

No dia 25 de setembro, foi a vez do padre Joaquim Sother de Alencar (1858-1914), professor do Seminário do Crato e Capelão da Casa de Caridade da mesma cidade. Ele conhecia Maria de Araújo desde 1886 e "foi testemunha ocular da transformação das hóstias em sangue", mas afirmou que tudo o que sabia tinha sido lhe informado pelo diretor espiritual da beata, o padre Cícero. O padre Alencar, no entanto, foi um dos maiores aliados de Dom Joaquim e, mais tarde, foi um dos poucos a terem a confiança do bispo.

O padre Quintino Rodrigues (1863-1928), professor do Seminário São José, tinha 28 anos quando foi chamado pela Comissão em 26 de setembro. Após o primeiro inquérito, esse padre ganhará mais destaque, pois foi um dos primeiros a retratar-se, declarando total apoio ao bispo Dom Joaquim, e estabeleceu com ele uma aliança que mais tarde, em 1911, lhe rendeu o bispado do Crato. Em seu depoimento disse saber da ocorrência dos fenômenos, atestou o bom caráter de Maria de Araújo, mas sempre usou frases iniciadas por "segundo consta", "alguém lhe comunicou" etc. Assumindo somente uma vez ter testemunhado o sangramento de um crucifixo nas mãos da beata quando ela meditava sobre a Paixão de Cristo e de outra vez ter presenciado a transformação da hóstia, mas não deu muitos detalhes.

Ao contrário de alguns padres que declaravam uma crença explícita nos fenômenos, o padre Quintino tomou muito cuidado nas suas declarações: não condenou a beata, mas tampouco considerou o que via como manifestação de milagre. De fato, seu depoimento é o único que não se refere a Maria de Araújo como uma mulher piedosa, e destaca, inclusive, a possibilidade de ela não ser tão humilde e modesta como os outros depoentes afirmavam:

> Maria de Araújo apresenta um exterior modesto, mas alguma vez pareceu-me descobrir contradição em suas palavras, e ostentação, em algumas ações suas. Disse-me ela uma vez que assistira sobrenaturalmente a uma leitura espiritual feita por uma pessoa na distância de três léguas, e perguntando-lhe eu se dava relação do lugar e da posição em que se achava aquela pessoa, disse que sim, mas instando para que me desse, disse-me afinal, com sorriso, que mentira, que apenas tinha conhecimento da leitura.

O questionamento sobre o comportamento de Maria de Araújo chama atenção para o modelo comportamental que se estava construindo sobre ela. Ora, a primeira pergunta da Comissão era, em geral, se o depoente conhecia Maria de Araújo e se sabia se ela era dada a uma vida de piedade, à qual todos responderam afirmativamente. Ao relevar esse aspecto contraditório da beata, o padre Quintino nos leva a questionar se, e em alguma medida, houve interesse dos padres inquisidores, Clicério e Antero, em ver naqueles fenômenos um milagre e naquela mulher, uma santa.

É interessante, pois, que Dom Joaquim tenha escrito ao padre Quintino, um mês depois desse primeiro depoimento, pedindo que ele explicasse algumas questões acerca de Maria de Araújo e dos fenômenos extraordinários. O bispo pediu detalhes sobre o sangramento do crucifixo que o padre Quintino teria presenciado e perguntou também se a beata já havia sangrado antes por ocasião de alguma enfermidade; se ele mesmo ou outro sacerdote ministrou a comunhão à beata exigindo que ela permanecesse com a boca aberta; se encontrara em Maria de Araújo "alguma contradição, falta de sinceridade, impostura ou ostentação".

Na carta-resposta, mais longa que o seu primeiro depoimento, o padre Quintino, apesar de detalhar melhor tudo o que havia presenciado, manteve o tom evasivo, não afirmando claramente se acreditava ou não que os fenômenos podiam ser considerados milagres:

> Achando-me em uma pequena sala contigua à Sacristia e com serventia para ela, foi ter comigo Maria de Araújo, às 3 horas da tarde mais ou menos [não diz o dia], pedindo para fazer-lhe uma leitura sobre a Paixão de Nosso Senhor Jesus Cristo [...] Alguns minutos depois de começada a leitura Maria de Araújo chamou minha atenção, para o sangue que, *no seu dizer* manava do crucifixo, e de fato vi que havia sangue no côncavo das mãos da imagem, na cabeça, a cinta e nas extremidades inferiores, entre a cruz e os pés da imagem, notando ser o sangue da cabeça, mãos, etc., mais rubro que dos pés e não ter a consistência ordinária do sangue, enquanto o dos pés tinha a cor um pouco escura, e parecia conter algum líquido que se assemelhava a saliva. [...] É o que sei dizer a este respeito.

Aventamos que existe certa precaução, principalmente por parte dos sacerdotes, com o que era dito. Quando analisamos os depoimentos dessas testemunhas – civis e sacerdotes –, percebemos que, à exceção de uns poucos, os depoentes ressaltam o que "se ouviu dizer", eximindo-se assim da responsabilidade do testemunho ocular.

Por último, o monsenhor Francisco Rodrigues Monteiro dá o seu relato cuja força da crença é detectada com facilidade. Ele não se exime de manifestar sua admiração por Maria de Araújo e aos fenômenos manifestados em sua presença:

> Sabe se a Beata tem tido êxtases, estigmas, chagas, impressões dos instrumentos da Paixão no corpo, chamas de amor e exsudações sanguíneas,

> tudo com caráter divino? Ao que respondeu que
> ele testemunha tem presenciado, muitas vezes a
> Beata em estado de êxtases, a verter-lhe sangue
> da fronte, das mãos, dos pés e do lado, e isso
> pela impressão dos instrumentos da Paixão, e bem
> assim sentindo em seu corpo chamas de amor divi-
> no, que a consumia toda, do que tudo nota-se um
> caráter divino; dando-se todos esses factos em
> sua presença e em ocasião que por mandado de Deus
> ele testemunha se entretinha com a Beata acerca
> da Paixão de Nosso Senhor.

Na declaração, o monsenhor mantém o mesmo tom apaixonado que transparece nas cartas que ele enviou durante todo o ano de 1891 ao bispo, intercedendo por Maria de Araújo e tentando convencer o bispo a ir ao Juazeiro para testemunhar o sangramento da hóstia e os outros fenômenos.

Outro elemento interessante é que, apesar de os fenômenos como estigmas, êxtases e sangramentos terem sido notados desde 1886, segundo o padre Cícero e monsenhor Monteiro, esses "prodígios" de Maria de Araújo só foram dados ao conhecimento do público após o sangramento da hóstia em março de 1889.

6

Brincar com o menino Deus, carregar a cruz do Amado

[...] bem mestiça, de cabelos quase carapinhos, que usava cortados baixinho, de estatura média, um pouco delgada, tinha cabeça pequena, um pouco arredondada, olhos meiões [sic] quase negros e suaves na expressão, lábios um pouco grossos, nariz pequeno, faces um pouco salientes, queixo pequeno e pescoço bem proporcionado. Vestia hábito de beata, preto, conservando a cabeça coberta, e tinha aspecto fisionômico e geral de pessoa simples, dócil e boa.

Talvez essa descrição, feita pelo memorialista Manoel Dinis em 1935, seja uma das mais detalhadas de Maria Magdalena do Espírito Santo de Araújo, uma vez que a única foto que existe dela é de origem duvidosa e as descrições existentes, em sua maioria, dizem mais da sua personalidade e comportamento do que propriamente de sua aparência. O padre Francisco Ferreira Antero, sendo inquirido pelo Prefeito da Congregação para a Doutrina da Fé, descrevia Maria de Araújo como uma "jovem de trinta anos, dada à vida devota desde menina". E diz em outro momento: "[Ela] é de família pobre e camponesa. Vive em casa com a mãe que a mantém [...] Veste um vestido preto com véu branco e preto *ad modum foeminne pietat addictae*". Outro memorialista, o padre Azarias Sobreira, descreve um pouco da sua personalidade: "Não despertava a atenção, a não ser pela simplicidade de maneiras, boa educação doméstica, fácil inteligência das coisas, apesar de ser analfabeta".

Nos textos dos memorialistas predomina uma dupla imagem de Maria: a primeira que ressalta os aspectos psicológicos como sua personalidade dócil e sua vocação para a vida devota, e uma segunda que enfatiza algumas facetas menos lisonjeiras, como o fato de ela ser "um cruzamento das duas raças mais detestáveis, não pode deixar de ser, em todos os sentidos, uma hibridez horrível [...], sendo seu pai um homem [...] que andava quase sempre em tremulência; um negro [...] [e sua mãe] uma *cabra* [referência a pessoas mestiças] de cabelo ulótrico e mastigado [...] [Maria seria assim] monstruosidade feita mulher", como narra o padre Alencar Peixoto no livro *Joaseiro do Cariry*, publicado em 1913.

A questão é que ambas as imagens são usadas na construção de um discurso de vitimização que busca, ora na feiura e pobreza, ora na excessiva indulgência, um motivo para a exclusão de Maria de Araújo da história do Juazeiro. Aliás, esse argumento não é original, ou seja, não parte dos memorialistas, mas já aparece nas fontes da época.

No entanto, nossa maior fonte sobre a vida de Maria é, sem dúvida, o primeiro inquérito instaurado pelo bispo Dom Joaquim José Vieira em 1891, no qual ela responde questões relativas à sua vida e às suas práticas votivas. As perguntas possuem respostas implícitas, e, invariavelmente, a beata responde apenas "Sim"; contudo, elas ainda conseguem informar muito sobre essa personagem:

```
Dá-se a vida de piedade e desde quando? [...]
Tem tido visões maravilhosas e quais? [...]
Quais efeitos produziam em seu espirito aquelas
visões? [...] Tem uso de meditar e qual o
objeto especial de suas meditações? [...] Tem tido
```

> colóquios com Nosso Senhor Jesus Cristo e sobre
> que versão eles? [...] : Por ocasião de comungar
> tem a sagrada hóstia se convertido em sangue e
> em carne? [...] Tem a hóstia consagrada por oca-
> sião de sua comunhão tomado também a forma de
> coração humano? [...] O sangue que aparece na boca
> por ocasião da comunhão é em grande quantidade?
> [...] Tem certeza que este sangue não é seu próprio
> sangue e sente isto? [...] Tem tido êxtases e nes-
> se estado contempla a alguns mistérios e quais
> sejam estes? [...] Nesse estado tem tido revela-
> ções especiais a cerca dos fatos ocorridos desde
> mil oitocentos e oitenta e nove até a presente
> data nesta povoação do Juazeiro? [...] O que pensa
> da espécie da carne e do sangue que aparecem na
> história consagrada, será a verdadeira carne e
> o verdadeiro sangue de Jesus Cristo? Teve notí-
> cia da decisão [interlocutória] do Senhor Bispo
> de Diocesano nesse particular, isto é, a cerca
> da espécie da carne e do sangue aparecido nas
> hóstias consagradas, e que impressão lhe causou
> tal decisão?

Em 9 de setembro de 1891, Maria de Araújo disse à Comissão que tinha "29 anos começados", embora haja na historiografia uma pequena contradição quanto à exatidão dessa informação. No primeiro inquérito há dois depoimentos de Maria de Araújo: o primeiro de nove de setembro, ao qual ela foi convocada pela Comissão a depor, e o segundo, de onze do mesmo mês, quando ela retornou à presença dos sacerdotes e pediu para fazer um aditamento ao seu depoimento, argumentando ter "esquecido" de mencionar alguns acontecimentos.

O padre Cícero, por exemplo, diz que Maria de Araújo nasceu em 1863 ou 1864, e alguns autores reproduzem essa informação. No entanto, para corroborar a informação dada pela beata, ou seja, que em 1891 ela tinha 29 anos, utilizamos como referência os dados fornecidos pelo historiador Irineu Pinheiro no livro *Efemérides do Cariri*, de que ela haveria nascido "em 24 de maio de 1862, às quatro horas da tarde na então povoação do Juazeiro do Norte, sendo filha de Antônio da Silva Araújo e de Ana Josefa do Sacramento, ambos do Juazeiro, e batizada em agosto do mesmo ano pelo vigário Manuel Joaquim Aires do Nascimento". O registro de batismo de Maria de Araújo jamais foi encontrado. O autor extraiu esses dados do manuscrito de José Joaquim de Maria Lobo nos arquivos pessoais do padre Cícero Romão Batista. É interessante perceber que Maria pouco aparece na historiografia, mas alguns memorialistas das décadas de 1920 e 1930 se preocuparam em situá-la na história.

Quinta filha de uma família de oito irmãos, seu pai faleceu quando a beata era criança e sua mãe, Anna Josefa, já era idosa na época dos milagres. Ela não frequentou a escola e até 1889, ano do primeiro sangramento da hóstia, morou com sua família e fazia serviços de lavagem e costura de roupas junto com as irmãs. Em 1891, quando a primeira Comissão Episcopal chegou ao Juazeiro, ela já estava morando na casa do padre Cícero (havia se mudado ainda em 1889) e era alvo constante dos curiosos que lhe visitavam em busca de ver a transformação da hóstia ou suas estigmatizações.

Perguntada pela Comissão, Maria de Araújo contou que suas *visões* começaram aos 6 ou 7 anos de idade, informação ratificada pelo padre Cícero. Nessas visões, Jesus aparecia como um companheiro de brincadeiras, nas quais a maior diversão era levantar altares para simular o sacrifício da missa: "[...] brincava com o menino Deus, sem que, porém, o conhecesse então; entretanto, aquele divino menino que *só agora* lhe tem sido revelado quem fosse, lhe ensinava os mistérios de Deus; e a preparava para os sacramentos da penitência e eucaristia".

Percebemos que a pergunta tinha um caráter genérico, isto é, ela poderia partir de qualquer ponto da sua vida, no entanto escolheu começar por sua infância. Nesse ponto, conjeturamos que Maria foi instruída pelos sacerdotes – o padre Cícero ou mesmo monsenhor Monteiro – a contar sua história a partir de suas experiências de menina, e essa escolha narrativa poderia muito bem ter sido inspirada nos modelos das vidas de santos, aos quais ela com certeza teria acesso. Perguntada, por exemplo, sobre os boatos que corriam a seu respeito – notadamente, o de ela ser analfabeta e, portanto, não ser digna de credibilidade –, ela respondeu que, a despeito de sua falta de instrução, as conversas e "visões maravilhosas" com o menino Jesus lhe proporcionavam "uma inteligência melhor preparada para os conhecimentos dos mistérios divinos e sua vontade mais disposta ao amor de Deus e a todos os gêneros de sacrifícios para atingi-lo".

Outro elemento importante: ela ressaltou na resposta que, só naquele momento em que respondia ao inquérito, soube por inspiração divina que aquele menino era Jesus Cristo. Aos 8 anos, continua ela, foi alertada pelo mesmo Cristo menino sobre um sacerdote que "havia de se encarregar de sua direção espiritual e de tantas outras almas; sacerdote esse que somente se interessaria pela salvação das almas e nada mais". Não tardou muito a conhecer o padre Cícero Romão Batista, um homem de estatura baixa e olhos azuis muito claros, que recém-chegara do Seminário de Fortaleza e iria cuidar da capela do pequeno povoado do Juazeiro. Sob a direção daquele padre, fez aos 10 anos sua primeira consagração para a vida interior, "considerando-se desde aquela data como uma verdadeira esposa de Jesus Cristo".

Desde então, por influência do padre, passou a cultivar uma devoção muito profunda pela Paixão de Cristo. Era o crucificado, símbolo de dor e redenção, que lhe atraía. Esse trecho revela também uma conformação dos papéis destinados à beata e ao padre.

Aventamos que, ao enfatizar a chegada do seu diretor espiritual como algo que já lhe teria sido comunicado previamente, Maria de Araújo demarcava a importância do padre na sua trajetória, além de repetir um *leitmotiv* comum às vidas das visionárias.

As visões lhe acompanharam por toda sua infância, mas foi na adolescência que Maria de Araújo começou a se questionar sobre elas. Provações e tentações diabólicas passaram a povoar sua vida, a ponto de em um dado momento ela não saber mais distinguir entre uma visão divina e um chiste diabólico. E segundo o padre Cícero, aos 18 anos, portanto, ainda em 1880, ela "foi vítima das mais graves tentações e perturbações de espírito, as quais todas convergiam para distraí-la da oração e inspirar-lhe receio das práticas de piedade, além de serem contrárias à Santa Virtude da castidade".

Ela começou a colocar em dúvida a própria vocação para a vida religiosa e as provações foram piorando conforme avançava na idade. Conta-nos, por exemplo, que mais de uma vez apareceu-lhe Jesus Cristo, e ela não pôde "reconhecê-lo" (pois, com medo, não deu credibilidade ao que via), isso porque muitas vezes tinha sido "espancada pelos demônios que se disfarçavam, ora na pessoa de Jesus Cristo, ora na da Santíssima Virgem, ora em anjos e na do próprio confessor [o padre Cícero], das quais tentações e ilusões muitas, todas no sentido de distraí-la da vida interior".

Segundo seu confessor, ela se empenhava com tanto "fervor e tal generosidade na prática de todas as virtudes, que seu desejo, sua contínua oração era condenar-se mais antes do que violar a virtude da castidade, consentindo naquelas tentações". A castidade e a manutenção da virgindade eram os símbolos maiores da pureza do corpo e da alma em oposição à vaidade. Frei Manuel de Santo Atanásio (O.F.M.), por exemplo, considerava que o estado de virgindade era superior ao da mulher casada, o que dava um peso muito grande à vida religiosa como escolha ideal.

Preservar o corpo dos desejos mundanos era para o místico a maior prova de devoção. Há, pois, toda uma literatura mística voltada para o aprimoramento das práticas que repeliam o desejo carnal: jejuns, cilícios e disciplinas eram os instrumentos utilizados para esse fim. É o "ódio santo de si mesmo" ao qual se refere frei Luís de Granada (1504-1589): "[...] a mesma ordem para mudar de vida e subir do pecado à graça, porque quando Nosso Senhor quer levantar uma alma a coisas maiores, primeiro a dispõe com gemidos, desejos, temores, dores, aflições de espírito e trabalhos de corpo".[12]

Sobre isso, o padre Cícero lembra que ela se queixava em suas orações das dúvidas que lhe afligiam até ter outra visão na qual o Senhor lhe ordenava a não prestar atenção à visão alguma, qualquer que fosse, sem que recitasse a oração: "Louvada seja a Sagrada Morte e Paixão de Nosso Senhor Jesus Cristo" – o que teria amenizado a interferência do diabo em suas visões.

Seguindo o modelo de outras visionárias, também na vida de Maria de Araújo a linha que separava o divino do diabólico se tornava cada vez mais tênue, e os sofrimentos e conflitos íntimos lhe perturbavam o espírito e a impediam de discernir o conteúdo e a origem de suas visões. Esse não reconhecimento é também uma luta contra a ilusão, pois, sem dar-se conta, o místico pode "produzir" suas visões por meio de artefatos mentais. Esse temor da ilusão transforma-os em "desconfiados e críticos ante tudo o que passa por 'presença'".[13]

O contato com a divindade passou, então, a ser intermediado pela oração e mente, por algumas *orações jaculatórias* que teriam sido ensinadas pelo próprio Cristo e que versavam sobretudo sobre a Paixão. As jaculatórias, segundo Frei Joseph Maria de Jesus, no seu *Espelho das perfeitas religiosas*, publicado em 1773, são: "umas

---

12. GRANADA, frei Luís de. *Guia de pecadores e exhortações à virtude*. Rio de Janeiro: Garnier, 1873, p. 106.
13. CERTEAU, Michel de. *La fable mystique*. Paris: Gallimard, 1982, p. 15.

respiraçoens amorozas, com que a alma suspira, e se inflama no amor de Deos", denotando a relação erótica que se interpõe entre a mística e a divindade.

Diz o padre Cícero que, quanto mais intimamente ela se comunicava com Jesus, "mais graves tentações e perturbações sofria da parte do inimigo, o que era compensado por maiores consolações". Por outro lado, a alegação de que o Diabo (e não a própria mente) produziu as falsas visões aparece de forma recorrente nas biografias espirituais das candidatas ao caminho da perfeição, o que indica um recurso eficiente para valorizar a própria experiência, daí também a busca por uma solução que lhes dê segurança, realizada por meio da oração.

Tomando a tradição mística do século XVIII, era possível chegar à perfeição através de três caminhos: o da vida purgativa, "que é a dos principiantes na virtude, que se exercitam em mortificações, e penitências por remédio aos seus pecados"; o da via iluminativa, "que é a dos que já vão aproveitando na virtude, [...] não busca nem deseja as mortificações ou ocasião delas, com tudo quando vem, as abraça com amor, e caridade"; e a terceira, a via unitiva: "[...] esta é a dos perfeitos, que já estão unidos com Deus por amor, conhece-se estar nela a alma, quando não só deseja as ocasiões de padecer por amor de Deus, mas as busca, e deseja ser desprezado, e abatido de todos, alegrando-se com os desprezos e vilipêndios".[14]

O valor de santidade das visões de Maria de Araújo está presente ainda nas invocações que ela faz da Paixão de Cristo e nas orações que, segundo ela, eram ensinadas pelo próprio Cristo. De fato, desde o início do século XIX e cada vez mais, passa-se a dar valor extremado ao dom de oração que evoca a relação íntima entre o devoto e Deus, não obstante, a "noção de mística designa a união íntima da alma a Deus [...] [que] pode estar contida nos

---

14. MARIA, Joseph de Jesus. *Espelho de perfeitas religiosas*. Porto: Officina de Manoel Pedroso Coimbra, 1773, 231.

limites da oração, quer dizer, de uma meditação fortemente tingida de afetividade".[15]

A oração, essa "árvore de gestos", como define Certeau, é a linguagem utilizada por Maria para tentar chegar a seu Esposo e também é o instrumento de transmissão dos motivos e desejos de Cristo ao escolher reproduzir naquele lugar e naquela mulher o seu sofrimento em prol da salvação dos pecadores: "Se a oração busca a Deus, o encontro se dá no território do homem, no cruzamento entre seu corpo e sua alma".[16] Também a santa de Ávila comparava uma alma sem oração a um corpo entrevado e paralítico. Dada essa fraqueza inerente, para uma mulher vencer essas tentações era imprescindível uma maior força de vontade e maior ascetismo do que seria necessário, por exemplo, a um homem: "A única solução possível para silenciar tentações tão vívidas era disciplinar o corpo brutalmente para forçá-lo a submeter-se aos ditames da alma".[17]

Conjeturamos que tudo o que Maria de Araújo aprendeu sobre religião vem de seu convívio com os sacerdotes, especialmente, com monsenhor Monteiro e Cícero. As visões que ocorriam desde menina, como ela insistia em salientar, parecem informar um conhecimento de tópicas importantes da vivência religiosa feminina, como o tema da Paixão de Cristo.

Essa devoção começou a ser difundida no século XVI e atravessou os séculos sustentando-se nos sofrimentos e nas humilhações sofridas por Jesus. Segundo Jacques Gélis, o culto foi

---

15. ALBERT, Jean-Pierre. Hagio-graphiques. *Terrain*, n° 24, p. 04, mars 1995 - *La fabrication des saints*. URL: http://terrain.revues.org/index3115.html. Consulté le 26 juin 2009.
16. CERTEAU, Michel. *La debilidad de creer.* Buenos Aires, Katz, 2006, p. 34.
17. GARCÍA, Antonio Rubial. *Profetisas y solitarios. Espacios y mensajes de una religión dirigida por ermitaños y beatas laicos en las ciudades de Nueva España.* México: Universidad Autónoma de México y Fondo de Cultura Económica, 2006, p. 174-175.

favorecido pelo desenvolvimento da imprensa que fez circular as imagens aterradoras das torturas e humilhações sofridas por Cristo, incitando ao ascetismo por meio da penitência e de práticas flagelantes. No Brasil, o culto à Paixão de Cristo foi associado à influência do chamado catolicismo penitencial trazido pela Igreja portuguesa. Concentrado nos aspectos do sofrimento de Cristo, chamados Passos ou Mistério, o culto foi reforçado pela ação das confrarias e irmandades, principalmente nas festas feitas durante a Semana Santa.

Popularizam-se ainda as leituras piedosas como a *Imitação de Cristo*, de Thomaz de Kempi, muito difundida nos oitocentos. No Cariri destacamos a circulação da *Missão Abreviada*,[18] do padre português Manuel José Gonçalves do Couto (1819-1897), literatura que provavelmente chegou às beatas por meio dos próprios sacerdotes; além do Novo Testamento, em especial os Evangelhos, que eram objeto dos encontros de meditação entre monsenhor Monteiro e Maria de Araújo.

É importante notar que o católico do século XIX continuava cercado por essas imagens mesmo a despeito do crescente rigor da

---

18. É provável que este livro, de mais de mil páginas, seja o último de uma série de publicações europeias engajadas em uma "literatura da espiritualidade do terror". A obra atingiu grande popularidade no Brasil oitocentista, sobretudo no interior do país, sendo, inclusive, utilizada amplamente por Antônio Conselheiro em sua missão no arraial de Canudos. Ainda nos dias de hoje, a *Missão Abreviada* permanece sendo lida em determinados lugares, como no Cariri cearense, entre algumas irmandades religiosas do catolicismo popular, como os penitentes conhecidos como *Penitentes Peregrinos Públicos* ou *Aves de Jesus*, do Juazeiro do Norte. Tais penitentes continuam a publicar, por conta própria, fac-símiles dessa obra, em volumes de bolso, para utilizar em suas pregações durante as romarias que ocorrem na cidade.

disciplina dentro da Igreja. As aparições de La Salette[19] em 1846, por exemplo, reforçam a imagem do corpo doloroso de Cristo, pois Maria carrega na visão os instrumentos da crucificação de Cristo: os pregos, a coroa, a lança etc.

Em meados de 1880, o próprio Jesus teria proposto a celebração de um consórcio espiritual, um compromisso mais íntimo que colocava Maria de Araújo definitivamente no rol das escolhidas do Senhor. Perguntada se "Jesus Cristo celebrou um consórcio espiritual com sua alma e de modo sensível", a beata afirmou que o casamento espiritual teria sido celebrado diante do Santíssimo Sacramento na Capela de Nossa Senhora das Dores:

> [Perguntada se] Jesus Cristo celebrou um consórcio espiritual com sua alma e de modo sensível? Ao que respondeu que sim, tendo-se celebrado o consórcio espiritual com Jesus Cristo na Capela do S.S. Sacramento, em presença de Maria S.S., de S. José, de coros de anjos e de virgens; tendo a isso precedido diversos preparativos, quais outros desposórios [sic] espirituais; então Jesus lhe introduziu no dedo o anel nupcial, deu-lhe a mão chamando-lhe esposa e confirmando-a como tal, exigindo que a Ele *se consagrasse de um modo mais íntimo* ainda e anunciando-lhe que daí em diante teria mais que sofrer por seu amor.

---

19. Em 19 de setembro de 1846, Nossa Senhora teria aparecido a duas crianças, Maximin Giraud, de 11 anos, e Mélanie Calvat, de 15 anos, nas montanhas do vilarejo de La Salette, Isére, nos Alpes franceses. Nas aparições, Maria aparece chorando e alerta para a necessidade de conversão. Os fenômenos de La Salette foram investigados pela Igreja, que considerou as aparições como "verdadeiras", orientando a construção de um templo em honra à Virgem em 1852. No mesmo ano, foi criada a Congregação Missionários de Nossa Senhora da Salette (salentinos). Ver: Leonardi, Paula. *Além dos espelhos*: memórias, imagens e trabalhos de duas Congregações francesas no Brasil. Tese de Doutorado. São Paulo: USP, 2008.

A descrição do casamento espiritual de Maria de Araújo com Cristo é repleta de elementos místicos: a música cantada por anjos e virgens, os padrinhos Maria e São José, e, por fim, a consagração íntima. O casamento espiritual simbolizava para ela um compromisso que era mais importante do que a vinculação com alguma ordem religiosa.

O uso dessa metáfora também é relevante para entendermos o nível do compromisso que Maria de Araújo acreditava ter estabelecido com Jesus Cristo, pois na literatura mística o casamento espiritual traduz uma "suprema recompensa desta ascensão da alma", prêmio que só algumas visionárias recebiam.[20] O texto do Cântico dos Cânticos, por exemplo, oferece uma narração simbólica, na qual as núpcias são o eixo central da narrativa e que pode ser interpretada como a união entre a alma e Deus.

O casamento denotava, além disso, uma relação de partilha. Segundo Cícero, como esposa de Cristo, Maria de Araújo se comprometia a compartir de "modo mais íntimo" os sofrimentos de seu Amado. Essa metáfora está ligada à consciência de uma corporeidade, na qual a união espiritual era sentida em todo o corpo. Como lembra Rubíal García, o casamento místico remetia ao erotismo do amor cortês: "com seus jogos e alegorias, misturava-se a simbologia do casamento entre a alma e Cristo, derivado das interpretações cristãs do Cântico dos Cânticos".[21] Maria de Araújo, como boa esposa, deveria carregar a cruz do seu Amado e sentir a dor que acompanhava a graça de ser uma escolhida: "era o caminho mais curto para a salvação e a manifestação mais clara do amor, porque

---

20. GÉLIS, Jacques. O Corpo, a Igreja e o Sagrado. *In*: CORBIN, A.; COURTINE, JJ.; VIGARELLO, G. *História do Corpo*. Petrópolis: Vozes, 2008. p. 65.

21. GARCÍA, Antonio Rubíal. *Profetisas y solitarios. Espacios y mensajes de una religión dirigida por ermitaños y beatas laicos en las ciudades de Nueva España*. México: Universidad Autónoma de México y Fondo de Cultura Económica, 2006, p. 180.

transformava o próprio corpo num espaço que o assemelhava (ou seja, o tornava idêntico) ao da vítima do Calvário".[22]

José Angel Valente também corrobora a tese da união mística como categoria erótica na qual se opera a unificação dos contrários: humano-divino, esposa-amado, exterior-interior, corpo-alma, feminino-masculino: "*Eros* e religião pertencem ao substrato original do sagrado. Não é que eros possa significar o sagrado, mas que *Eros* é, especialmente em certos contextos, o sagrado".[23] A união íntima de Maria de Araújo com seu Esposo é marcada assim pela condição do gozo por meio da dor, do compartilhamento do sofrimento, do castigo corporal (que também é erótico) para exaltação do espírito.

Algum tempo depois da realização do matrimônio espiritual, Maria de Araújo começou a sofrer com as crucificações e estigmatizações. O padre Cícero contou que a primeira estigmatização pública ocorreu em 1885, quando ela tinha 21 anos. Durante uma celebração em homenagem às almas do purgatório, ela teria sentido que alguém lhe dera um abraço, do que resultou a impressão no seu peito de uma cruz que sangrava continuamente:

> Assistia Maria de Araújo ao Mês das Almas, e isso na oitava de todos os Santos de 1883 a 1884, quando sentiu ela que alguém lhe dera um amplexo, ficando impressa no peito uma cruz a deitar sangue, do que fui eu mesmo testemunha. Era a consagração dela à vida de penitência. Nessa vida de união com os sofrimentos de Nosso Senhor, a bem das almas ficou ela até hoje. Oferece-se ela como vítima de expiação pelas almas do purgatório e pelos pecadores em geral.

---

22. *Idem*, p. 174.
23. VALENTE, José Angel. *Variaciones sobre el pájaro y la red*. Barcelona: Tusquets, 1991, p. 52.

O *amplexo de sangue* foi considerado, por ela e pelo padre Cícero, o símbolo da consagração à penitência e uma confirmação da devoção à Paixão de Cristo. A solidariedade para com o sofrimento do Senhor fez a beata acreditar estar ajudando Cristo a carregar a cruz que simbolicamente foi impressa no próprio corpo. As penitências vão aparecer no seu depoimento como uma bênção que a livraria das tentações demoníacas e a manteria no caminho da salvação. Ordenadas com frequência pelo padre Cícero, ou, segundo Maria, pelo próprio Jesus Cristo, as penitências eram feitas quase que exclusivamente na Capela de Nossa Senhora das Dores.

Com o passar do tempo, os estigmas se tornaram mais frequentes e eles apareciam na testa, como diz a própria Maria de Araújo: "a sair como de uma coroa de espinhos, nas mãos, como cravos, no lado uma chaga [a lança] que só na Quaresma do corrente ano chegou a cicatrizar, jorrando desses estigmas copioso sangue". Outra testemunha, o padre Manoel Antônio Martins de Jesus, citado anteriormente, afirmou que os estigmas eram divinos, pois as chagas não se curavam com remédio algum. Maria de Araújo se filia, nesse ponto, a uma grande tradição de visionárias e beatas que atuaram em Portugal e no Brasil desde o século XVI.

A estigmatização ou crucificação são a representação evidente da *imitação de Cristo* e da devoção à Paixão, pois traduzia a humanidade de Jesus em um momento paradoxal: quando a fragilidade corporal se contrapunha à fortaleza espiritual. Maria dizia ainda ter certeza de que as chagas em seu corpo eram um símbolo que Deus usava para comunicar-lhe seu amor.

Conforme ia passando o tempo, as penitências também teriam se tornado mais duras: jejuns, meditações por horas a fio, as quais a levavam madrugada adentro, recitando as estações da Paixão de Cristo. Outro tipo de penitência que aparece tanto no depoimento de Maria de Araújo como no do padre Cícero eram as idas ao

Purgatório e Inferno para participar dos sofrimentos das almas condenadas. Aqui, o padre Cícero fala um pouco sobre isso:

> Nessas ocasiões entrava ela [Maria de Araújo] efetivamente na participação dos sofrimentos das almas do Purgatório que lhe afetavam assim a alma como ao corpo. [...] teve ela também de ir ao Inferno de ordem do confessor que a mandava em companhia de Jesus, Maria e José, e dos anjos de sua guarda e do próprio Confessor, a prender ali os demônios para maior bem da Santa Igreja e Salvação das almas dando-se realmente a prisão dos demônios por intermédio de um anjo com prévio mandado dela em nome de Deus; sucedendo em tais ocasiões *banhar-se em copioso sangue*, sempre em estado de êxtases.

Segundo Maria de Araújo, as viagens espirituais ao Purgatório tinham como principal objetivo "santificar as almas" e liberá-las do fogo purgatório. Respondendo ao Delegado da Comissão à pergunta: "Tem-lhe Deus Nosso Senhor permitido ir muitas vezes em espírito ao purgatório libertar algumas almas?", ela afirmou que as viagens ao Purgatório se davam a fim de que ela "entrasse na participação dos sofrimentos das almas para assim aliviá-las e que concorresse com ele para libertá-las", como era de "divina vontade", ressaltando ainda que já havia libertado muitas almas, inclusive "algumas das quais foram dela conhecidas". O fato de afirmar conhecer algumas das almas que estavam no Purgatório é significativo, pois pode ser um recurso para dar verossimilhança à narrativa, criando um efeito de "verdade", a fim de convencer os padres da Comissão.[24]

Os perigos da ida ao Purgatório também são lembrados pela beata no depoimento, em que ela contou que Jesus lhe ensinou uma jaculatória a fim de que pudesse se certificar se as aparições de santos e anjos eram divinas ou "ilusões e malícias do inimigo". A jaculatória dizia: "Louvada seja a Paixão e Morte de Jesus Cristo e as dores da Imaculada sempre Virgem Maria". E deveria ser recitada tanto no Purgatório – onde as penas das almas seriam aliviadas – quanto no Inferno, pois "aumentava os horrores do mesmo, provocando os demônios às blasfêmias, ao passo que os anjos e os santos no céu lhe correspondiam dizendo: Para sempre seja louvado". Com essa afirmação, Maria de Araújo desafiava toda e qualquer hierarquia. Se ela podia obter orações e jaculatórias do próprio Jesus Cristo, de que valiam as orações já existentes no culto oficial?

Todos esses eventos foram narrados em 1891 e dizem respeito a uma trajetória de Maria de Araújo que vinha se desenrolando desde 1885 até o sangramento da hóstia em 1889. Assim, o itinerário espiritual da beata vai se conformando em torno de eventos que lembram a repetição da Paixão de Cristo, usada inclusive nos depoimentos como justificativa para os fenômenos que se deram no intervalo entre o casamento espiritual em 1880 e o sangramento da hóstia em 1889: os êxtases, as comunhões miraculosas nas quais a beata dizia receber a hóstia das mãos do próprio Jesus e os sangramentos em crucifixos de bronze.

---

24. Os relatos de almas que aparecem após a morte para pedirem sufrágios são muito comuns na tradição religiosa católica, considerando-se a publicação recorrente em jornais da época de historietas que narravam o aparecimento de almas a amigos ou a pessoas da família. Tomamos como exemplo o jornal *A Voz da Religião no Cariri*, dedicado exclusivamente aos assuntos religiosos, que publicou a história de um pai que aparece ao filho com o corpo ardendo em chamas pedindo cinquenta missas como forma de aliviá-lo dos sofrimentos que padecia no Purgatório: "Se não poderes cinquenta, ao menos vinte e cinco para adoçar tão cruéis padecimentos". Jornal *A Voz da Religião no Cariri* de 03.12.1869, Ano 2, nº 40, p. 4.

A entrega espiritual definitiva de Maria de Araújo foi marcada, segundo o padre Cícero, pelo sangramento da hóstia em 6 de março de 1889. No Processo, a primeira descrição do que aconteceu naquele dia foi feita pelo próprio padre Cícero. Em seu primeiro depoimento, de 17 de julho de 1891, o padre relatou o que observou naquela noite, destacando que era a primeira vez que a via em êxtases, de onde podemos deduzir que, antes do sangramento da hóstia, as visões e estigmatizações não eram acompanhadas do fenômeno extático dessa manifestação:

> Passara Maria de Araújo com outras senhoras em vigília, adorando em espirito de reparação ao S.S. Sacramento. Eram já cinco horas da manhã e atendendo eu ao Sacrifício que tinham feito aquelas pessoas passando toda noite em adoração a N. Senhor, julguei conveniente dar-lhes a comunhão; o que efetivamente se deu. *Pela primeira vez a vi então tomada de um rapto extático, resultando segundo ela afirmara a transformação da Sagrada Hóstia em sangue*, tanto que além do que ela sorveu, parte caiu na toalha e parte caiu mesmo no chão; do que tudo foram testemunhas seis a oito pessoas que com ela tinham comungado. Durante o tempo quaresmal daquele ano e principalmente às quartas e sextas-feiras de cada semana, observaram-se aqueles fenômenos; o que deu-se também uma vez, no sábado da Paixão no mencionado ano, depois do que passaram a ser diários até a Ascensão do Senhor.

Maria de Araújo confirma o que disse o padre Cícero:

> [Pergunta] Por ocasião de comungar tem a sagrada hóstia se convertido em sangue e em carne?

> Respondeu que sim, convertendo-se a princípio em sangue, pela primeira vez, na primeira Sexta-feira de março de mil oitocentos e oitenta e nove, interrompendo-se porém e continuando neste corrente ano até a presente data, salvo a interrupção de poucos dias deste mesmo ano; não tenho porem certeza de se ter convertido em carne como outros testemunharão e isso em consequência da perturbação em que então se achava.

A Eucaristia é um dos mais importantes símbolos do Catolicismo, representa um corpo que foi oferecido em sacrifício para salvar a humanidade, "por ela, ele recebe o corpo, o sangue, a alma do Cristo [...] a perfeição cristã, a possibilidade de aproximar-se, todos os dias, do filho de Deus".[25] A comunhão eucarística é, assim, um dos pontos altos da Missa, é a espera/anúncio do retorno de Cristo: "[...] podemos falar de banquete sacrificial, já que esse gesto de comer/beber é sinal de inserção total e totalizante da comunidade na atitude de Jesus para ser nele sacrifício agradável ao Pai. Essa vitalidade assume, contudo, clara orientação escatológica. [...] se insere no horizonte do acontecimento messiânico".[26]

Toda a questão do Juazeiro foi sustentada sobre a seguinte dúvida: o sangue que jorrava das hóstias consumidas por Maria de Araújo era ou não o sangue de Cristo? Se não fosse, só restariam duas alternativas: ou era um embuste criado pela beata (sozinha ou com auxílio de alguém), ou era uma ilusão diabólica e a beata estava sob a influência do demônio. No entanto, se fosse comprovado que o

---

25. FEBVRE, Lucien. *O problema da incredulidade no século XVI*: a religião de Rabelais. São Paulo: Cia. das Letras, 2009, pp. 278-279.
26. BORRIELO, L. *Dicionário de Mística*. São Paulos: Paulus, 2003, p. 289.

sangue não era de Maria de Araújo e que procedia de uma exsudação sobrenatural, o fenômeno podia ser considerado o que o dogma teológico aprovado no Concílio Lateranense de 1215 chamava de *transubstanciação eucarística*. É esse mesmo Concílio que torna obrigatórias a comunhão e a confissão anuais, contribuindo para o desenvolvimento de um forte culto eucarístico.

O termo *transubstanciação* designava uma mudança sensível, de cor, odor e sabor na hóstia consagrada, que representava o corpo de Cristo: "os sentidos percebem as aparências eucarísticas: cores, odores, sabores. Mas, como em boa dialética elas são inseparáveis de suas substâncias, o pão e o vinho continuam a existir mesmo depois da consagração".[27]

O mais famoso milagre envolvendo o Santíssimo Sacramento e que inspirou o dogma da transubstanciação eucarística foi o do padre Pedro de Praga, no verão de 1263 na pequena cidade de Bolsena, na região italiana do Lazio, quando a hóstia sangrou no exato momento em que um padre ousou duvidar da presença de Cristo na eucaristia. Há outros menos famosos, como o de Santa Juliana Falconieri (1270-1341), também italiana de Florença. A tradição hagiográfica conta que, em seu leito de morte e já impossibilitada de receber a comunhão, ela pediu a um sacerdote que aproximasse a hóstia de seu peito e esta ficou grudada ao seu corpo, logo desaparecendo, como se entrasse em seu coração.[28]

Beber o sangue de Cristo e comer a sua carne são atos naturais para um cristão comum que já é, por excelência, um teófago, dado que Jesus Cristo subsiste na eucaristia por meio do pão e do vinho.

A teofagia – literalmente "comer Deus" –, como um ato de salvação, remete às práticas de alimentação do medievo quando "a gula era vista como a principal forma de luxúria, o jejum como

---

27. REDONDI, Pietro. *Galileu Herético*. São Paulo: Companhia das Letras, 1991.
28. MOTT, Luís. *Rosa Egipcíaca*: uma santa africana no Brasil. Rio de Janeiro: Bertrand Brasil, 1993, p. 142.

a renúncia mais dolorosa, e o comer como a forma mais básica e literal do encontro com Deus"; não por acaso, o jejum se torna uma das principais formas de disciplina e uma das mais louváveis formas de caridade é alimentar o outro. Esse "comer o outro" aproxima o corpo ordinário do homem ao corpo místico de Cristo. A eucaristia simboliza a presença real de Cristo na hóstia durante o sacrifício da missa e é para os cristãos "o viático indispensável à garantia de não sucumbir ao mal, a certeza de salvar-se. Assim, o corpo do Redentor está no centro de um complexo no qual se conjugam o alimentar, o sacramental e o escatológico".[29]

Não obstante, é nas metáforas sensuais do comer, beber, receber que a mística se comunica com seu Amado. É na eucaristia, símbolo do alimento celestial e da corporeidade de Cristo, que a beata manifesta sua sexualidade. É essa persistência de um amante ausente que acaricia e fere: "Fala cada vez menos, desenhando mensagens ilegíveis num corpo transformado em emblema ou memorial gravado pelas dores do amor.".[30] Assim, não é possível uma experiência espiritual sem o corpo erótico. As visões, êxtases e outros fenômenos não são mais que ratificadores do paradigma fundamental da tradição católica: a imagem do corpo sofredor (perdido) de Cristo.

Há nas experiências de Maria de Araújo uma obsessão pelo corporal, e, principalmente, pelo corpo que sangra. O sangue aparece no corpo de Maria de Araújo ferido pelas cinco chagas, nos crucifixos, nas visões e, por fim, nas hóstias ministradas na comunhão. A visão mística em relação ao sangue é dupla, ele origina, segundo Gélis, ora uma atitude de repulsa: "O sangue, esta coisa horrível em si mesma"; segundo Santa Gertrudes, ora de valorização: "Como seria bela minha veste branca, se ela fosse tingida de sangue", dizia Catarina de Siena.

---

29. GÉLIS, Jacques. O Corpo, a Igreja e o Sagrado. *In*: CORBIN, A.; COURTINE, JJ.; VIGARELLO, G. *História do Corpo*. Petrópolis: Vozes, 2008. p. 43.
30. CERTEAU, Michel. *La debilidad de creer*. Buenos Aires, Katz, 2006, pp. 15-16.

Catarina de Siena, uma das grandes figuras da tradição mística medieval europeia, começava todas as suas cartas aludindo ao sangue de Cristo: "Eu, Catarina, serva e escrava dos servos de Jesus Cristo, escrevo a vocês no Seu Precioso sangue", e desejava que todas as pessoas, assim como ela, pudessem ser "banhadas no sangue do dessangrado cordeiro [...] afogados no sangue doce do Filho de Deus".[31] O sangue, elemento místico representado pelo vinho da eucaristia, brota do corpo de Maria como um lembrete constante da missão que a ela foi designada. Ela também afirmou que o sangue não era o seu, tanto "que não experimenta enfraquecimento algum, nem alteração de qualquer espécie em sua saúde". No entanto, o que surpreende é que ela não saiba dar mais detalhes sobre o que acontece com a hóstia depois do sangramento, ao mesmo tempo que desenvolve uma narrativa organizada e erudita. No seu depoimento de 11 de setembro de 1891, a beata nos conta que em uma madrugada:

> [...] cerca de duas horas da manhã do dia vinte e dois de agosto de mil oitocentos e oitenta e nove, é que Nosso Senhor Jesus Cristo pela segunda vez lhe ministrou a Comunhão por suas próprias mãos, sob a espécie própria de sangue em um cálice de ouro que lhe deu a beber, derramando parte dele sobre sua cabeça que chegou a ensopar o véu e a murça que ela trazia, ficando ela então em estado de êxtases do qual despertando e sentindo-se aflita por não saber o que fizesse do sangue que caíra sobre si.

Beber o sangue de Cristo transformou-se aqui quase em uma punição, e por meio do depoimento podemos vislumbrar que ela

---

31. BIZZICARI, Alvaro. Stile e personalità di S. Caterina di Siena. *In: Italica*, Vol. 43, n° 1, pp. 43-56, mar. 1996. Disponível em: http://jstor.org/stable/477020. Acesso em: 06 dez. 2011, p. 52.

ficou assustada com o sangue que lhe caiu sobre o corpo. Os excessos ressaltados na visão, como o sangue derramado exageradamente de forma a deixar-lhe ensopada, remetem ao mesmo exagero e exacerbação presentes no culto à Paixão, no qual os suplícios deixaram o corpo de Cristo em carne viva.

A experiência mística é traduzida em elementos como a dor, o sangue e o ardor corporal (*Eros*). Se para o místico o corpo é a conformação entre o espírito e a carne, a dor física não pode ser temida ou negada. O místico não pode temer seu corpo, não pode temer o sofrimento, pois este é um elemento fundamental da ascese mística, que marca a semelhança do corpo do místico ao próprio corpo de Cristo. O místico não sofre o terror com o corpo que sangra, não teme ao corpo, nem poderia. Ter medo do próprio corpo seria sinal de fraqueza, de desgoverno dos sentidos e das paixões, de luxúria, algo que não era permitido ao místico: "No amor não há lugar para o temor: o perfeito amor expulsa o temor, pois o temor supõe o castigo, e o que teme não é perfeito no amor".[32] Nesse sentido, as tentações e perturbações demoníacas fazem parte das provações pelas quais passam aqueles que devotavam sua vida a Jesus Cristo. Se a alma pertencia a Deus, o corpo físico era o alvo predileto do Diabo, pois até o próprio Cristo fora tentado insistentemente.[33] O corpo manifestava os sentimentos paradoxais inerentes à experiência mística, pois o mesmo Deus que provocava a dor também trazia o alento, como narra monsenhor Monteiro em carta de 25 de janeiro de 1890 ao bispo Dom Joaquim:

> Não eram passados muitos dias, depois que tive a felicidade de ver Maria de Araújo, extática, toda arrebatada em Deus; a face virada para o Céu, olhos docemente cerrados, lábios entreabertos;

---

32. 1Jo 4:18, *Bíblia de Jerusalém*. São Paulo: Paulus, 2002.
33. Mt 4:1, *Bíblia de Jerusalém*. São Paulo: Paulus, 2002.

> não respirava, as mãos postas e um pouco ergui-
> das, o rosto animado, que bem deixava trair o
> segredo de seu coração! Ela estava inundada de
> delícias, da pureza de amor Divino!

O que constitui a experiência mística é, portanto, essa catarse que se confirma a partir da união definitiva com a divindade e se conforma como uma experiência de extrema comunhão com o sagrado – e é, antes de tudo, uma experiência interior, por meio da qual o corpo se entrega aos arroubos eróticos da alma. A experiência mística é uma experiência do gozo, do deleite, do *Eros*.

No seu depoimento, o padre Cícero ressaltou que, nos *colóquios* entretidos entre a beata e Jesus, as juras de amor são tais que "com muita propriedade se poderia comparar com o dos Cânticos dos Cânticos", o que nos faz pensar sobre essa erotização advinda da própria experiência mística. O *êxtase*,[34] como auge da experiência mística, confirma que a missão do místico é a "imitação de Jesus

---

34. O êxtase costuma ser acompanhado de outros fenômenos como revelações, visões, estigmas, raptos e viagens espirituais, mas não obrigatoriamente. José Ángel Valente diz que: "Para San Juan de la Cruz el elemento constitutivo de la vida mística es el éxtasis, la experiencia de la noche [...] Pero el proceso extático puede o suele ir acompañado, sobre todo en algunas de sus fases, de epifenómenos o fenómenos concurrentes, de lo que la teología cristiana ha llamado gracias gratis dadas: visiones, revelaciones, raptos, quemaduras, estigmas, lágrimas de sangre, bilocación, inedia, levitación, etc. Esos fenómenos pueden no existir, no son constitutivos de la experiencia mística, tiene con respecto a ésta carácter secundario y tienden, cuando se producen (sean de naturaleza real o simbólica), a desaparecer en los estados superiores del éxtasis. [...] No otra cosa es el éxtasis que una salida, un salirse o sobresalirse del alma: 'una salida fuera de si mismo', en palabras de Tomás de Aquino". (VALENTE, José Angel. *Variaciones sobre el pájaro y la red*. Barcelona: Tusquets, 1991, p. 99). No Espelho de perfeytas religiosas do frei Joseph de Jesus Maria, a definição de êxtase é breve: "É quando a alma se vai pouco a pouco alienando, e saindo dos seus sentidos". (MARIA, Joseph de Jesus. *Espelho de perfeitas religiosas*. Porto: Officina de Manoel Pedroso Coimbra, 1773, p. 251).

Cristo" e, segundo Maria de Araújo, toda dor infligida naquele momento era compensada por uma "grande consolação da alma". O êxtase é a linguagem do corpo para comunicar a interação com o outro (Deus, o sobrenatural), e aparece como narrativa que tem a dor e o prazer como marcas de enunciação.

Se todo narrador se imiscui em sua narrativa, inserindo nela elementos pertencentes aos seus códigos culturais e, assumindo que Maria de Araújo teve contato, ainda que "traduzido", com a literatura de prédicas, com as vidas de santos e com a própria *Vulgata*, aventamos que sua narrativa – a corporal e a oral – fala de uma experiência mística que a coloca no centro da enunciação. Ela arvora-se do direito de ser uma "escolhida de Deus": é ela quem manifesta o êxtase, quem comunga intimamente dos favores e graças espirituais promovidos por Deus, ela é acariciada por seus toques e converte isso em linguagem.

É nesse contexto que Maria de Araújo vivia. E, apesar de não saber ler ou escrever, podemos conjeturar que obteve certa educação religiosa que lhe foi transmitida oralmente, através da direção espiritual do padre Cícero e de outros sacerdotes como o monsenhor Monteiro, que desde 1886 escrevia cartas a Dom Joaquim detalhando suas "reuniões" com Maria de Araújo. Em uma delas, de 20 de abril de 1890, na qual o padre Cícero não se achava presente, Monteiro descreve a experiência da beata ao ouvir falar sobre a Paixão de Cristo:

> Me achava no Juazeiro, Sábado, véspera da Dominga da Paixão. Eram duas horas e meia da tarde, rezava o meu Breviário na Capela do S. S. Sacramento quando a Beata Maria de Araújo entrava para fazer oração (estava neste dia o Pe. Cícero na Barbalha) tinha sede e pedi à Beata, para dar-me um pouco de água, antes de entregar-lhe o vaso, com que ela me trousa [*sic*] a água,

> eu, por piedade, e pôde ser, também, que por um
> pouco de curiosidade, comecei a falar-lhe sobre
> os sofrimentos de Nosso Senhor Jesus Cristo, eu
> estava assentado perto da audencia [sic] de lado
> da Epístola, ela conserva-se em pé, de repente
> ela sofre um grande abalo e começa a gemer, ela
> é de pouca estatura, o seu rosto ficava de baixo
> das minhas vistas, encaro-a, também, abalado e
> vejo na testa uma cinta ensanguentada, e o san-
> gue a correr pelo rosto com tanta abundância que
> lhe molhou a murça, à este choque sucedeu um êx-
> tase, e logo com uma humildade profunda de con-
> fundir trata de retirar-se; opus-me, dizendo,
> que Deus me havia feito testemunha daquele caso
> e para a glória dele me explicasse o que aquilo
> era; responde o, que Nosso Senhor ensanguenta-
> do, cercado de espinhos, tirou a coroa sagrada
> e a colocou em sua cabeça, dizendo: - Aprende a
> amar-me. [...] Ah! Senhor. Bispo, que dores amo-
> rosas! Ela gemia e amava!

Nesse relato, temos alguns elementos: a assumida curiosidade do sacerdote que o levou a provocar uma reação da beata e, a partir disso, a resposta que obteve dela, isto é, com a menção aos sofrimentos de Cristo, Maria entra em êxtase. Além disso, parte do sacerdote, que se diz "abalado", a ideia da "vontade divina" de fazê-lo testemunha do fenômeno. A beata, por outro lado, segundo o relato, tenta esquivar-se e não quer contar a experiência, seja por recato, seja pela falta de uma linguagem capaz de expressar o que ela quer dizer.

A erótica do relato também é muito forte. Primeiro, Cristo tira sua coroa e coloca na cabeça de Maria, em um ato de transferência do sofrimento e como uma lição: "Aprende a amar-me". Logo em seguida, a descrição das "dores amorosas", durante as quais a beata "gemia e amava". O que lemos no relato anterior não reflete o olhar de um sacerdote formado nos moldes romanos, tampouco o olhar de um inquisidor, mas o olhar do *voyeur* que tem seu prazer na experiência erótica do Outro.

7

Ela gemia e amava: santidade ou soberba?

> [...] sucedeu que *benzendo ela mesma* um pouco de vinho que lhe fora ministrado por ocasião de se sentir muito enfraquecida, *converteu-se o dito vinho em sangue* o qual ela só bebeu por obediência ao seu confessor; reproduzindo-se fato semelhante ao tomar ela pouco de leite e algum chá que lhe era dado como medicina tudo isto declarava Nosso Senhor ser como uma preparação para maiores graças de futuro.

NESTE RELATO, MARIA DE ARAÚJO NOS CONTA QUE TOMAVA A liberdade de benzer o próprio vinho. Fazendo isso, ela invade um território que fere a hierarquia: ela se autoriza a executar uma função permitida apenas aos clérigos. O mais surpreendente é que a Comissão aceita esse tipo de narrativa, ao invés de questionar e duvidar. Por isso, pensamos que a narrativa de Maria – tão erudita e, por vezes, soberba – só pôde funcionar por ter sido "aceita" pela Comissão, seduzida pela possibilidade do milagre.

Ora, se por um lado conjeturamos que Maria se reconhece atuante neste território da mística, por outro, é incrível que suas declarações tenham sido aceitas tão fácil pela Comissão, que pelo contexto da época deveria, antes de tudo, duvidar da veracidade daquelas narrativas. Essa fácil aceitação denuncia, talvez, um problema de má formação desses sacerdotes, tão propensos a acreditar em um milagre que se "esqueceram" de agir como inquisidores.

Casos até mais simples que o de Maria já tinham sido punidos pela Igreja Católica de modo severo, cujos inquisidores de finais do século XVII, por exemplo, já consideravam narrativas semelhantes como delírios "totalmente alheios ao universo característico da santidade; em seus pronunciamentos e opiniões [os inquisidores] ressaltam a ausência de humildade e excesso de soberba das rés" (Souza, 1993, 109).

Quem acabou assumindo esse papel de "advogado do diabo", função que deveria ter sido exercida pelo Delegado da Comissão, foi o bispo Dom Joaquim Arcoverde (1850-1930), amigo de Dom Joaquim. Dom Arcoverde era somente seis anos mais velho que Dom Joaquim, mas já tinha passado pelo bispado de Goiás, sendo depois enviado para Recife, cidade onde foi diretor do Colégio Pernambucano; antes disso, já havia sido indicado para o cargo de bispo auxiliar na Bahia, cargo que recusou. Ao que parece, o bispo cearense escrevia regularmente ao colega narrando o andamento do inquérito, pois pelas cartas de Dom Arcoverde notamos que ele estava muito bem-informado de tudo o que acontecia em Juazeiro.

Em carta de 25 de outubro de 1891, portanto com a Comissão ainda em Juazeiro, o bispo pernambucano cogita a hipótese de os sacerdotes da primeira Comissão terem sido "mistificados" pelas artimanhas de Maria de Araújo, e mais, que o padre Cícero era o responsável pelo comportamento da beata, sendo seu "hipnotizador ou um magnetizador" e Maria de Araújo, uma "médium que age sob influxo do padre ou sob sua sugestão com intervenção do demônio para produzir as ilusões e maravilhas que sabemos".

A correspondência trocada entre esses dois bispos é riquíssima, pois eles discutiram acerca dos efeitos e consequências da popularidade dos fenômenos ocorridos em Juazeiro. Dom Arcoverde vai inclusive criticar a postura do bispo, considerada passiva diante dos eventos que deveriam ser cortados pela raiz. Para Dom Arcoverde, seriam artimanhas diabólicas:

> Não há nada ali de sério, Senhor Bispo [Dom Joaquim], a tal crucifixão da Araújo, a transudação de sangue, e tudo o mais que ela apresenta não passa de um derivativo diabólico [...] o caso não é de consulta; é um escândalo que convém remover ou destruir, e nada mais. Desde que o ridículo tem parte nos fenômenos do Juazeiro, não precisamos de outro critério para afirmar com certeza que eles não são de origem divina, que não são miraculosos, por mais surpreendentes e maravilhosos que sejam.

Como não possuímos as cartas de Dom Joaquim, só podemos conjeturar sobre a opinião dele a partir das cartas de Dom Arcoverde. É possível saber, pois, que o bispo cearense não gostou do tom de repreensão do seu colega, muito menos da sugestão de serem os fenômenos do Juazeiro de natureza diabólica. Nesta carta de 13 de janeiro de 1891, Dom Arcoverde explica:

> É bem certo o que pondera V. Excia.: 'quem vê as coisas de longe contempla-as *in abstrato*, sem conhecer as circunstâncias peculiares que as rodeiam, forma um juízo demasiadamente severo', [...] parecia-me ver que foi fraca a ação episcopal ao *começo dos factos*, mas a carta de V. Exa. veio-me esclarecer completamente sobre isso [...].

Para Dom Arcoverde, o Diabo se utilizava das mulheres, ludibriadas com facilidade, para provocar um cisma dentro da Igreja. No entendimento dele, a representação contínua dos fenômenos denotava a influência diabólica, uma vez que Deus não necessitava utilizar de artifícios ou "coisa originalíssima" como aquela para manter os fiéis. Além do mais, o bispo de Pernambuco discordava de Dom Joaquim em um dos principais pontos da questão. Para ele, não se tratava nem de milagre, nem de embuste:

> Mas qual a origem dos tais fenômenos? V. Exa. responde que não procedem do demônio, e implicitamente determinava origem, isto é, que são mero *embuste* da Araújo! Aqui discordamos. Porque se considerarmos o complexo dos fenômenos encontramos caracteres tais que não os podemos explicar pelos agentes *puramente* naturais. Quer dizer que Maria de Araújo seria incapaz de produzi-los por si só sem intervenção de uma causa preternatural [estranha, sobrenatural]. Nem se diga que um Anjo poderia ser o agente. Neste caso era Deus operando *ministerio angelorum*, era sempre Deus o autor mental de tais fenômenos, o que não podemos admitir pelo ridículo das exibições do Juazeiro.

Nesta carta de 28 de abril de 1892, Dom Arcoverde chama atenção para a tibieza de Dom Joaquim: quanto mais demorava em intervir, mais expunha sua fraqueza. Por que ele não acabou logo com a história, dando um "veredito" duro e direto como faria o bispo pernambucano? É possível pensar que ele chegou a considerar a veracidade dos fenômenos? Se ele tinha tanta certeza de que os fenômenos eram embustes, por que investigou tanto, deixando o caso crescer e fugir do seu controle?

Dom Arcoverde dizia ainda que tinha visto um artigo no jornal de Portugal, *A Palavra do Porto*, no qual o autor se mostrava muito favorável ao bispo cearense, mas também muito judicioso, pois afirmava que Dom Joaquim havia dito que "esses fatos não eram de Deus nem do demônio". Para Dom Arcoverde, essa era uma proposição arriscada, pois não se poderia dizer terem sido "ilusões" as *"celebérrimas e estupendas* comunhões dos Padres da *memorável* Comissão"! O caráter diabólico era reforçado, assim, pela irresistível sedução de que foram vítimas os padres da Comissão que aceitavam comungar das mãos das mulheres e beber vinho abençoado por Maria de Araújo.

Não obstante, a associação da mulher ao diabólico não era inédita. Jean Delumeau (2009) lembra que, no começo da Idade Moderna, a mulher foi identificada como um poderoso agente de Satã. No século XVII, por exemplo, frei Manuel do Santo Atanásio, em um parecer da Mesa da Inquisição de Coimbra sobre os possíveis fenômenos extraordinários da beata Maria da Cruz, dizia que "bastava ser mulher para ser mais vulnerável às trapaças do demônio. [...] Como o demônio conhecesse estas 'qualidades inatas' do sexo feminino, era-lhe fácil ludibriá-las com astúcias e artimanhas".[35]

Os autores do *Malleus Malleficarum*, por sua vez, diziam que "as mulheres são, por natureza, mais impressionáveis e mais propensas a receberem a influência do espírito descorporificado", e ressaltaram explicando o motivo:

> [...] convém observar que houve uma falha na formação da primeira mulher, por ter sido criada a partir de uma costela recurva, ou seja, uma costela do peito, cuja curvatura é, por assim dizer, contrária à retidão do homem. E como,

---

35. BORGES, Célia Maia. *Santa Teresa e a espiritualidade mística*: a circulação de um ideário religioso no Mundo Atlântico. *In*: ACTAS do Congresso Internacional Espaço Atlântico do Antigo Regime: poderes e sociedade. Lisboa: Instituto Camões, 2005. Disponível em: http://cvc.instituto-camoes.pt/eaar/coloquio/comunicacoes/celia_maia_borges.pdf . Acesso em: 20 mar. 2009.

em virtude dessa falha, a mulher é um animal imperfeito [...].³⁶

No Brasil colonial, o padre Antônio Vieira reforçava em seus sermões o quanto uma mulher poderia ser perniciosa, enganadora, "a porta por onde entra o Diabo no homem".³⁷ Nesse sentido, não é de se admirar que o argumento de Dom Arcoverde fizesse uma ligação direta entre a figura da mulher e do diabo.

Se através do corpo Maria de Araújo construiu em torno de si uma imagem de santidade, foi também através dele que se tornou objeto de condenação. Dom Arcoverde ressalta em suas cartas o aspecto grotesco dos exames realizados na beata pelos sacerdotes da Comissão:

> Houve santo, é verdade (S. Estenislau e outros) que alguma rara vez, e sem o pedirem receberam a comunhão por ministério angélico ou divino; *nunca*, porém, se leu andarem eles mostrando vaidosamente ao devoto público a língua com a sagrada forma; isto é, por demais grotesco, e bem revela a origem espúria de tais milagres do Juazeiro. Santa nenhuma permitiu *nunca* que mão de homem lhe chegasse ao rosto a pretexto de examinar milagres!

Essa era a postura crítica que se esperava da Comissão e da Diocese. Para Dom Arcoverde, a falta de humildade e a necessidade de se mostrar como uma favorecida das graças de Deus indicavam

---

36. KRAMER, Heinrich; SPRENGER, James. *Malleus Maleficarum*: O Martelo das Feiticeiras. 18ª. Ed. Rio de Janeiro: Record/Rosa dos Tempos, 2005, pp. 115-116.
37. *Apud* MARQUES, Antônio Soares. *A mulher nos sermões do padre Antônio Vieira*. Mathésis, vol. 2, 1993, pp. 121-144. Disponível em: https://www.oasisbr.ibict.br/vufind/Record/RCAP_fe7919bdd980633dca25c5f7b0b13b7d. Acesso em: 13 ago. 2013.

soberba, pouca seriedade das mulheres e o caráter "espúrio" dos pretensos milagres que chegaram a gerar certa concorrência entre aquelas que disputavam entre si as atenções da Comissão. Alguns sacerdotes consultados por José Marrocos, ao longo do processo, ratificavam as hipóteses aventadas por Dom Arcoverde.

O padre João Chanavat (1840-1899), lazarista da Diocese de Mariana, em Minas Gerais, afirmou em carta de 30 de novembro de 1891 ao bispo Dom Joaquim Vieira: "todos os fenômenos extraordinários que se dão com esta mulher pertencem à mística diabólica, e que Maria de Araújo ciente ou inconscientemente é instrumento de operações diabólicas". No entanto, não se atreveu a questionar a condução de Dom Joaquim no caso. Outro padre, João Maria Mansero, que se correspondia com Dom Joaquim, afirmou, em 7 de fevereiro de 1892, que a leitura do *relatório da Comissão* e as informações prestadas pelo próprio Dom Joaquim só reforçaram "ainda mais a realidade da obra diabólica nos acontecimentos do Juazeiro". E completa:

```
A fascinação em que se achou envolvida a mesma
comissão desde o princípio do processo, até re-
ceber hóstia da mão da Beata julgando-as consa-
gradas, e recebê-las em comunhão não estando em
jejum, aceitando como preceito de Deus, superior
no preceito da Igreja, as palavras de uma mulher
de cujos êxtases ilusórios devia-se ao menos du-
vidar, é o argumento mais palpável da ausência
de qualquer casualidade divina, e por isso mesmo
da presença do espírito das trevas.
```

Um elemento intrigante nessa história é a facilidade com a que as pessoas tinham acesso aos documentos do primeiro inquérito que *a priori* deveriam ser secretos. Faltava um método mais rígido durante as arguições, às quais qualquer pessoa podia assistir. Assim, não é de surpreender que os detalhes das transformações das hóstias e das narrativas das testemunhas tenham logo se propagado, contrariando quaisquer métodos de inquirição da Igreja.

Se para Dom Joaquim não era conveniente que o fenômeno fosse milagre, tampouco o era se fosse negócio do demônio, por isso, a tese do embuste acabou prevalecendo. Entretanto, ainda durante a realização do inquérito, aventou-se outra possibilidade: a de Maria ser epilética ou histérica, tese posteriormente incorporada pelo próprio Dom Joaquim, como veremos mais adiante, na análise das Cartas Pastorais deste bispo.

Não sabemos bem de onde partiu essa suposição, mas ela foi considerada pela Comissão Episcopal, na medida em que eles convocam uma equipe de peritos médicos para assistir aos interrogatórios e realizam uma série de experiências a serem feitas nas hóstias consagradas que sangravam na boca de Maria de Araújo. A participação da equipe de peritos médicos foi fundamental para entendermos os conceitos que estavam em voga naquele momento.

8

O corpo analisado: o milagre à luz da ciência

Perguntado mais, qual o motivo porque chamou o Médico Doutor Marcos Rodrigues Madeira, na Quinta-feira Santa, dia vinte e seis de março do corrente ano [1891], para examinar Maria de Araújo depois de haver esta comungado. Respondeu que tendo-se dado, por várias vezes, durante o tempo quaresmal deste ano, o fato da Sagrada partícula ter passado por algumas transformações, quando se conservava ainda na língua da devota, quis que um médico testemunhasse a reprodução de um tal fato que naquele dia acabava de operar-se, afim de que o fato que tinham sido testemunhas alguns sacerdotes e muitas outras pessoas de toda a condição fosse então testemunhado por pessoa perita, como um médico e desta arte houvesse uma prova mais robusta em favor da verdade do fato.

O RELATO ACIMA CONSTA NOS DEPOIMENTOS DO PADRE CÍCERO E mostram a preocupação dos sacerdotes locais em descartarem a possibilidade de Maria de Araújo sofrer de alguma doença, fortalecendo assim a hipótese do milagre.

Depois da romaria organizada pelo monsenhor Francisco Rodrigues Monteiro para adoração ao *Sangue Precioso* que jorrava das hóstias de Maria de Araújo em julho de 1889, outro acontecimento foi decisivo para provocar a ira de Dom Joaquim contra os fenômenos e contra a beata: a publicação de um atestado médico do Dr. Marcos Rodrigues Madeira, no jornal *O Cearense* de 24 de abril de 1891, em que o perito não só descartava a hipótese da histeria como afirmava que os fenômenos eram "*um fato sobrenatural* para o qual não me foi possível encontrar *explicação científica*":

> [...] e sendo todos aí trataram os peritos de proceder ao exame na pessoa da Beata que continuava no mesmo estado já descrito, verificando que em sua fronte, mãos e pés não se divisava lesão ou talho algum, dando assim a entender que tal fenômeno não se explicava como causa natural.

A primeira Comissão Episcopal anexou ao inquérito de 1891 uma série de *termos de verificação*, pequenas atas que relatavam as experiências de observação do sangramento da hóstia e dos estigmas de Maria de Araújo feitas pelos sacerdotes em conjunto com os médicos. Esses *termos* são interessantes, porque essas experiências buscavam testar o possível caráter sobrenatural dos fenômenos e incluíam a interpretação da ciência para um evento, de início, de caráter religioso e sobrenatural.

Os termos de verificação eram absolutamente descritivos, sem qualquer tipo de análise ou parecer da Comissão. As experiências eram feitas em conjunto com a equipe de peritos, dos quais resultaram os termos redigidos pelo Secretário, o padre Antero, e os atestados individuais dos peritos. Foram feitos três tipos de exames: 1) observação da transformação da hóstia na boca da beata; 2) observação das crucificações e estigmas no corpo de Maria de

Araújo e 3) exame de panos manchados de sangue ou que continham pedaços de carne ou de partículas sagradas que não tinham se transformado totalmente.

A *primeira verificação* de transformação da hóstia foi feita em 10 de setembro de 1891, e a partícula foi ministrada quatro vezes a Maria de Araújo:

> [...] mandou o Reverendo Comissário [Padre Clicério Lobo] já acima nomeado que o Padre Cícero Romão Batista administrasse a comunhão à Beata Maria de Araújo o que foi feito; dentro de dois minutos caiu a dita Beata em estado de êxtases [...] até que só quando o Reverendo Comissário mandou terminante e internamente em obediência a Jesus Cristo e a Santa Igreja, que ela se despertasse e se ajoelhasse, realizou-se a completa revogação do estado extático em que ela antes se achava. Desta vez, por mais que se mandasse a Beata abrir a boca e estender a língua sobre os lábios, não bem podia ela fazê-lo, notando-se certa contração que a isto obstava; e quando instava-se ainda a abrir ela a boca e estender a língua para assim se poder observar a transformação que por ventura se operasse, dava ela sinal tanto por gestos, como de viva voz, que o não podia fazer em consequência de estar a sagrada forma em movimento na sua boca.

Impossibilitada de observar o sangramento porque a beata não conseguia abrir a boca depois de consumir a hóstia, no mesmo dia, a Comissão decidiu esperar para ver se durante a celebração da missa o fenômeno voltaria a ocorrer, sendo que dessa segunda vez o próprio padre Clicério ministrou a hóstia à beata. Ao receber a partícula das mãos do Delegado da Comissão, Maria de Araújo entrou novamente em estado de êxtase; desta vez, o sangramento da hóstia pôde ser observado pela Comissão:

> [...] e em virtude da mesma obediência é que ela abria bem a boca e estendia a língua sobre os lábios de modo que se podia bem observar a sagrada hóstia em via de transformação. Pouco a pouco se ia transformando a hóstia consagrada divisando-se ao princípio alguns glóbulos de sangue que foram crescendo de ponto até que, mandando o Reverendo Padre Cícero que ela deitasse a sagrada partícula numa salva guarnecida com um sanguíneo distinguindo-se então melhor a transformação em parte, da mesma partícula em sangue que foi pouco a pouco tomando mais cor.

Depois dessa segunda observação, a hóstia foi ministrada ainda uma terceira vez, observando no máximo um espaço de uma hora entre cada comunhão. Logo em seguida, era extraída da boca da beata antes que fosse engolida junto com o sangue, a fim de que a Comissão e as testemunhas pudessem observar melhor a conversão que se dava cada vez mais rapidamente, resultando também em um sangue mais claro e límpido.

Por fim, pela quarta vez, a hóstia foi ministrada para que Maria de Araújo pudesse comungar e notou-se que "em todas essas três vezes, tanto depois da extração das partículas, como depois de ter ela verdadeiramente comungado, a boca e a língua conservavam-se perfeitamente limpas, sem nenhum resquício de sangue". Essa primeira ata de verificação, com as quatro comunhões de Maria de Araújo, foi assinada pela Comissão, pelos padres Cícero e José Jacome Pontes Rangel (s/d), da freguesia de Missão Nova e pelo vigário da cidade de Icó, Manuel Francisco da Frota (1837-1927), além de por outras vinte pessoas.

O procedimento era arbitrário e contrário às recomendações do bispo: primeiro, porque abusava do sacramento eucarístico, fazendo a beata comungar seguidamente; segundo, porque a Comissão que deveria trabalhar em segredo deixava qualquer pessoa testemunhar as reuniões e os interrogatórios.

No dia seguinte, 11 de setembro, mais uma vez, a Comissão reuniu diversos observadores em torno da beata na expectativa da repetição das transformações do dia anterior. Nessa *segunda verificação*, a hóstia sangrou em três das quatro vezes que entrou em contato com a língua de Maria de Araújo, "sendo ainda para notar-se que a língua da beata, apenas deitava ela a hóstia sobre a salva, conservava-se, como todos atentamente testemunharam, perfeitamente limpa convencendo-se assim todos de que aquele sangue não era o próprio sangue da beata".

Na *terceira verificação*, em 12 de setembro, a beata comungou mais três vezes para que a Comissão pudesse não só atestar a transformação da hóstia, mas também para que fosse ratificado não haver ferimentos em sua boca que provocassem o sangramento. Em 24 de setembro daquele ano foi feita a *quarta verificação*, dessa vez com a participação de dois médicos, os doutores Ignácio Dias e Marcos Madeira que passaram a acompanhar a Comissão a partir de 14 de setembro, portanto, apenas depois das três primeiras verificações.

Em carta de 13 de setembro de 1891 ao bispo Dom Joaquim, o padre Clicério menciona a participação dos médicos, ressaltando que partiu dele a iniciativa de convidá-los a fazer um "memorial" sobre o que eles haviam presenciado. É provável que tenha sido o padre Cícero quem sugeriu que os médicos fossem chamados, a fim de descartar a possibilidade de o sangramento ser causado por alguma enfermidade que porventura Maria de Araújo tivesse. É curiosa essa liberdade de Clicério para convocar pessoas sem o bispo saber; estranhos ao serviço da Igreja e participando da investigação, o que indica que o caso ia cada vez mais fugindo do controle da Igreja e do bispo.

Convocados pelos padres Clicério e Antero, os dois primeiros médicos a integrarem a Comissão foram os doutores Marcos Madeira e Ignácio Dias, próximos ao padre Cícero e, provavelmente, os únicos médicos da região naquele momento. Eles assinaram um atestado em conjunto descrevendo como o líquido que brotava da hóstia quando ela entrava em contato com a língua de Maria de Araújo tinha cor, textura e cheiro de *sangue verdadeiro*.

Os peritos constataram ainda que, logo depois de a partícula sanguinolenta ser extraída da boca da beata, não era possível identificar mais nenhum vestígio de sangue. A língua ficava "completamente limpa e sã, mesmo na pequena parte que pouco antes ocupava a mesma partícula", indicando que o sangue brotava da hóstia, e não da boca de Maria de Araújo. Para ratificar essa hipótese, os médicos fizeram uma série de exames físicos na beata, detendo-se sobretudo nos pulmões, a fim de descartar a possibilidade de tuberculose, que poderia provocar os sangramentos através dos escarros. É daí que surgem as principais descrições sobre a saúde de Maria de Araújo.

Uma das perguntas feitas às testemunhas do 1º inquérito era se Maria de Araújo tinha "compleição forte ou fraca", justamente para analisar por meio de um histórico da saúde se ela era forte o suficiente para aguentar tantos sangramentos seguidos. O padre Cícero respondeu que a beata tinha "compleição fraca e é doentia tendo ainda em menor idade uma enfermidade qualificada espasmo, ficando sujeita, desde então, a sofrer por vezes de ataques nervosos que a prostravam até o ponto de perder os sentidos". No entanto, ele se contradiz mais adiante: "Perguntado mais se lhe constava sofrer alguma outra enfermidade a dita senhora. Respondeu que ela sofre algumas ligeiras perturbações de estômago, conservando apesar disso, bastante força tanto que pode, sem sacrifício maior ir do Juazeiro à cidade do Crato".

O padre Quintino Rodrigues, professor do Seminário São José no Crato, ressaltava que Maria de Araújo era "de compleição franzina e até 1889 (segundo o que ouvi dizer) sofria uns ataques que qualificam de epiléticos, os quais a deitavam por terra e tiravam-lhe o uso dos sentidos, não sei por quanto tempo".

Uma observação recorrente é que Maria sofria de incômodos do estômago. Esse mal é citado nos depoimentos dos padres Cícero, Francisco Monteiro e Quintino Rodrigues. De modo geral, as testemunhas afirmam que Maria de Araújo tinha um antigo histórico de doenças que a deixavam fraca; portanto, seria impossível que ela derramasse tal quantidade de sangue sem o risco de agravar ainda mais o seu estado. Para os médicos, se o sangue não era de Jesus Cristo, como dizia o bispo, também não poderia ser da beata.

Eles se dedicaram, então, a fazer um exame completo – até onde fosse possível – do corpo da beata e não detectaram nenhum tipo de tumor ou lesão no tórax, garganta ou boca, como afirmam no atestado assinado pelo Dr. Marcos Madeira e Dr. Ignácio Dias:

> Não podemos atribuir este sangue a uma lesão de laringe ou de pulmão por isto que estes fatos se reproduzem há três anos e ela não tem sofrido na sua constituição e temperamento, além de que não tem ela a menor tosse, febres e pelo exame que fizemos, não encontramos indícios de uma lesão interna, que pudesse ser a origem de tais hemorragias.

Não satisfeitos, os médicos fizeram a beata gargarejar uma solução de *percloreto de ferro*,[38] substância com propriedades coagulantes e vasoconstritoras, capaz de provocar um aumento da pressão sanguínea, ao mesmo tempo que impediria qualquer tipo de sangramento:

> [...] feito o gargarejo *diversas vezes* com poção de perclorureto de ferro, não devia se reproduzir [o sangramento], e quando isso se desse o sangue seria de uma cor negra o que não se deu, ao contrário, *fez o sangue aparecido mais rubro* do que os outros anteriormente observados.

O sangue rubro e límpido brotava diretamente da pele da beata, mas não deixava vestígios, marcas de ferimentos ou lesões, o que para os médicos descartaria a possibilidade de histerismo. Eles afirmavam: "Maria de Araújo não tem convulsões de natureza alguma, não tem alteração ou mudança de caráter em seu trato, e tem muito regular o fluxo catamenial [menstruação], não tem outras perturbações nervosas que possam fazer crer ser ela uma histérica".

As observações sobre o fluxo menstrual de Maria de Araújo eram importantes por haver na tradição mística relatos sobre estigmatizadas que paravam de menstruar, como se todo o fluxo de sangue fosse movido para os estigmas causando a cessão das regras.[39]

---

38. Segundo Chernoviz: "O perclorureto ou percloreto de ferro tem: 'composição roxa-avermelhada [...] [e] emprega-se sobretudo externamente para atalhar hemorragias". (CHERNOVIZ, Pedro Luiz Napoleão. *Diccionario de Medicina Popular*. Rio de Janeiro: Editores Eduardo & Henrique Laemmert, 1890, p. 1152.) O percloreto de ferro é uma substância muito corrosiva que ataca metais ferrosos e inibe hemorragias. Hoje, seu uso é proibido na indústria farmacêutica, mas ainda é usado na indústria mecânica.
39. GÉLIS, Jacques. O Corpo, a Igreja e o Sagrado. *In*: CORBIN, A.; COURTINE, JJ.; VIGARELLO, G. *História do Corpo*. Petrópolis: Vozes, 2008. pp. 19-130.

Os dados obviamente eram obtidos por meio da própria Maria de Araújo, visto que as convenções da época impediam que um médico examinasse o corpo de uma paciente por inteiro.

Além disso, eles foram desconstruindo, ainda que não intencionalmente, o quadro de possíveis doenças que Maria pudesse ter, entre as quais havia a suspeita de que ela sofresse de ataques nervosos ou epilépticos. O próprio padre Cícero já afirmara que a beata costumava, desde menina, apresentar:

> [...] ataques nervosos que a prostravam até o ponto de perder os sentidos. Esse estado mórbido começou desde menina e continuou com maior ou menor intermitência até o ano de mil oitocentos e oitenta e nove, quando começaram a se manifestar nela alguns factos extraordinários havidos por muitos como maravilhosos. - Perguntado se Maria de Araújo alimenta-se regularmente. Respondeu que ela alimenta-se muito parcamente.

Naquele contexto, a doença chamada de *espasmo* era usada para designar muitas coisas: ataques nervosos, ataques epilépticos, convulsões etc. Em meados do século XIX, o médico Pedro Luiz Napoleão Chernoviz[40] publicou no Brasil o seu *Dicionário*

---

40. Nascido na Polônia com o nome de Piotr Czerniewicz, em 11 de setembro de 1812, faleceu em 31 de agosto de 1882. Em 1830, pediu asilo político na França depois de envolver-se em um levante contra o domínio russo em seu país. Em meados do século XIX, veio para o Brasil e estabeleceu-se como médico e editor. O seu *Dicionário* logo caiu nas graças da pequena comunidade médica brasileira e foi considerado uma das mais importantes publicações na área. Obviamente, não há certeza de que os médicos que integravam a Comissão Episcopal utilizaram esse dicionário, mas ele serve de referência para uma noção sobre os conceitos em voga na época. Ver: GUIMARÃES, Maria Regina Cotrim. Chernoviz e os manuais de medicina popular no Império. *In*: *História, Ciências, Saúde-Manguinhos*, vol. 12, n. 2, pp. 501-14, maio-ago., 2005.

de Medicina Popular, do qual destacamos algumas definições úteis para entendermos como as doenças eram vistas naquele contexto:

- **Ataque de nervos:** Uma moléstia nervosa, produzida ordinariamente por um susto, um pesar profundo ou alguma outra paixão violenta, e caracterizada por movimentos gerais do corpo, ou por uma suspensão incompleta das faculdades intelectuais. Dá sobretudo nas mulheres;

- **Convulsões:** Entende-se, geralmente, por convulsões, todo estremecimento ou contração violenta, alternativa e involuntária dos músculos, que habitualmente não se contraem senão sob influência da vontade. As convulsões não são mais que um sintoma ou indício de uma moléstia; dependem sempre da irritação de alguma parte do sistema nervoso;

- **Escarro de sangue:** É designada em medicina, pelo nome de hemoptise; [...] as mulheres são mais sujeitas a ela que os homens, e a razão desta maior disposição das pessoas do sexo feminino às hemoptises é a frequência das desordens de menstruação de que padecem. [...] É, às vezes, difícil reconhecer a procedência do sangue que tinge alguns escarros; pois que ele pode vir da boca, da garganta e do nariz, mas este sangue nunca é vermelho, espumoso, nem intimamente misturado com mucosidades;

- **Epilepsia:** Moléstia nervosa que se manifesta por ataques, mais ou menos aproximados, com movimentos convulsivos, perda dos sentidos e espuma na boca. [...] As crianças e as mulheres são mais frequentemente afetadas de epilepsia. [...] O susto é sua causa mais frequente, e sobretudo durante a época da menstruação. A cólera, o pesar, e as emoções morais muito fortes, têm influência em seu aparecimento;

- **Espasmo:** Contração involuntária dos músculos, principalmente dos que não obedecem à vontade, tais são do estômago, dos intestinos, da uretra etc. Precede frequentemente a convulsão, mas também pode existir sem ela. Além disso, o sentido da palavra *espasmo* é muito vago.

Como vemos, essas enfermidades têm sintomas muito próximos, quase todos atribuídos a anomalias nervosas e com maior ocorrência em mulheres. Todas foram citadas em algum momento, pelo bispo ou por outros sacerdotes, como uma possível causa do que eles chamavam de "ataques" e "pseudoêxtases" de Maria de Araújo.

Apesar das dificuldades encontradas nos exames, os doutores Marcos Madeira e Ignácio Dias eliminaram do quadro clínico de Maria de Araújo os sintomas relacionados à histeria:

> [...] se estas hemorragias parciais fossem ligadas ao histerismo, não deixariam elas vestígios de sua passagem? Se fossem ligadas ao histerismo não se reproduziriam em seguida aos meios hemostáticos por nós empregados, como água fria e poção de perclorureto de ferro na água fria? Se se tratasse ainda de um histerismo em grau exagerado a ponto de poder produzir todas essas desordens teriam ela inevitavelmente além de outros sintomas, que não apresentou, a insensibilidade da faringe. Entretanto ficou bem provado e verificado pelo exame que procedemos que ela acusa muita sensibilidade para a faringe. Pelo que temos observado e exposto excluímos também a ideia de histerismo.

Na segunda metade do século XIX, as discussões sobre a histeria feminina estavam no auge e preocupavam tanto a Comissão Episcopal como os médicos, uma vez que uma das principais acusações contra Maria de Araújo partia da hipótese de que ela era epiléptica ou histérica. É interessante notar que uma das perguntas principais que o padre Clicério fazia às testemunhas era sobre a saúde de Maria de Araújo e, após o primeiro inquérito, o bispo Dom Joaquim incorpora esse argumento.

Os doutores Marcos Madeira e Ignácio Rodrigues encerraram o atestado afirmando o seguinte: "[Diante da impossibilidade de se encontrar] uma explicação científica satisfatória somos levados a crer que os fatos que se tem reproduzido na beata Maria de Araújo são sobrenaturais".

A presença dos médicos junto à Comissão eclesiástica foi importante porque conferiu relevância aos eventos, uma vez que, usando um discurso científico, atestaram os fenômenos ocorridos com Maria de Araújo como sobrenaturais, mesmo que para a Diocese tenha sido uma interferência muito inconveniente.

O que surpreende, entretanto, é a falta de debate entre a Comissão Episcopal e os peritos médicos. A Comissão atuava ao lado dos médicos, ministrando a comunhão e despertando Maria de Araújo dos êxtases nos quais ela mergulhava quando recebia a hóstia consagrada. Em contrapartida, não era permitido aos peritos tocar nas partículas, a não ser depois das transformações, o que denunciava a tênue fronteira que se estabelecia entre a religião e a ciência. No entanto, nem o padre Clicério em seu Relatório final, nem os médicos em seus atestados, deixam entrever qualquer tipo de discussão ou análise entre os dois grupos.

Outro perito foi incorporado à Comissão posteriormente, o farmacêutico Joaquim Secundo Chaves, que já havia publicado um atestado sobre a sua primeira observação do sangramento da hóstia.⁴¹ Ele se juntou à equipe de peritos em 24 de setembro, a fim de observar a segunda crucificação da beata, narrada anteriormente. Seu atestado, datado de 7 de outubro de 1891, apresentava desde o início uma tendência a acreditar que a transformação da hóstia na boca de Maria de Araújo era um fato sobrenatural:

> Foi assim, que na Casa de Caridade do Crato, no dia 24 de Setembro último, perante um numerosíssimo concurso de gente de toda posição, idade e condição, vi mais uma vez a transformação da sagrada forma em sangue por ocasião da comunhão da mesma Maria de Araújo, e meia hora depois presenciei também a sua crucificação e estigmatização tal e qual se lê na vida de Anna Catharina de Emmerich. Nessa ocasião achavam-se também presentes comigo os doutores em medicina Ignácio de Sousa Dias e Marcos Rodrigues Madeira que examinaram com toda a atenção o estado dela antes da comunhão, no ato e depois, sem encontrarem um indício ou vestígio de hipnotismo, de histerismo ou de qualquer outra causa que pudesse produzir o maravilhoso efeito, que todos presenciamos.

Do mesmo modo, as chagas ou estigmas que Maria de Araújo costumava manifestar não deixavam nenhum tipo de marca ou

---

41. "Joaquim Secundo Chaves, T. Coronel reformado do Batalhão nº 13 da G.N. de reserva, e pharmaceutico estabelecido nesta cidade do Crato, por nomeação legal && [...] Confesso que fiquei maravilhado porque notei desde a base, até a parte media da língua, tudo limpo de sangue, somente o vi no logar aonde estava a sagrada forma. [...] Nessa ocasião achava-se presente grande número de cidadãos notáveis de diferentes logares, inclusive o Vigario da freguesia do Triumpho. O que attesto é verdade, e jurarei si preciso for." Folheto "Os Milagres do Joaseiro". Crato, *Typografia da Vanguarda*, 1891. 36 páginas. Rerum Variarum 1898/128. Vol. II, Doc. 31. ACDF. Trechos do original.

talho na pele, quando cessavam de sangrar. Ao comparar a crucificação de Maria de Araújo com a de Anna Catharina de Emmerich (1774-1824) – uma freira agostiniana alemã que no início do século XIX ficou famosa por suas estigmatizações –, o farmacêutico deixa subtendida a crença de que essas manifestações são sobrenaturais e divinas. Além disso, afirmava ele, diante das condições em que se davam os fenômenos, "esse fato sobrenatural não era devido (como alguém escreveu em um jornal do Ceará) à sugestão hipnótica do Reverendo Padre Cícero Romão [...], pois que reproduziu-se diversas vezes, ministrando-lhe a comunhão outros sacerdotes de vários lugares e de diferentes Dioceses".

Outro médico, Dr. Idelfonso Correia,[42] também passou a integrar o grupo de peritos em setembro daquele ano, mas não pudemos identificar ao certo quando ele começou a observar os fenômenos, nem por quem foi chamado. A frouxidão da Comissão diante dos observadores fica mais patente conforme avançamos na leitura do inquérito, em que parece que qualquer pessoa podia se apresentar, observar e opinar livremente sobre os fenômenos.

Em seu atestado, de 13 de outubro de 1891, o Dr. Idelfonso explorou o tema da histeria, citando as teorias de Jean-Martin

---

42. Natural de Lavras da Mangabeira, nasceu em 7 de julho de 1860 e faleceu em 28 de fevereiro de 1911. Estudou Medicina na Faculdade de Medicina do Rio de Janeiro, formando-se em 1855. Depois disso, atuou na política cearense em dois pleitos, como Deputado Provincial no biênio de 1886 a 1887 e como Deputado Estadual entre 1892 a 1893. É considerado uma das grandes personalidades cearenses do século XIX. Ver: STUDART, Guilherme. *Diccionario Bio-bibliographico Cearense*. Fortaleza: impresso pela Typo-lithographia A Vapor, 1910.

Charcot (1825-1893) e Henri Legrand du Saulle (1830-1886).[43] Predominavam duas interpretações sobre essa patologia: a primeira tese defendia que a origem estaria nos órgãos reprodutores femininos; a segunda endossava a ideia de que a histeria teria origem em disfunções do sistema nervoso, ou seja, sua causa era neurológica (Nunes, 2010, 374).

A noção de histeria (do francês, *hystérie*, com origem no termo grego *hystericos*, matriz ou útero) surgiu no século IV, com Hipócrates, o qual afirmava que a histeria era uma doença exclusivamente feminina derivada da ausência de relações sexuais. Essa noção atravessa toda a Antiguidade e durante a Idade Média foi identificada com a possessão diabólica e com a bruxaria.

Em 1850, Paul Briquet (1766-1881), em seu *Traité clinique et thérapeutique de l'hystérie*, definia a histeria como "uma neurose do encéfalo cujos fenômenos aparentes consistem principalmente na perturbação dos atos vitais que servem à manifestação das sensações afetivas e das paixões".[44]

Já em meados do século XIX, Charcot buscava mostrar que a doença não tinha relação com desejos sexuais frustrados ou com

---

43. Jean-Martin Charcot primeiro foi aluno de Sigmund Freud e é considerado o fundador da moderna neurologia. Suas maiores contribuições para o conhecimento das doenças do cérebro foram a descoberta do aneurisma cerebral e das causas da hemorragia cerebral. O segundo, Du Saulle, ganhou destaque pelos estudos sobre a agorafobia, o "medo dos espaços". Ambos deram grandes contribuições à história da psiquiatria e psicopatologia. Ver: PEREIRA, Mario Eduardo Costa. C'est toujours la même chose: Charcot e a descrição do grande ataque histérico. *Revista Latinoamericana de Psicopatologia Fundamental*, II (3), pp.159-165, s.d. Ver também: RODRIGUES, Thais Guimarães; PEREIRA, Mário Eduardo Costa. Legrand du Saulle: da agorafobia ao medo dos espaços. *Rev. latinoam. psicopatol. fundam.*, vol. 14, nº 2, pp. 309-317, jun. 2011.

44. FULGÊNCIO, Leopoldo. A compreensão freudiana da histeria como uma reformulação especulativa das psicopatologias. *Revista Latinoamericana de Psicopatologia*, vol. 4, p. 32, 2002. Disponível em: https://www.scielo.br/j/rlpf/a/zm4NpG84GPNkybJQYR3tGWH/?lang=pt. Acesso em: 14 abr. 2024.

alterações uterinas, como alegavam as teorias antigas sobre os comportamentos femininos tidos como anômalos. A partir de seus estudos, a histeria passou a ser vista como uma psicopatologia que consistia em uma alteração física relacionada à falta de sensibilidade (anestesia e analgesia) ou à extrema sensibilidade (alfagesia e hiperestesia) em partes do corpo; em outras palavras, a doença teria fundo nervoso, e não sexual. Sua sintomatologia provocava reações diversas que variavam desde o completo alheamento e paralisia a convulsões, contrações, tiques e dores agudas para as quais não se encontrava uma causa orgânica (Fulgêncio, 2002, 33).

O *Dicionário* de Chernoviz que usamos anteriormente, também de acordo com as tendências da época, definia histeria como "uma moléstia de todo o systema nervoso". No entanto, afirmava em seguida:

> A hysteria é uma afecção hereditária, seja directamente, seja por transformação. Ella acommette muito mais as mulheres do que os homens [...] ella pode então por contágio nervoso grassar de um modo epidêmico, em um convento, em uma casa de educação como outrora as epidemias de demoníacos da Idade Média que devem ser consideradas como epidemias de pura hysteria.[45]

Dr. Idelfonso se manifestou ainda sobre a possibilidade de uma sugestão hipnótica estimulada pelo padre Cícero. Sua narrativa, porém, mais pretendeu mostrar a incapacidade de a beata entender uma sugestão hipnótica do que propriamente defender o aspecto sobrenatural dos eventos:

---

45. CHERNOVIZ, Pedro Luiz Napoleão. *Diccionario de Medicina Popular*. Rio de Janeiro: Editores Eduardo & Henrique Laemmert, 1890 [1846], p. 187.

> Sabe-se hoje, por numerosas experiências, que pode-se produzir, por sugestão, além de outros fenômenos que não veem ao caso, hemorragias locais nos histéricos hipnotizados. A convicção produzida então pela sugestão é o único taumaturgo em ação. Mas para que a sugestão produza aqui esse grande taumaturgo é indispensável, como primeira condição que seja feita em termos claros de sorte que a hipnotizada compreenda, porque é evidente que se ela não entender o que se lhe diz também nada acreditara, e, pois nenhum efeito se obterá. Ora, se assim é, como explicar que *a beata, mulher ignorante e sem aprendizagem*, pudesse compreender que comungar na chaga direita de Nosso Senhor Jesus Cristo equivalia a esta sugestão: eu te ordeno de sangrares, neste momento, pelos lábios? [...] Como uma mulher ignorante e sem aprendizagem de ofício, podia elevar-se deste modo acima das condições da natureza? [...] Mas, como a beata podia prever, a menos que não tivesse a faculdade de ler no meu espirito, que [eu] ia exigir o aparecimento de hóstia?

O Dr. Idelfonso foi um pouco mais longe que os outros peritos e fez em seu atestado uma comparação entre os limites de sua crença na ciência e seus deveres como bom cristão:

> Só assim creio respeitar a lógica e o bom senso na procura das causas dos fatos e não ofender a fé e a moral, embora passe por espírito fraco por não estarem essas minhas ideias muito ao sabor da época e não abraçar as belas teorias materialistas de Dubois Raymond, e as belas lições de Charcot e Legrand du Saulle, meus mestres respeitáveis em medicina, mas não em filosofia e

> religião. A questão é, pois, mais seria do que a primeira vista se supõe porque importa a nós católicos saber se estamos em presença de fenômenos, explicáveis pelo hipnotismo e pelo histerismo, ou se as fronteiras dessas nevroses foram transpostas para darem lugar ao sobrenatural [...].

Partindo do pressuposto de que a beata não teria capacidade de aprender ou entender sinais previamente combinados com o padre Cícero, capazes de alertá-la sobre a necessidade de prover o embuste, o Dr. Ildefonso alegou, de modo simplista até, que só por modo sobrenatural o referido sangramento podia se dar. E, em tom que procura evitar o comprometimento, diz:

> Em conclusão, penso que os fatos narrados não podendo todos ser explicados pelo histerismo isolado, porque trata-se de uma mulher, cujo estado de crise observado não podia confundir-se com ataque histérico, e cujo estado permanente de ordem mental e orgânica, já pelas informações de pessoas de fé, já pela falta de paralisias orgânicas e funcionais, autoriza a crer que não estamos em presença de histerismo confirmado; nem tão pouco pelo hipnotismo isolado ou combinado, pela ausência de causas suficientes; e nesse finalmente por outro agente natural, penso, repito, que ou negamos os fatos ou *admitimos um agente inteligente e oculto* que represente de causa.

No entanto, apesar de assumir não encontrar uma explicação científica para os fenômenos, mas "um agente inteligente e oculto", o Dr. Idelfonso não diz expressamente ser o sangramento ou as crucificações objeto de uma ação divina; portanto, ele não assume a ocorrência de um "milagre". E conclui: "Não hesitarei na qualidade de católico de acreditar, não digo igualmente de afirmar, que tal fato é de origem divina, até que a *autoridade instituída* por Deus decida doutrinalmente o contrário".

O Dr. Idelfonso segue, assim, na contramão da maioria dos observadores da equipe de médicos, que concluíam que, por ser sobrenatural, o fenômeno era divino, apesar da opinião do bispo. O Dr. Marcos Madeira, em carta ao padre Francisco Antero de 14 de novembro de 1892, interpreta em tom sarcástico a decisão do colega, em uma clara defesa do milagre:

> Admirei-me grandemente do procedimento destes dois colegas e principalmente do Dr. Ildefonso que por aqui andou muito beatinho, recebendo bentinhos, confessando-se e batendo nos peitos a toda hora na Igreja do Juazeiro. [...] No fim de alguns dias de estada do Ildefonso no Juazeiro, sabendo eu aqui, que todos os dias ali se dava o fato da transformação da partícula em sangue, dirigi-me para lá e procurei o Dr. Ildefonso com quem tive uma conferência particular sobre o assunto e achei-o completamente crédulo. Perguntei-lhe se já tinha atestado o fato, respondeu-me do seguinte modo: "Não atestei e nem pretendo atestar este fato, porque já você atestou-o, e também porque si eu fizer o mesmo os incrédulos me acabam pelos jornais, como o Júlio Cezar está fazendo agora com você" e contou-me então já ter lido um artigo do Júlio Cezar contra mim no Jornal do Ceará "O Libertador" ao que eu lhe respondi, que eu não temia a crítica desde que estivesse com a minha consciência tranquila; então disse-me que só daria atestado se observasse algum fato diferente e extraordinário que não se pudesse atribuir ao histerismo, pois estava começando a sua carreira e não queria desmoralizar-se.

No entanto, é possível conjeturar também que da parte de alguns dos envolvidos havia certo receio de assumir os eventos como divinos pelo mesmo motivo que o Dr. Idelfonso dá em seu atestado: como bom cristão, há que se esperar a deliberação da Igreja sobre todo e qualquer novo culto. Talvez por isso, uns poucos como os padres Joaquim Sother, Félix Arnaud e Quintino Rodrigues e o próprio Dr. Idelfonso tenham mostrado cuidado ao afirmar a sobrenaturalidade dos fatos. Cabe perguntar por que o padre Cícero e outros sacerdotes ousaram desafiar essa premissa e tomar os fenômenos como divinos sem o aval da Igreja, representada no Ceará pela autoridade maior do diocesano.

O terceiro item relacionado no inquérito dizia respeito aos termos de verificação das caixas que continham os panos manchados de sangue. Não há registro de exames feitos diretamente neles e a descrição foi apenas quantitativa: "[Nas caixas] contendo diversos panos ensanguentados, e foi verificado, perante diversas testemunhas de fé, acharem-se as partículas, [...] transformadas perfeitamente em sangue, o qual, em muitas delas, apresenta a forma de carne". Foram encontrados ainda 124 *sanguíneos*, 14 *panos* (pedaços de toalha, em sua maioria), 13 *corporais*, 5 *lenços* (um deles pertencente à própria beata e outros de sacerdotes), 2 *palas*, 2 *murças*, 1 véu e 1 *amito*, todos ensanguentados e alguns apresentando pedaços de partículas convertidas em carne.[46]

---

46. *Sanguíneo* é um pano branco, geralmente de linho, usado para fazer a purificação do cálice e das âmbulas; *corporais* são panos brancos de linho que servem de apoio à patena com a hóstia grande, o *cálice* com o vinho e as âmbulas com as hóstias pequenas; *palas* são pedaços de cartolina cobertos com tecido em forma de quadrado, utilizados para cobrir o cálice de vinho durante a consagração da hóstia; *murça* é um pano preto usado pelas beatas para cobrir o pescoço e o colo, posto embaixo do véu; e *amito* é um tecido branco em forma de retângulo, com fitas em todas as pontas e uma cruz no meio, atado ao pescoço do sacerdote no momento da consagração da hóstia.

Após todos esses exames e avaliações, o Delegado da Comissão, padre Clicério Lobo, exara um parecer parcial e o envia a Fortaleza para apreciação do bispo. É difícil avaliar se esse relatório mostra despreparo ou demasiada ingenuidade. Mesmo considerando que o objetivo da investigação era o sangramento da hóstia, à medida que os depoimentos foram avançando e outros tipos de "fenômenos extraordinários" apareceram, inclusive com outras mulheres, por que a Comissão permaneceu inerte e não levou à análise mais a fundo, questionando até mesmo sobre o cotidiano e a vida pregressa daquelas mulheres? Outra questão que se impõe é: por que o bispo se recusou terminantemente a vir ao Juazeiro conhecer de perto a beata e verificar os acontecimentos?

Os primeiros anos da República trouxeram um frontal questionamento do poder da Igreja. Ainda em 1891, foi promulgada a nova Constituição, que limitava imensamente os poderes políticos e civis da Igreja e havia ainda a pressão de Roma por uma reforma do Clero brasileiro.

A posição do bispo também é instável. É possível notar que, com o tempo, ele incorpora o discurso da histeria como provável motivo da "epidemia" de fenômenos extraordinários que acontecia no Juazeiro, reforçando a base "científica", e não a herética. É importante ressaltar ainda que apenas Maria de Araújo foi submetida a esses exames e observações, inconclusivos em sua maioria, posto que não resolvem a principal questão: a origem do sangue. De quem era o sangue? Como ele foi produzido? Afinal, o fenômeno era natural ou não? Para Maria de Araújo e para a maioria dos sacerdotes que a acompanhavam, aquele era o sangue de Cristo. Segundo a *Decisão Interlocutória* de Dom Joaquim, não era, nem podia ser.

9

Maria de Araújo na imprensa

> Pela segunda vez celebrou-se na povoação do
> Juazeiro, a festividade da Semana Santa, e na
> ordem do costume foi enorme o concurso popular;
> ficando toda a Igreja tão cheia, que os fiéis
> assistiram em pé aos atos religiosos por não se
> poderem ajoelhar! [...] Toda a festa correu mui
> pacífica e regularmente, embora a multidão qua-
> se inumerável do povo de todas as freguesias do
> Cariri e dos sertões limítrofes.[47]

A NOTÍCIA QUE ABRE ESTE CAPÍTULO FOI VEICULADA NO JORNAL *O Estado do Ceará* em 30 de abril de 1891. Normalmente, um jornal da capital não daria importância aos festejos locais que ocorriam no interior; no entanto, aquela não era uma Semana Santa qualquer, mas a segunda desde o primeiro sangramento da hóstia na boca de Maria de Araújo que continuava a verter sangue.

As notícias sobre a repercussão do milagre foram publicadas não somente em jornais estaduais e locais, mas também na imprensa nacional. É difícil calcular o alcance que elas tiveram, mas é certo que a veiculação dos acontecimentos na imprensa foi uma das grandes responsáveis pela popularidade do Juazeiro desde o final do século XIX.

---

47. Jornal *O Estado do Ceará*, Fortaleza, 30.04.1891.

Encontramos na documentação que analisamos cerca de trinta notícias e relatos sobre os fenômenos do Juazeiro em periódicos nacionais entre 1889 e 1891, inclusive, já em 1887 é possível encontrar, nos periódicos da época, notícias sobre uma certa *Maria de Jesus* (provavelmente uma confusão com o nome de Maria de Araújo) que é comparada à Anna Catharina de Emerich, pois "ela é santa em carne viva [...] [tendo] visíveis em seu corpo todos os estigmas da paixão de Nosso Senhor Jesus Cristo". A notícia veiculada no *Diário de Pernambuco* de 24 de abril de 1887 faz alusão a uma carta enviada por um anônimo (é possível que o monsenhor Monteiro ou o jornalista José Marrocos) ao jornal *A Constituição* em 17 de abril do mesmo ano.

Em 19 de junho de 1889, o *Diário do Commercio* do Rio de Janeiro noticiava o acontecimento fazendo referência a uma carta datada de 8 de julho recebida pelo editor do referido jornal, o que demonstra a repercussão dos acontecimentos, para a época, muito rápida:

> Na capela de Nossa Senhora das Dores, ereta na povoação do Juazeiro, teve lugar um *verdadeiro milagre*, presenciado por inúmeras pessoas entre as quais um cavalheiro merecedor de toda a fé, o qual, em carta a outro, morador nesta cidade, dele dá notícia nos seguintes termos: 'Quando o padre Cícero dava comunhão à virtuosa beata Maria de Araújo, transformou-se a sagrada forma em sangue que caiu na toalha e na murça da beata, fato que se foi dando todas as sextas-feiras e depois diariamente'.

O pequeno artigo não é assinado, mas é provável que tenha sido escrito por José Marrocos, autor da maioria dos artigos que encontramos. Entre os que utilizamos nesse livro, cinco deles são anônimos, dois são assinados por certo "Peregrino do Rio de Janeiro" nos jornais *Rio Grande do Norte* (12.03.1893) e *Gazeta de Mogy Mirim* (09.04.1893). Apenas um deles foi assinado pelo monsenhor Monteiro no Jornal *Estrella d'Aparecida* (abril de 1891) e outro por José de Arimateia no Jornal *A Província* de Recife (07.03.1909), que acredito ser um pseudônimo do próprio José Marrocos.

É interessante notar que, até então, a aparência de Maria de Araújo ainda não havia sido mencionada nos artigos. Maria era uma mulher negra, de ascendência negro-indígena segundo relatos da época, e, possivelmente, filha de pessoas que haviam sido escravizadas. Nos relatos de Marrocos, ela aparece como uma mulher "virtuosa", uma "virgem", mas mais adiante veremos que os membros mais conservadores da Igreja farão questão de descrever sua aparência física com o fim de demonstrar a impossibilidade dos milagres. Para eles, "Deus não deixaria a França para obrar milagres no Brasil".

Como era de se esperar, os jornais apresentavam tanto posturas críticas como a favor dos milagres e das peregrinações. Destacamos aqui o diário *O Estado do Ceará*, que *a priori* ensaia uma linha de defesa do padre Cícero. O referido jornal não só acompanhava o avanço das peregrinações, como também fazia a cobertura das festividades religiosas locais, como podemos ver na citação que abre este capítulo. Especialmente durante o ano de 1891, o jornal acompanhava os passos do padre Cícero, conhecido como confessor da beata Maria de Araújo, noticiando, por exemplo, em 30 de abril de 1891, suas viagens pelo interior da província:

```
A notícia inesperada de achar-se o virtuoso Padre
Cícero no dia 10, descansando em Santo Antônio 2
léguas ao sul daqui, foi como uma centelha ati-
rada no meio de materiais combustíveis, e que
por si mesma, encarrega-se de atear o mais for-
midável incêndio. Divulga-se às 11 horas do dia
a almejada notícia da aproximação do Enviado do
```

> Senhor e desde então, a população aceleradamente percorre as ruas com a mais plena manifestação de regozijo íntimo que a dominou.

No entanto, apenas um mês depois da publicação do artigo acima, em 25 de maio de 1891, o mesmo jornal publicou uma carta do Sr. Júlio César da Fonseca Filho, jornalista e bacharel em Direito, que defendia a tese de que Maria de Araújo era apenas uma histérica. O editorial explica:

> Os fenômenos que se dão com a beata Maria que no Juazeiro do Crato tem induzido a população à crença de manifestações miraculosas, não passam de sintomas patológicos perfeitamente explicados na carta que sobre o assunto nos dirigiu o nosso ilustrado amigo, o Sr. Júlio César da Fonseca com que havíamos conversado a respeito.

No referido artigo, o autor, intelectual respeitado na província, arvora-se de "conhecimento científico" para rotular a beata como histérica. Apresentando-se como um católico ortodoxo, "de cuja doutrina dogmática não me afasto num ponto sequer", Júlio César afirma que o fenômeno ocorrido com Maria de Araújo não era simulação ou embuste, mas uma doença comum às mulheres, o histerismo, sobre o qual falamos no capítulo anterior. O escritor lembra que suas conclusões foram tiradas a partir de uma análise superficial do caso, uma vez que não teria ido ao Juazeiro para investigar melhor. Assim, afirma:

> Se Maria de Araújo não é puramente uma histérica-tipo [sic] no seu gênero, como suponho com bons fundamentos, é sem dúvida uma neurastê-

> nica de temperamento hemofílico. [...] Portanto, Maria de Araújo não é uma mística nem tão pouco uma mistificadora. É uma devota, uma doente. [...] Creio no milagre, tal como ensina a Igreja, Mestra Infalível da Verdade; o que porém, se está passando no Juazeiro, é apenas um acontecimento naturalíssimo.

Em outras palavras, Maria de Araújo, apesar de devota, seria apenas vítima de uma doença com a qual não sabia lidar. Com a publicação do artigo de Júlio César, o editorial do jornal *O Estado do Ceará* mudou de opinião e nos números seguintes qualquer manifestação de apoio aos milagres, a Maria de Araújo ou ao padre Cícero, passou a ser publicada com a ressalva "A pedido".

Em 2 de julho, dois meses depois, foi publicada anonimamente uma resposta ao artigo de maio no mesmo jornal. Em forma de poesia, o autor defende os milagres e critica as conclusões de Júlio César:

> Um certo rapagão
> Bem alto, espigado,
> Que de nada entende,
> Mas é arrojado...
>
> Veio agora no jornal,
> Com ares de sabichão
> Supondo ter resolvido
> Uma importante questão.
>
> [...]
> Será ou não milagre
> O caso do Juazeiro?
> Responde, não tardes não,
> Meu toleirão, meu sendeiro.

> [...]
> Eis-te, pois, atolado
> Na lama, meu berimbau
> Não tenha medo de nós
> Não te daremos de pau
>
> Se não entendes da causa,
> Mete a viola no saco,
> Depois pode acontecer
> Que te reduzam a caco!
> (Crato, Junho, 1891)

Escrito em tom humorístico, a pequena trova indicava também um sentimento que se espalhava entre os crentes do Juazeiro: a defesa dos milagres a todo custo. Tal defesa partia da desqualificação do "inimigo" – inexperiente, metido a sabido –, e carregava implícita uma ameaça: "Depois pode acontecer/ Que te reduzam a caco".

Menos irônico e mais devoto, outro artigo publicado, também a pedido, na semana seguinte trazia em três colunas o testemunho do Dr. Pedro da Costa Nogueira, advogado da Intendência Municipal de Milagres, cidade próxima ao Juazeiro, que com toda sua família foi ao povoado, exclusivamente para "beijar e adorar o sangue do Filho de Deus". O advogado critica os "incrédulos que falam de magnetismo, à que atribuem os miraculosos e portentosos fatos do Juazeiro" e ensaia uma breve defesa da beata publicada no Jornal *O Estado do Ceará*, em 2 de julho de 1891:

> Maria de Araújo (beata predestinada) é uma *moça sem família conhecida, mal parecida, analfabeta*, mas muitas vezes feliz e de costumes puríssimos. Não é mais possível duvidar da autenticidade deste fato prodigioso do Juazeiro, pois a ele

> estão ligados os protestos do céu, e as convic-
> ções da natureza. (Grifos meus)

É interessante como o autor prepara uma imagem depreciativa da beata para logo em seguida justificar o milagre. Para ele, independentemente dos padrões de beleza e desejos humanos, era a vontade divina que prevalecia. Alguns números depois – para sermos mais precisos, nos dias 10 e 11 de agosto de 1891 –, o mesmo *Estado do Ceará* publicou um atestado do Dr. Idelfonso Lima. A última publicação desse jornal sobre os milagres do Juazeiro naquele ano foi em 20 de outubro de 1891. Outro pequeno poema, desta vez, em tom mais sério, que louvava o milagre e os poderes de Jesus Cristo:

> Vinde ver filhos de Adão
> Neste solo brasileiro,
> Jesus remindo o pecado
> No templo do Juazeiro.

> [...]

> Vinde bem testemunhar
> Vinde ó povo querido
> Não sejas empedernido
> Não queiras mais hesitar
> Não procures olvidar
> Nosso Divino Cordeiro
> Vendo o Sangue Verdadeiro
> De Jesus Sacramentado
> E ficareis sem pecado
> No templo do Juazeiro.

Sendo o referido periódico um órgão leigo e liberal, é surpreendente o apoio às matérias que faziam apologia aos fenômenos que ocorriam no interior da província.

Outro jornal, *O Libertador*, contemporâneo de *O Estado do Ceará*, fundado pela Sociedade Libertadora Cearense, apresentava-se como republicano e abolicionista e possuía uma ampla tiragem para a época, 2 mil exemplares diários. O periódico mostrava uma visão diferente. Nos artigos a respeito do Juazeiro, há uma ênfase sobre o fanatismo dos crentes e romeiros, como vemos nesta matéria de 20 de agosto de 1890:

> O padre Cícero Romão que sempre teve vocação pra idiota converteu o Juazeiro em feudo do fanatismo, onde impávida campeia a impostura de coroa e sotaina. [...] procurando indispor o povo ignorante, que acredita em seus embustes, contra os republicanos que ele apresenta como pedreiros livres e inimigos do altar. [...] Para bem firmar o fanatismo no espírito do povo, toca a inventar milagres. Industriou uma de suas beatas a declarar-se santa. [...] Os milagres multiplicam-se. Além da *bem-aventurada* Maria, aparece outra que *sua* sangue por todos os poros, para todo mundo ver.

O autor ainda sugere que o caso deveria ser investigado pela polícia, uma vez que se configurava em afronta ao novo regime. Essa é, no entanto, a única fonte que faz menção a um possível caráter monárquico ou antirrepublicano da crença que se estabelecia em Juazeiro naquele momento. O artigo é também um dos mais violentos, além de atacar e responsabilizar diretamente o padre Cícero, acusando-o de "inventar milagres".

Esses aspectos enfatizados nos periódicos colocam em cena algumas questões relativas ao problema da crença no milagre. É notável a resistência aos fenômenos por parte de uma elite letrada, liberal e republicana, predominando o apoio dos intelectuais vinculados ao Partido Católico. A maior crítica, tomando como referência os jornais já citados, diz respeito à exploração dos romeiros com a venda de lembrancinhas e promessas de indulgências em caso de conversão.

Há também uma repugnância generalizada à imagem de Maria de Araújo, como uma figura que foge ao modelo de santidade convencional. A referência, especificamente, ao seu físico "mal parecido", como citado por uma fonte, indica a importância da aparência física naquele contexto, sobretudo pelo fato de Maria de Araújo ser negra e pobre.

A imprensa continuou acompanhando o caso, em especial por meio das disputas travadas entre defensores e detratores da beata e dos fenômenos. Além disso, o silêncio do padre Cícero sobre o assunto, ainda mais quando se levava em consideração que o evento aconteceu em sua presença, já havia irritado sobremaneira o diocesano.

Por que ele não comunicou de imediato ao bispo o que estava acontecendo enquanto o fenômeno ainda era desconhecido da população? É possível que ele pensasse que o fenômeno iria cessar por si, mas um evento assim não era algo *"natural"* que pudesse ser simplesmente desconsiderado. Os motivos pelos quais ele escondeu, ou quis esconder, a ocorrência dos fenômenos, além de não os comunicar ao bispo, nunca ficaram muito claros. Para tentar entender um pouco mais essas relações, vamos nos deter um pouco na trajetória do padre Cícero.

10

Um servo obediente: o padre Cícero Romão Batista

Cícero Romão Batista nasceu em 24 de março de 1844 na cidade do Crato. Filho de Joaquina Vicência Romana e Joaquim Romão Batista, ambos cratenses, tinha duas irmãs, Maria Angélica Romana e Angélica Vicência Romana. Seu pai faleceu em 1862, vitimado pela epidemia de cólera que assolou a região em meados do século XIX. Sua mãe, analfabeta e pobre, recorreu ao Coronel Antônio Luís Alves Pequeno Junior, padrinho de crisma de Cícero, para que ele auxiliasse na educação de seu filho, já que era o único homem dos três filhos de D. Joaquina e, portanto, o responsável pela casa e por sua família.

Por meio de sua amizade com o bispo Dom Luís Antônio, o padrinho de Cícero, o Coronel Antônio Luís lhe conseguiu uma vaga como pensionista para que ele estudasse no Seminário de Fortaleza. Essas relações entre o padrinho e o bispo seriam valiosas para Cícero quando, algum tempo mais tarde, o reitor do Seminário, o padre francês Pedro Augusto Chevalier (1831-1901), se opôs à ordenação dele.

O padre Chevalier alegava que Cícero era "um moço teimoso e dado às visões do outro mundo", sendo ainda "demasiadamente místico, cabeçudo e por vezes audacioso em matéria doutrinária, para que pudesse dar um bom padre". Dom Luís

Antônio advogou a seu favor e isso foi decisivo para sua ordenação em 1871.[48]

Essa resistência do padre Chevalier com relação ao padre Cícero poderia ser explicada pela evidente diferença entre as formas de pensar e viver a religião por esses dois homens. O fato de o padre Cícero ser "demasiadamente místico" ou ter "ideias próprias" traía as principais metas da reforma empreendida pela Igreja Católica naquele momento em que visava o controle sobre essas práticas tidas como supersticiosas. E talvez quando Chevalier diga "místico", esteja se referindo a isso: à aproximação que o padre Cícero tinha de práticas mais voltadas a um catolicismo penitencial que esteve presente tanto na ação evangelizadora dos capuchinhos entre fins do século XVIII e meados do XIX quanto nas missões ibiapinianas que eram parte do *espaço de experiência* do padre Cícero.

Não obstante à resistência do reitor, Cícero conseguiu – após a intermediação de seu padrinho com o bispo – sua ordenação e recebeu sua primeira provisão para pregar e celebrar missa das mãos do bispo Dom Luís em 29 de dezembro de 1870, conforme consta em ofício. Cícero retornou ao Crato em janeiro de 1871 e durante todo o ano, além de celebrar ocasionalmente missas na igreja da cidade do Crato, lecionou na escola para moços do seu primo e amigo José Marrocos.

Em abril de 1872, ele decidiu fixar-se no povoado do Juazeiro, que estava sem capelão. No ano anterior, havia celebrado a missa de Natal, a pedido da população local, e começou ali uma atividade pastoral a partir da moralização dos costumes, coibindo os ajuntamentos dos homens em bares e obrigando as mulheres públicas, como eram chamadas as prostitutas, a abandonarem seu ofício e fazer penitência pública. O estilo era *ibiapiniano*, mas atendia também ao projeto moralizador da Igreja do século XIX.

---

48. Cf. DELLA CAVA, Ralph. *Milagre em Joaseiro*. São Paulo: Paz e Terra, 1976; e MACEDO, Nertan. *O Padre e a Beata*: vida do Padre Cícero. Rio de Janeiro: O Cruzeiro, 1969.

Sem muita escolha, uma vez que as próprias relações de apadrinhamento local lhe exigiam, o padre decide se estabelecer no Juazeiro e solicita ao bispo Dom Luís autorização para permanecer como capelão da pequena Capela de Nossa Senhora das Dores, recebendo, em 26 de setembro de 1872, a provisão necessária para celebrar missas, administrar sacramentos e absolvições. Em 1874, com o aumento da população no povoado e contando também com os habitantes das imediações que se utilizavam do serviço religioso em Juazeiro, o padre Cícero resolveu erguer uma igreja no lugar da capela ali existente que datava de 1827: "Sem nenhum recurso empreendi levantar uma Igreja [...] num povoadinho tão pobre que eu nem mesmo sei como se fez [...] com a proteção de N. Senhora das Dores, a quem é dedicada, será acabada", escreve em carta para Dom Luís Antônio em 27 de abril de 1874.

Também naquele ano, o bispo Dom Luís resolveu criar na cidade do Crato um seminário "para facilitar a instrução aos jovens que não podem frequentar as aulas em lugares mais remotos e mais dispendiosos" e encarregou, em maio de 1874, o padre Cícero de "agenciar em todo este Bispado e fora dele, esmolas para a obra de dito Seminário", o que talvez revelasse a capacidade agregadora e o caráter carismático do padre Cícero.

Tanto as obras do Seminário quanto as da igreja do povoado do Juazeiro foram completadas antes de 1877, quando a região foi atingida por uma grande seca descrita pelo padre Cícero em um quadro de aflição e desespero em uma carta ao bispo datada de 20 de fevereiro de 1878: "os cães saciam-se de carne humana, nos caminhos, nos campos. Por toda a parte é um cemitério".

Aliada à dificuldade de enviar padres ao interior, a seca de 1877/1878 havia provocado também a evasão dos padres lazaristas que dirigiam o Seminário São José na cidade do Crato. Por meio dos relatórios enviados pelo bispo Dom Luís aos Presidentes de Província, ao longo do seu prelado, é possível saber que a situação da Diocese era muito precária. Em 1881, por exemplo, existiam 65 freguesias e aproximadamente 61 padres em exercício, sendo que 4 dessas freguesias estavam vagas. Dom Luís relata o caso em carta de 4 de junho de 1881 ao Presidente de Província, na época, Dr. Pedro Leão Veloso:

> [...] O estado de pobreza, ou antes, verdadeira miséria, a que ficaram reduzidas estas 4 freguesias e o grande desfalque que sofreram em suas respectivas populações impossibilitaram os párocos que estão na região, de poderem continuar a paroquiá-las, e sem que elas se reabilitem proporcionando-lhes os indispensáveis meios de subsistência, não poderei de novo provê-las. [...].

Em julho de 1882, Dom Luís foi convocado para assumir o cargo de Arcebispo Signatário no Arcebispado da Bahia, deixando a Diocese vacante, sob a administração do Vigário Capitular monsenhor Hipólito Gomes Brasil. Em 1884, o bispo Dom Joaquim assumiu o posto e buscou seguir de perto os passos de seu antecessor no processo de reforma do clero cearense. Até esse momento, o padre Cícero era apenas mais um entre tantos padres e a freguesia do Crato era como outra qualquer.

É importante considerar ainda que, inicialmente, o padre Cícero não tinha intenção de permanecer no Crato. Seu objetivo era tornar-se professor de teologia no Seminário Maior da Prainha, em Fortaleza, desejo expressado em diversas cartas ao diocesano. Por quais razões ele teria mudado de ideia? Que força maior o fez permanecer no Cariri?

Segundo um relato popularizado anos após sua morte, ele teria permanecido no Juazeiro após ter sonhado com a cena representada no quadro *Última Ceia*, de Leonardo Da Vinci, na qual Jesus, cercado pelos doze apóstolos, denunciava a traição de Judas.

Em um determinado momento no sonho, Jesus olhava diretamente para Cícero e lhe pedia para ficar no povoado do Juazeiro e cuidar dos pobres e desvalidos da região:

> Conta a tradição que, depois de um dia cansativo, atendendo os fiéis no confessionário e nos outros misteres presbiterais, dirigiu-se a escola do professor Simeão para uma soneca, reclinando-se sobre a mesa que ali havia. *Sonhou* então que lhe aparecia Jesus, acompanhado dos doze apóstolos, como no painel famoso da *Santa Ceia de Leonardo Da Vinci*. O Cristo deixava entrever também o seu coração [...] o Mestre recrimina a ingratidão dos homens e reafirma sua disposição de dar mais uma chance de salvação à humanidade pecadora. O quadro se completa com o surgimento de um grupo de flagelados, maltrapilhos e esfomeados. O *Coração de Jesus* volta-se então para o padre Cícero e diz: 'E tu, Cícero, cuida deles!'.[49]

Não sabemos quando esse sonho foi contado pela primeira vez. O padre Cícero teria feito referência a ele no seu primeiro testamento, escrito em 1924, porém a narrativa foi omitida no segundo testamento datado de 1934. Existem ainda outros relatos de sonhos atribuídos ao padre Cícero por memorialistas. Segundo Amália Xavier de Oliveira, ele também "vira, em um sonho, um enorme urso branco, com manchas pretas, tendo nas mãos o Globo Terrestre. O urso era feroz e retalhava com suas grandes unhas o Globo causando horríveis sofrimentos e ruínas a todas as Nações".

Em outro sonho, o padre teria visto: "[...] sair do seio da Terra um grande animal, semelhante a um urso, o qual foi recebido

---

49. BARBOSA, Francisco Salatiel de Alencar. *O Joaseiro Celeste*: tempo e paisagem na devoção ao padre Cícero. São Paulo: Attar, 2007, p. 17. Grifos meus.

festivamente por diversos moleques, 'molambudos', nus, que batiam calorosas palmas. Perguntando a razão de tanta festa, responderam: 'Estamos alegres, porque este é o chefe de todas as concupiscências, que agora se soltou e chama-se 'garra das garras'".[50] No entanto, não apenas o padre Cícero teve a graça dos sonhos e das revelações proféticas. Mais adiante, veremos como algumas das beatas, incluindo a própria Maria de Araújo, narraram e interpretaram suas experiências visionárias e oníricas.

O sonho adquire, com o tempo, um caráter profético que causa um impacto religioso e político no pequeno povoado do Juazeiro. A permanência do padre Cícero revela-se como condição para que os "fenômenos extraordinários" manifestados por Maria de Araújo ganhem importância, no que diz respeito tanto à visibilidade que os acontecimentos obtiveram nos âmbitos nacional e internacional quanto à instauração de uma nova crença junto à população do povoado.

Assim, permanecer no Juazeiro foi, para o padre Cícero, um ato de obediência ao próprio Jesus Cristo. Também por obediência, ele aceitou dirigir a contragosto a freguesia de São Pedro (atual Caririaçu), distante mais de 20 quilômetros de sua casa no Crato, como mostra uma carta do bispo datada de 22 de dezembro de 1877, na qual Dom Joaquim o desobrigou de morar na paróquia de São Pedro: "Sei o quanto ama esse Juazeiro; mas a incumbência que lhe faço não lhe obriga a ir residir em São Pedro: é somente para ir dar aporte espiritual àquele povo, quando lhe for possível". Nessa carta, o bispo o autoriza inclusive a "bisar", isto é, celebrar missa em São Pedro e no Juazeiro no mesmo dia (domingos e dias santos), privilégio dado a poucos padres.

---

50. OLIVEIRA, Amália Xavier. *O Padre Cícero que eu conheci*. Fortaleza: Premius, 2001, p. 60.

Tive acesso a um conjunto de cartas trocadas entre o padre Cícero e Dom Joaquim, por meio das quais é possível perceber também o estabelecimento de uma relação de afetividade e respeito. Entre os anos de 1883 e 1889, todas as faculdades especiais e licenças requeridas pelo padre Cícero foram acatadas pelo bispo.[51] Além disso, o bispo se mostrava sempre complacente e preocupado com o padre Cícero: "Se quiser mais alguma coisa, escreva-me e eu dar-lhe-ei tudo quanto puder, obrando prudentemente", diz em uma carta de 29 de novembro de 1886. Em carta de 21 de dezembro de 1887, o bispo ressaltou que aprovaria o seguinte: "[Tudo] quanto o senhor fizer porque confio muito no seu zelo e prudência".

Em julho de 1888, quando o padre Cícero ficou doente e deixou temporariamente os serviços da freguesia, o bispo escreveu para o tenente-coronel Secundo Chaves pedindo para que atendesse o padre em todas suas necessidades: "mandando-me em seguida a conta das despesas feitas, para que eu pague com prontidão. Não é necessário que o Pe. Cícero saiba disto, ou antes não convém que lhe chegue ao conhecimento, porque ele talvez recusará; fique, pois entre nós".

Esses episódios nos servem para tentar entender a relação entre o bispo e o padre. Não havia, portanto, nenhuma hostilidade ou

---

51. As *"faculdades"* eram autorizações especiais concedidas esporadicamente a alguns padres, como a permissão para celebrar casamentos dispensando as formalidades legais ou os "banhos" comuns, solicitada em 20 de agosto de 1884 pelo padre Cícero. Ver ainda cartas do *"Documentário"*: 20.08.1884: "Faculdade de revalidar casamentos nulos por afinidade ilícita no 1° e 2° grau de parentesco e consanguinidade" e "Faculdade de benzer ornamentos e fazer qualquer benção em que não interver o uso de óleo santos"; 11.08.1886: Permissão "para dispensar os banhos da Matriz, como quaisquer impedimentos de consanguinidade, de rapto, de dependência de outro bispado" na realização de casamentos; 29.08.1886: "Faculdade de confessar pessoas de um e outro sexo, absolver os pecados, ainda mesmo os reservados sinodais"; "A de comutar votos não reservados"; "A de habilitar *ad pretendum*"; "A de aplicar indulgencia plenária *in articulo mortis*"; "Faculdade de conservar o Santíssimo Sacramento na Capela de N. S. das Dores", entre outras.

desavença. Pelo contrário, Dom Joaquim se mostrava muito solícito em atender ao padre Cícero, o que agravava o peso do silêncio com relação aos eventos ocorridos na capela do Juazeiro.

Após os eventos de 1889, a questão da obediência foi o ponto de conflito entre os dois. Em uma carta indignada que enviou ao padre Cícero, logo após a publicação do atestado do Dr. Madeira, Dom Joaquim queixou-se de ainda "estar às escuras no tocante às circunstâncias deste fato". A recusa do bispo em dar crédito aos fenômenos tinha a ver também com a ideia de que, com a propagação deles, se quisesse estabelecer uma "nova ordem de coisas religiosas".

Em 21 de maio de 1891, o padre Cícero foi convocado a comparecer à sede da Diocese em Fortaleza para dar explicações e submeter os acontecimentos à sua avaliação. Em resposta, na carta de 17 de junho, o padre Cícero disse que, em decorrência do agravamento de uma enfermidade (não relatada), não poderia deslocar-se do Juazeiro até a capital Fortaleza e pedia uma solução alternativa, alegando:

```
[...] assentei, portanto mandar-lhe este positivo
comunicando esta impossibilidade tão contraria
à minha vontade e pedir perdão desta minha falta
que só por amor e infelicidade sou levado a cair.
Pelo amor de Deus, V. Exa. Revma., não conside-
re como uma desobediência pelo que estou pronto
para obedecer a toda ordem de Deus com a sua
graça, ainda que custe tudo e quero ir.
```

A ambiguidade da resposta nos faz pensar que o padre Cícero realmente não tinha a intenção de desobedecer ao bispo, tampouco era conveniente um confronto pessoal; assim, tentava convencer o bispo da impossibilidade de ir a Fortaleza. O pedido foi negado e o padre teve que viajar para lá, onde permaneceu por cerca de cinco dias.

Em 17 de julho de 1891, ele foi interrogado sobre os "fenômenos extraordinários" que aconteciam com Maria de Araújo e respondeu às dezesseis perguntas que incluíam até detalhes íntimos da vida da beata de quem era *diretor espiritual* desde sua infância. Ao fim desse interrogatório, o padre foi instado a fazer uma exposição de todos os fatos importantes que precederam e sucederam os acontecimentos de 1889.

Feita em apenas um dia, a narrativa de Cícero, que consta anexada ao Processo Episcopal de 1891, pretendeu resumir a vida espiritual de Maria de Araújo ao longo de oito tópicos: disposições e provações; visões; dom de oração; colóquios; espírito de penitência; fatos extraordinários; êxtases; estigmas e crucificações. O padre Cícero contou como conheceu Maria de Araújo quando ela tinha somente 8 anos: "Notando eu então, as melhores disposições daquela menina para a vida interior, aconselhei-a a se consagrar a Nosso Senhor, o que ela executou do modo o mais íntimo e perfeito".

Ele fez ainda um resumo sobre as condições nas quais se dava cada um dos fenômenos relatados e, em sua descrição, fez questão de apontar para a própria responsabilidade na direção espiritual, uma vez que sua dirigida não podia decidir nem fazer nada sem a sua autorização.

Ao enfatizar a sujeição e a obediência de Maria de Araújo às ordens e ao direcionamento de seu confessor, o padre Cícero ressaltava o seu poder sobre a beata e validava os fenômenos que acabara de narrar ao diocesano. Sua preocupação era, mais do que mostrar a beata como uma santa, justificar o próprio procedimento diante da forma como os eventos se desenrolaram e saíram do seu controle:

```
Direi nesse sentido que, como os diversos fatos
de transfusão [transformação?] da hóstia consa-
grada em sangue operados desde mil oitocentos e
oitenta e nove até hoje, não tinham sido teste-
munhados senão por mim, julguei de necessidade
```

> que outras pessoas, tanto eclesiásticas como leigas, que fossem dignas de fé, as testemunhassem. Efetivamente assim aconteceu e guardo o registro de mais de mil pessoas que foram testemunhas presenciais.

Interessa-nos aqui o fato de o padre Cícero, como diretor espiritual de Maria de Araújo, querer demonstrar controle total sobre as ações de sua dirigida e se responsabilizar por elas. Ele assumia então o encargo pela divulgação dos fenômenos extraordinários, ressaltando ainda que "aquela devota em vez de gloriar-se com a publicidade desses fatos, muito ao contrário experimentou com isso o maior tormento".

Em cartas anteriores, como uma de 7 de março de 1890, o bispo já tinha mandado que a beata fosse morar na Casa de Caridade do Crato, chegando até a afirmar: "Se a beata vier a morrer porque me obedece, dará mais uma prova de suas virtudes, *a Santa Obediência*". No entanto, deixava claro que a responsabilidade era do padre Cícero: "Dou-lhe 50 dias, a contar da data de recepção desta, para V. Revma. dispor o espírito dessa moça a ir para o Crato [...] Em todo o caso é grandemente inconveniente que Maria de Araújo more em sua companhia, pois assim nunca se poderá verificar coisa alguma".

O bispo já ordenara que a beata fosse auxiliada por outro diretor espiritual, numa tentativa de suspender a influência do padre Cícero sobre ela. Além disso, proibiu o culto aos panos ensanguentados e mandou que o padre Cícero se retratasse no púlpito sobre sua afirmação de que o sangue das hóstias e dos panos era o sangue de Cristo:

> Proibimos expressamente qualquer culto aos panos ensanguentados [...]. Ordenamos ainda ao mesmo Reverendo Cícero se desdiga no púlpito da proposição que avançou afirmando que o sangue aparecido nas Sagradas partículas era Sangue de

Nosso Senhor Jesus Cristo, pois que não o é nem pode ser, segundo os ensinamentos da Teologia Católica. Outrossim, sendo necessário remover todos os obstáculos que possam impedir o descobrimento da verdade, em assunto tão delicado e interessante, e tendo em consideração o facto de ter sido o Reverendo Cícero Romão Baptista o único diretor e quase o único confessor de Maria de Araújo, acrescendo a isto a circunstância de viver esta em casa do dito Reverendo onde é por ele sustentada, para que se não diga que tais circunstâncias atuam no ânimo de Maria de Araújo, produzindo os fenômenos extraordinários, cuja natureza se trata de averiguar, ordenamos mais que, dentro de oito dias impreterivelmente, depois da chegada ao Juazeiro do Sacerdote nosso Comissionado, deverá Maria de Araújo recolher-se à Casa de Caridade do Crato, onde permanecerá por seis meses, a contar do dia da entrada naquela casa; então tomará outro confessor e diretor e observará o mais que for prescrito pelo sacerdote nosso enviado; findo o prazo acima marcado é nosso desejo que continue Maria de Araújo a residir na dita Casa de Caridade.

Dentre essas determinações preliminares, a única que não foi respeitada foi a ordem direta dada ao padre Cícero de retratar sua afirmação sobre o sangue que manava das hóstias, cuja pior consequência foi a suspensão de suas ordens sacerdotais em agosto de 1892, narrada dramaticamente pelo padre Alexandrino de Alencar ao bispo, em carta de 31 de agosto de 1892:

O padre [Cícero] apenas recebeu a portaria de suspensão, ajoelhou-se, beijou o chão depois de haver dito as seguintes palavras: 'Eu ofereço tudo a Nosso Senhor'. Levantou-se em seguida, ficou só por uma meia hora porque eu tinha ido batizar três crianças. Quando voltei, encontrei-o um pouco agitado. Mostrou os considerandos [sic] e disse que não eram verdadeiros. Dois dias depois exigiu do povo que não falassem de V. Ex.a que era Príncipe da Igreja e Superior de todos.

A atitude, aparentemente contraditória, ao receber a portaria com a suspensão de suas ordens, mostra um pouco da confusão emocional do padre, que ora aceita com paciência as provações, ora revolta-se com o bispo. Mais tarde, em 27 de março de 1893, ele diria ao padre Alexandrino que confirmava sua submissão à Diocese, mas não negaria o milagre: "sem detrimento de minha consciência eu não podia negar a verdade e sinceridade do que fui testemunha". O padre Cícero, porém, não estava sozinho. Junto a ele, dois personagens se destacam na defesa da chamada "causa do Juazeiro", como ficará conhecida a questão em Roma. Com personalidades totalmente distintas, mas ambos dotados do dom da escrita, o monsenhor Francisco Monteiro e o jornalista José Marrocos atestam suas crenças com segurança e paixão.

11

José Marrocos: o advogado da *"Santa Causa"*

> Mas o depoimento que venho perpetuar nestas linhas, nada tem de singular, é apenas mais uma voz que no coro geral de todas as vozes e no concerto comum de todas as harmonias vem afirmar que sabe e que viu mesmo na igreja do Juazeiro a hóstia sacramental da comunhão de Maria de Araújo transformar-se em sangue tão natural como o produto vivo de um corpo vivente.

Escrito em 12 de outubro de 1891, o depoimento de José Joaquim Telles de Marrocos foi um dos mais longos do primeiro inquérito. José Joaquim tinha 49 anos. Natural do Crato, era filho do padre João Marrocos e de Maria da Conceição do Amor-Divino, e primo de segundo grau do padre Cícero. Apesar de sua ascendência pouco lisonjeira para a época em que viveu, José Marrocos conseguiu se destacar na região do Cariri e no Ceará por sua atuação em diversas frentes.

Foi um ativista pela causa das vítimas da epidemia de cólera, doença que vitimou, entre centenas de pessoas, o seu pai e o do padre Cícero em 1862. A morte do pai foi, aliás, o acontecimento mais marcante na vida de Marrocos, na época com 20 anos de idade. O fato o fez estabelecer uma intensa correspondência entre o interior, o Governo da província e a Diocese recém-criada, no sentido de construir um cemitério especial para os coléricos.

Por volta de 1865, Marrocos foi estudar no Seminário Episcopal da Prainha, em Fortaleza, do qual teria sido expulso em 1868 pelo reitor da época, o francês Pierre Auguste Chevalier (1831-1901). Muito se especulou sobre a verdadeira razão da saída de Marrocos. O historiador Irineu Pinheiro, que foi seu aluno, conjeturava sobre a possível falta de vocação do professor. Já o padre Antônio Gomes aventava a possibilidade de José Marrocos ter tido um confronto doutrinal, pois "sustentava pontos de vista teológicos considerados errôneos".[52]

No entanto, a hipótese mais aceita é a de que sua candidatura ao sacerdócio foi vetada justamente por sua dupla ascendência levítica: Marrocos era filho e neto de padres. Analisando o Caderno de Atas do Conselho do Seminário da Prainha, encontrei um apontamento feito pelo próprio Chevalier em maio de 1865, no qual ele deixa claro que José Marrocos nem poderia ter sido aceito no Seminário por ser "ilegítimo".

O que décadas antes, provavelmente, não seria um problema (visto a enorme quantidade de padres de ascendência levítica que ocupavam, inclusive, cargos políticos importantes), no final do século XIX, quando a Igreja Católica se achava em meio a uma grande reforma doutrinal, era um grave impedimento. Essa frustração marcou profundamente a vida de José Marrocos, que manteve, contudo, os hábitos rigorosos da vida religiosa: "era um homem religioso e caritativo; conservava sempre acesa uma lâmpada ao lado de seu santuário doméstico e, ao que dizia, rezava todos os dias o Breviário, como os padres".[53]

---

52. Cf. ARAÚJO, Antônio Gomes. O Apostolado do Embuste. *In*: *Revista Itaytera*, Ano II, n° 02, pp. 3-62, 1956. Crato: Tipografia Imperial; e PINHEIRO, Irineu. *Efemérides do Cariri*. Fortaleza: Imprensa Universitária do Ceará, 1963.
53. SOBREIRA, Azarias. *Em defesa de um abolicionista*. Fortaleza: Editora A. Batista Fontenele, 1956, p.30.

Voltando ao Crato, Marrocos se dedicou ao jornalismo e ao ensino de línguas como o francês, o italiano e o latim. Criou uma escola para moços e em 1868 fundou junto com o padre José Ibiapina, sobre o qual falei no terceiro capítulo, o primeiro jornal cratense de cunho religioso, chamado *A Voz da Religião no Cariri*, que funcionou até 1870 e que tinha como função principal divulgar as obras sociais do missionário. A partir de então, Marrocos cultivou uma série de relações com figuras importantes do corpo eclesiástico, não só da Província cearense, mas também em outras províncias. Além disso, Marrocos colaborou com outros jornais como *O Libertador* (Fortaleza), *Cidade do Rio* (Rio de Janeiro) e *Jornal do Cariri* (Barbalha). Mais tarde, em 1909, fundou o primeiro jornal do Juazeiro intitulado *O Rebate*, que tinha como objetivo retorquir as críticas feitas pelo jornal *Correio do Cariri* – editado no Crato – ao padre Cícero Romão Batista e às peregrinações.

A partir de 1878, sua paixão foi direcionada para as atividades da campanha abolicionista promovida pela Sociedade Libertadora Cearense entre 1878 e 1880, durante a qual ficou conhecido por roubar e libertar escravizados clandestinamente, além de brandir sua "pena esmagadora contra os escravocratas" em diversos jornais do país e no jornal *O Libertador*, principal veículo de divulgação do movimento abolicionista no Ceará. Em fins daquela década, Marrocos foi processado junto a outros amigos pelo Coronel Paiva, membro do Partido Liberal na época, que os acusava de "seduzir e roubar escravos". O processo acabou por ser arquivado pela falta de provas contra os acusados.[54]

Uma das últimas causas de Marrocos, e, provavelmente, aquela que lhe deu mais visibilidade, foi a da defesa dos milagres do Juazeiro. A veemente crença manifestada no que ele próprio

---

54. VIEIRA, Roberto Attila do Amaral. *Um herói sem pedestal*: Isaac Amaral, sua vida e sua atuação na campanha abolicionista e na Proclamação da República, no Ceará. Fortaleza: Imprensa Oficial do Ceará, 1958, pp. 87; 92.

chamava de "fenômenos extraordinários" e na beata Maria de Araújo pode ser explicada por sua ascendência familiar e trajetória religiosa, sobretudo por sua ligação ao padre Ibiapina.

Marrocos era identificado como um homem muito religioso, quase um "beato", e sua escrita indica uma personalidade forte e obsessiva. Ele perseverava em suas causas, até as mais funestas consequências, bradando contra escravocratas, imperadores ou bispos. É como se ele buscasse ali a solução para o trauma de ter sido expulso do Seminário. Por isso, arrisco dizer que José Marrocos era, antes de tudo, um devoto das próprias causas. Ele foi, sem dúvidas, o maior advogado da beata Maria de Araújo, tanto na imprensa quanto perante a Santa Sé.

Além do dom da escrita, Marrocos possuía uma audácia que, em alguns momentos, supera a do padre Cícero. Desde 1889, José Marrocos tomara para si a missão de divulgar os fenômenos do Juazeiro e de buscar ele mesmo provas que atestassem ser o *Sangue Precioso* o verdadeiro sangue de Jesus Cristo. Em agosto de 1891, portanto, antes da chegada da primeira Comissão Episcopal, ele começou a escrever para padres e bispos de todo o país narrando e pedindo opinião sobre a ocorrência dos fenômenos e, principalmente, sobre o sangramento da hóstia, a fim de construir um documento de defesa dos pretensos milagres.[55]

Entre alguns de seus correspondentes estavam Dom Antônio Cândido de Alvarenga (1836-1903), bispo do Maranhão; Dom

---

55. Posteriormente, esse documento foi publicado no Jornal *A Província de Recife*, em 3 de setembro de 1893, com o título: "Os milagres do Juazeiro. Sua Divina realidade. Uma Reclamação ao reverendo Bispo diocesano". O original possui 71 páginas escritas de próprio punho por José Marrocos e está arquivado no Departamento Histórico da Cúria Diocesana do Crato (CRB: 04, 139), mas possui um erro: a pessoa que arquivou anotou que a data do documento era 5 de agosto de 1891. No entanto, Marrocos faz alusão no texto à suspensão do padre Cícero "há mais de um ano", tendo o padre sido suspenso em agosto de 1892. Acredito que a carta-reclamação tenha sido finalizada em agosto de 1893 e, então, publicada em setembro.

Joaquim Arcoverde (1850-1930), bispo do Pernambuco; Dom Jerônimo Tomé da Silva (1849-1924), bispo do Pará, e o padre João Chanavat (1840-1899), reitor do Seminário dos Lazaristas em Mariana. Ou seja, alguns dos mais influentes e poderosos eclesiásticos daquele momento, todos ordenados sob o espírito reformador ultramontano que chegou ao Brasil com os lazaristas.[56] Não temos muitas informações sobre as estratégias traçadas por Marrocos para chegar a esses bispos, mas sabemos que ele era levado a sério, na medida em que suas cartas eram respondidas, ainda que viessem com ressalvas e críticas ao seu comportamento em relação ao bispo cearense.

Na carta (com o mesmo texto, mudando somente o destinatário) enviada a diversos sacerdotes e bispos, Marrocos se apresentava como "jornalista católico", explicava o que acontecia no Juazeiro a partir de seu ponto de vista e solicitava resposta a três questões, como nesta, enviada ao bispo Dom Antônio, da Diocese do Maranhão, em 28 de agosto de 1891:

> 1ª Segundo o Concílio Tridentino (Sessão 13, cap. 3), logo depois da consagração fica existindo debaixo das espécies sacramentais o Corpo, o Sangue e a Alma de Jesus Cristo e existe mesmo até a sua própria Divindade por causa daquela sua admirável união hipostática com o Corpo e a Alma?

---

56. Entre 1891 e 1892, ano da realização do primeiro inquérito, temos conhecimento sobre seis consultas a bispos de todo o Brasil, sobre o fenômeno eucarístico, com o intuito de obter respostas favoráveis ao evento do Juazeiro. Do que temos em nosso acervo documental: a) **Respostas a Marrocos:** Dom Antônio, 28.08.1891, Maranhão; Comissário Episcopal (?), 12.10.1891; padre João Chanavat, 20.10.1891, Mariana – MG; Dom Jerônimo, 20.10.1891, Pará; Dom Tomaz, 25.11.1891, Guarda; Dom Joaquim Arcoverde, 27.11.1891, Pernambuco; Cônego José Marcolino Bittencourt, 20.10.1891, Porto Alegre – RS; Mons. Vicente Ferreira, 16.01.1892, Porto Alegre – RS. Ver entre outras: Carta de José J. T. de Marrocos para D. Antonio Cândido Alvarenga em 28.081891. Pasta 33, Arquivo dos Salesianos.

2ª Se Jesus Cristo mesmo existe Deus e Homem nesse Sacramento, assim (conforme ensina São Thomaz) ele pode para confirmar a fé católica sobre sua presença real no mesmo Sacramento tornar visível aos olhos humanos o seu Corpo, o seu sangue, reproduzindo a si mesmo, como na última ceia?

3ª Se nesse sacramento, como no mistério da Encarnação do Verbo Divino, com que se acha intimamente ligado; tudo é sobrenatural e miraculoso - o Sangue, em que se tem visto tantas vezes transformar-se na Igreja do Juazeiro (Ceará) a hóstia consagrada, conservando-se parte da espécie, é e pode ser o Sangue de Jesus Cristo, como já se viu em Bolsena no pontificado de Urbano IV, em Paris em 1290 e ainda em outras partes?

Como percebemos, as perguntas não eram a respeito dos fatos do Juazeiro, mas especificamente sobre um fenômeno: a *transubstanciação eucarística*. O intuito de Marrocos era se armar de argumentos contra a *Decisão Interlocutória* do bispo, irrevogável em afirmar que o sangue das hóstias consumidas por Maria de Araújo *não era nem podia ser o sangue de Cristo*.

Foi com esse espírito que Marrocos se dirigiu à Comissão Episcopal e apresentou seu depoimento escrito. Neste sentido, somos surpreendidos tanto pela sua ousadia quanto pela inércia dos membros da Comissão, que em nenhum momento questionaram a validade do depoimento ou fizeram perguntas, aceitando passivamente o relato que foi, depois, anexado no primeiro inquérito.

Como é de se esperar, o texto defende a hipótese do milagre: "este fato maravilhoso, extraordinário, sobrenatural, divino". E continua. A prova do milagre seria o fato de os fenômenos não cessarem de ocorrer desde 1889, atraindo, segundo seu depoimento para a primeira Comissão: "A curiosidade do homem vulgar e a investigação do homem curioso, a objeção do cético e o exame da ciência". É importante lembrar que após o primeiro sangramento, em março de 1889, a hóstia continuou a sangrar todas as quartas e sextas-feiras e não só pelas mãos do padre Cícero, mas também com outros sacerdotes e depois com os padres da Comissão, fato que já contraria uma historiografia centrada na personagem e ações do padre Cícero.

Continuando sua narração, Marrocos falou sobre a relação que possuía com Cícero: "Amigo mais próximo, os laços de sangue, as relações desde a infância, o colegiusmo dos bancos escolares, estreitado pela vizinhança de nossas moradias, a perda de nossos pais". E enfatiza como o sacerdote tentou esconder os fenômenos que aconteciam com Maria de Araújo, mas que acabaram saindo do controle: "O segredo [...] tornava-se uma revelação que repercutia ao longe, e de longe trazia romeiros que chegavam ao Juazeiro perguntando aonde estava o Precioso Sangue que tinham vindo adorar".

Essa referência ao esforço do padre Cícero em manter os fenômenos em segredo é relevante, pois uma das reclamações da Diocese dizia respeito à popularidade dos fenômenos e ao estímulo dado às peregrinações. Para Marrocos, é como se as romarias fossem algo "natural" dado ao "extraordinário" dos acontecimentos, "[...] não obstante o padre Cícero ter guardado toda a reserva sobre tão mirífico acontecimento, contudo foi ele de alguma sorte sempre divulgado pelas pessoas comparecentes à mesa de comunhão e que dela foram testemunhas presenciais".

Marrocos ainda informa que os fenômenos foram divulgados no *Diário do Commercio* do Rio de Janeiro, em 19 de agosto de 1889, e, logo em seguida, no *Diário de Pernambuco*, em 29 do mesmo mês. Ora, mesmo com toda a dificuldade da comunicação à distância, é de surpreender que a população do Rio de Janeiro e a de Pernambuco tenham sido informadas sobre os fenômenos em agosto, enquanto o bispo do Ceará ainda em novembro alegava não saber do caso.

Para Marrocos, foi a publicidade dada aos eventos que "estabeleceu o culto" e, nesse sentido, devemos atentar para uma questão importante: *sem publicidade não haveria culto, não se instalaria nenhuma crença*. Essa também era a hipótese de Dom Joaquim, mas Marrocos parece não entender o sentido da hierarquia, e ele acusa o bispo, no mesmo depoimento, de arbitrariedade, quando proíbe o culto ao *Sangue Precioso*. O curioso na narrativa de Marrocos é a tentativa de diminuir a autoridade do bispo, a partir de uma suposta "autonomia" do milagre. Para ele, se era o próprio Cristo que se manifestava no Juazeiro com seu sangue, não haveria sentido em esperar reconhecimento da Diocese ou mesmo da Santa Sé, pois o "reconhecimento solene de sua existência [do milagre] teve por si um poder superior e invencível". O depoimento de Marrocos expressava uma completa afronta à hierarquia.

Segundo Marrocos, outra "prova" de que os fenômenos eram milagres eram as graças alcançadas pelos devotos mediante as promessas feitas ao *Sangue* e as práticas de devoção, que, segundo ele, "partiam" do próprio povo:

```
Mas a alma cristã do espectador nunca pode ver
esse sangue sem sentir-se penetrada de respei-
to e comovida até a efusão das lágrimas! Jamais
ninguém passou por diante dele, que não genu-
flectasse [sic], que não beijasse o chão, que não
orasse e muitos tiravam o calçado, como Moisés
no lugar santo.
```

Algumas décadas antes, entre 1868 e 1870, Marrocos tinha feito o mesmo esforço para validar os milagres das águas curativas do padre Ibiapina. Nesse sentido, conjeturamos que havia para ele uma "consciência" de que, se o povo crê e essa crença é validada pelas "graças alcançadas", não havia motivos para duvidar.

Em contrapartida, o processo de significação que Marrocos pretende dar aos eventos de 1889 confronta os caminhos eclesiásticos pelos quais qualquer fenômeno que se pretende "milagre" deve passar. A noção de crença proposta por Michel de Certeau, na qual são consideradas as relações de enunciação e de investimento feitas pelas pessoas em determinado objeto ou sujeito, ajudou-me a refletir o relato de Marrocos e sua "cegueira" com relação às normas da Igreja. No confronto entre a fé e a instituição, ganha a fé.

Essa desagregação entre o sentimento de crença e a doutrina oficial ganha contornos muito evidentes no caso do Juazeiro, na medida em que a experiência do milagre confronta a instituição. Confronto esse que se estabelece não só com os leigos, mas também com os próprios sacerdotes. Esse mesmo discurso baseou o depoimento de monsenhor Monteiro, também escrito de próprio punho, entregue em 18 de outubro de 1891. Nele, o sacerdote se apresentou como um dos grandes defensores da beata e argumentou que tinha uma licença especial dada por Deus para se comunicar à distância com ela.

12

Monsenhor Monteiro: narrador dos incêndios de Maria de Araújo

> Oh! Ninguém sabe como esta alma, nesses momentos se apura no amor de Deus! [...] Não se imagina que enlanguescimento de amor, que fogo celeste nestes Divinos instantes inundou o coração escolhido desta Virgem!

Como mostra o trecho, monsenhor Francisco Rodrigues Monteiro era um orador invejável. Com sua prosa poética, ficou famoso na região pelos sermões cheios de brados que provocavam lágrimas de arrependimentos nos fiéis que assistiam a suas prédicas.

Nascido em 1847, era natural da cidade do Crato e se formou sacerdote na mesma época do padre Cícero, mas ficou durante algum tempo como capelão na cidade de Iguatu, próximo ao Crato, voltando à sua cidade natal em 1888 para assumir a direção do Seminário São José.

Se o padre Cícero guardou segredo com relação ao sangramento da hóstia, monsenhor Monteiro, por sua vez, fizera questão de propagar o milagre. Como vimos anteriormente, foi sua a iniciativa de promover a primeira "romaria" do *Sangue Precioso*, levando cerca de 3 mil fiéis a pé, da matriz do Crato – por mais ou menos 15 quilômetros – até a Capela de Nossa Senhora das Dores no Juazeiro, em julho de 1889.

Ainda em 1890, portanto, um ano antes de a Comissão chegar ao Juazeiro, esse sacerdote já escrevia cartas a Dom Joaquim detalhando suas reuniões com Maria de Araújo. Em uma delas, na qual o padre Cícero não se achava presente, Monteiro descreve a experiência que a beata teve quando ouviu falar sobre a Paixão de Cristo:

> Me achava no Juazeiro, Sábado, véspera da Dominga da Paixão. Eram duas horas e meia da tarde, rezava o meu Breviário na Capela do S. S. Sacramento quando a Beata Maria de Araújo entrava para fazer oração (estava neste dia o Pe. Cícero na Barbalha) tinha sede e pedi à Beata, para dar-me um pouco de água, antes de entregar-lhe o vaso, com que ela me trousa [sic] a água, eu, por piedade, e pôde ser, também, que por um pouco de curiosidade, comecei a falar-lhe sobre os sofrimentos de Nosso Senhor Jesus Cristo, eu estava assentado perto da audencia [sic] de lado da Epístola, ela conserva-se em pé, de repente ela sofre um grande abalo e começa a gemer, ela é de pouca estatura, o seu rosto ficava debaixo das minhas vistas, encaro-a, também, abalado e vejo na testa uma cinta ensanguentada, e o sangue a correr pelo rosto com tanta abundância que lhe molhou a murça, à este choque sucedeu um êxtase, e logo com uma humildade profunda de confundir trata de retirar-se; opus-me, dizendo, que Deus me havia feito testemunha daquele caso e para a glória dele me explicasse o que aquilo era; responde o, que Nosso Senhor ensanguentado, cercado de espinhos, tirou a coroa sagrada e a colocou em sua cabeça, dizendo: - Aprende a amar-me. [...] Ah! Senhor. Bispo, que dores amorosas! Ela gemia e amava!

Nesse relato, temos alguns elementos: a assumida curiosidade do sacerdote que o levou a provocar uma reação da beata e, a partir disso, a resposta que obteve dela, isto é, com a menção aos sofrimentos de Cristo, Maria entrava em êxtase. Além disso, parte do sacerdote, que se diz "abalado", a ideia da "vontade divina" de fazê-lo testemunha do fenômeno. A beata, por sua vez, segundo o relato, tenta esquivar-se e não quer contar a experiência, seja por recato, seja pela falta de uma linguagem capaz de expressar o que ela quer dizer.

A erótica do relato também é muito forte. Primeiro, Cristo tira sua coroa e coloca na cabeça de Maria, em um ato de transferência do sofrimento e como uma lição: "Aprende a amar-me". Logo em seguida, a descrição das "dores amorosas", durante as quais a beata "gemia e amava". O que lemos no relato anterior não reflete o olhar de um sacerdote formado nos moldes romanos, tampouco o olhar de um inquisidor. O que temos aqui é olhar de um devoto.

Quando o monsenhor apresentou seu depoimento, a Comissão já se encontrava no Juazeiro havia pelo menos quarenta dias e aceitaram o testemunho escrito sem mais ressalvas ou questionamentos. Monsenhor Monteiro era um dos poucos sacerdotes que possuíam um contato mais íntimo com Maria de Araújo, pois a conhecia desde criança, tendo, inclusive, participado de sua direção espiritual por um tempo.

Sua narrativa é mais direcionada à defesa das qualidades da beata, enquanto a de José Marrocos focalizava o direito ao culto do *Sangue Precioso:*

> A beata é pobre e de baixa condição! O Juazeiro é um insignificante povoado! Serão estes os obstáculos às manifestações divinas? [...] Todo mundo sabe que o príncipe do Céu, Filho Unigênito de Deus Padre nasceu de uma humilde Virgem de Nazaré, e era filho adotivo de um velho Carpinteiro. [...] Donde falou a Virgem de Lourdes, não foi

do côncavo de um rochedo deserto a uma humilde Pastorinha? Meu Deus, quem eram os apóstolos? Pobres e grosseiros pescadores dos mares da Galiléia. Eram a escória do mundo! O Grande Batista pregou a penitência no deserto nas margens do Jordão e não nas grandes cidades.

Para monsenhor Monteiro, se o próprio Cristo havia tido uma vida simples, nascendo e vivendo pobre, por que ele não poderia escolher um lugar pobre para retornar ao mundo? Nesse sentido, o sacerdote tenta justificar a peregrinação ao Juazeiro e a própria atitude, a partir da busca legítima pela salvação, base da doutrina católica. Nessa lógica, se há peregrinação é porque há milagre:

> Tomado por espírito de fé e entusiasmo religioso mostrei ao povo, ávido pela vista dos panos ensanguentados, estes depósitos sagrados, mas sempre respeitando o juízo infalível da Santa Igreja e as disposições da Autoridade Diocesana. É muito *natural* obrar-se assim! Quem pôde impedir ao povo perseguido de prestar veneração, cuidado e zelo pelas santas relíquias [...] é uma espontânea veneração do espírito cristão e ideia religiosa. Muitos fatos extraordinários bem estudados, sempre os mesmos, livres de ilusão, produzem o que no Juazeiro se tem produzido. Um arrastamento de vontade que força humana não pode impedir!

É válido dizer que, com esses últimos depoimentos, sem intervenção da Comissão Episcopal, o primeiro inquérito se tornava inevitavelmente um documento de defesa dos pretensos milagres e, por consequência, de Maria de Araújo, considerada o instrumento escolhido por Deus para se manifestar mais uma vez.

No mesmo texto, à semelhança do depoimento do padre Cícero, o monsenhor narra com detalhes os fenômenos que testemunhou, ressaltando: "Falarei primeiro do sangue e depois do espírito da beata, *para que não seja tida como embusteira. Prova* irrefragável de ser o sangue das comunhões da Maria de Araújo, o sangue dos crucifixos [...] o mesmo sangue de Nosso Senhor Jesus Cristo". Como vemos, o vocabulário usado pelo sacerdote é tendencioso e não só busca demonstrar a "santidade" da beata, como "provar" que o sangue derramado das hóstias era o sangue de Cristo.

Se for válido questionar por que a Comissão escolhida pelo bispo, tida como ilustrada e capaz de dirigir um processo investigativo, recebeu esses depoimentos tão passivamente, mais curioso ainda é observar como eles guiaram os interrogatórios com as mulheres que testemunharam no processo.

É necessário agora conhecê-las um pouco mais. Apesar de não possuirmos muitas informações acerca da vida pessoal das mulheres interrogadas, os testemunhos não deixam de ser interessantes, pois reivindicam uma autoridade que não existe nos depoimentos dos sacerdotes – por exemplo, a autoridade de ser um instrumento divino.

13

As damas de honra de Maria de Araújo

SE MARIA DE ARAÚJO É VISTA COMO A ESPOSA CONSAGRADA DE Cristo, as outras nove mulheres que depuseram no primeiro inquérito podiam ser consideradas as damas de honra daquela união. Quase desconhecidas da historiografia dedicada ao padre Cícero e ao Juazeiro, e quase nunca nomeadas, essas mulheres só ficaram conhecidas pelos depoimentos prestados no Processo Episcopal. Citadas, vez ou outra, na correspondência trocada entre o bispo Dom Joaquim e o padre Alexandrino, chega um momento, precisamente após suas retratações, que elas somem sem deixar rastros, ao contrário de Maria de Araújo, que podemos acompanhar até o dia de sua morte.

A rigor, os relatos dessas mulheres seguem o mesmo padrão dos de Maria de Araújo, e as visões e revelações narradas em seus depoimentos reforçam a necessidade de levar o processo diretamente ao Papa. Todas elas justificaram a ocorrência dos fenômenos pela tópica da Segunda Vinda de Cristo e da crise na Igreja Católica, aludindo à Paixão de Cristo como motivadora das visões e revelações, como veremos logo adiante.

No entanto, mais do que informantes, elas reivindicaram uma participação mais ativa nos acontecimentos de 1889. Depois de Maria de Araújo, a segunda a depor no primeiro inquérito foi

Jahel Wanderlei Cabral, em 15 de setembro de 1891. Natural do Juazeiro, era solteira e tinha 31 anos em 1891, sabia ler e escrever, ao contrário da maioria analfabeta ou que só assinava o nome, e sua família era uma das mais importantes da região. É uma pena que, a exemplo das outras beatas, pouco sabemos sobre sua trajetória ou como chegou ao Apostolado da Oração, ou onde conheceu o padre Cícero e Maria de Araújo.

Utilizando o mesmo roteiro de perguntas, a Comissão direcionou as questões para a vida e os fenômenos ocorridos com Maria de Araújo. Por meio de seu depoimento, ouvido em 15 de setembro de 1891, tomamos conhecimento que Jahel Cabral já conhecia a beata há pelo menos catorze anos e participava com ela das reuniões do Apostolado, cuja sede era no povoado do Juazeiro.

Quando perguntada se sabia ou tinha ouvido falar das visões de Maria de Araújo, Jahel surpreendentemente respondeu que não só sabia sobre essas visões, como *"ela própria viu* muitas vezes Nosso Senhor a derramar sangue, o que se deu cerca de dois anos antes das atuais manifestações". É provável que essa afirmação tenha causado estranheza na Comissão, uma vez que pelo menos na documentação anterior ao Processo (as cartas trocadas entre o bispo e os padres do Cariri) ainda não se tinha ouvido falar de fenômenos manifestados por outras mulheres.

Ela disse ainda que várias vezes testemunhou a transformação das hóstias em sangue, carne e coração humano, mas que isso já lhe tinha sido revelado antecipadamente em espírito. Disse que, da primeira vez, Deus lhe ordenou que fosse "em espírito" fazer uma comunhão em Roma, "para o fim de fazer confirmar com sua autoridade [do Papa] os milagres do Juazeiro". Em Roma, o Santo Padre (na época Leão XIII) lhe teria perguntado de onde era, qual seu nome e o objetivo de sua visita, ao que ela respondeu que "vinha da parte de Deus, anunciar-lhe que Deus mesmo queria, que, por sua autoridade, confirmasse os milagres operados no Juazeiro".

A narrativa de Jahel se diferenciou em alguns pontos em relação à de Maria de Araújo. Primeiro, pelo detalhamento das viagens espirituais a Roma, o que é relevante, dado que ela era, possivelmente, a mais culta do grupo e é provável que tenha lido algo sobre a capital italiana (nesse momento muitos jornais já circulavam na região). Segundo, por sua "intimidade" com Deus (é raro ela citar Jesus Cristo), ela diz, por exemplo, que, quando foi chamada a comparecer diante da Comissão, sentiu-se aflita e ansiosa por não se julgar preparada e:

```
[...] viu o Padre Eterno [Deus Pai] que pondo-lhe
[sic] a mão direita sobre o ombro esquerdo dela
lhe ordenou que fosse perante o Padre confessor,
para receber a benção e em seguida recebesse,
digo, obedecesse à citação para maior honra e
glória dele, pois para isso se achava encarrega-
da da parte dele.
```

Ela dá a entender que justamente por isso era a única *autorizada* a "registrar em livro essas revelações", o que não sabemos se chegou a fazê-lo. No entanto, ressaltou em seu depoimento que era "por Ele obrigada debaixo de juramento não apenas a escrevê-las, senão ainda comunicá-las ao confessor". Prometendo fazer um memorial de suas experiências, em 5 de outubro, menos de um mês depois, Jahel procurou a Comissão a fim de fazer um aditamento ao seu primeiro depoimento "equivalentemente ao memorial que se obrigou a dar, relativamente a algumas revelações que há tido acerca dos fatos dados, e por se dar nesta povoação". Veremos que a experiência de Jahel também é distinta das outras mulheres, porque ela foi uma das poucas em que o sangue aparece apenas nas visões, não tendo ela mesma nenhum tipo de sangramento corporal:

> Eu muitas vezes, vi distintamente Nosso Senhor a derramar sangue de seu coração e de suas mãos, dizendo, hei de derramar muitas vezes sangue, para chamar assim o povo a mim, como muitas vezes vi Nosso Senhor no Purgatório a derramar ali sangue de seu coração e de suas mãos, dizendo então que tantas outras vezes havia de derramar aqui no Juazeiro o seu mesmo sangue, para o fim de confirmar o povo na fé dos mistérios do amor de seu coração.

É importante destacar aqui o uso das expressões "*Vi distintamente*", "*Eis que vi*", "*Eu vi*", presentes no relato de Jahel e no relato das beatas que a seguiram, as expressões funcionavam de modo a reforçar a própria autoridade, pois sugerem que as mulheres não estavam sonhando nem em estado de vigília (sono leve), mas orando, meditando ou em êxtases, e viram, desse modo, que ninguém teria autoridade para contradizê-las.

As visões são as percepções sobrenaturais de pessoas ou objetos, invisíveis aos olhos. Segundo Leila Algranti, as visões místicas são, nesse caso, o principal canal de comunicação da beata com a divindade e esse tipo de prática "parece estar atrelada à condição de beata ou beato".[57] Como lembra Jean Franco: "Ese acceso directo a lo sobrenatural concedía a la monja mística la misma autoridad irrefutable de que goza el periodista que investiga y siempre puede decir: 'yo lo presencié'".[58] Jean-Claude Schmitt também alerta que não podemos julgar a "veracidade" da visão ou do sonho. Apesar de

---

57. ALGRANTI, Leila Mezan. *Honradas e devotas: mulheres da colônia*. Rio de Janeiro: José Olympio; Brasília: EdUnb, 1993, p. 91.
58. Este acesso direto ao sobrenatural conferia à freira mística a mesma autoridade irrefutável de que goza o jornalista de investigação, que pode sempre dizer: "Eu testemunhei...". FRANCO, Jean. *Las Conspiradoras*: La Representación de la mujer en México. México: Terra Firme/Fondo de Cultura Econômica, 1993, p. 36.

não sabermos como "realmente" a experiência se deu, também estão em jogo a narrativa e os recursos linguísticos e semânticos utilizados pelos narradores.[59]

A definição mais comum é aquela dada por Santo Agostinho, com destaque para os três gêneros de visões: as visões "corporais", que dependem dos sentidos do corpo, as visões "espirituais", que advêm da imaginação, e as visões "intelectuais", que surgem do raciocínio, da razão pura. A visão corporal (*visio corporalis*) é o próprio sentido da visão, e a visão intelectual (*visio intelectualis*) é a mais alta na hierarquia porque provém da razão do homem (*mens*, *ratio*) e visa à contemplação direta de Deus. Entre essas duas, a visão espiritual (*visio spiritualis*) se sobressai porque é por meio dela que:

> [...] o 'espírito' do homem (não os sentidos de seu corpo e tampouco a *mens*, a parte superior da alma) percebe 'imagens' ou 'semelhanças' de corpos (e não os próprios corpos). A função da alma que entra em jogo aqui é a *imaginatio*, poder

---

59. Os sonhos reveladores – que remetem também ao dom de profecia – foram divididos por Macróbio em seu comentário ao Sonho de Cipião em cinco tipos: o sonho propriamente dito (*somnium*), a visão (*visio*), o oráculo (*oraculum*), o devaneio (*insomnium*) e o espectro (*visum*, em grego *phantasma*). Os dois últimos tem origem no espírito daquele que dorme, mas os três outros vêm do exterior, ajudam a adivinhar o futuro ou podem sugerir conselhos de conduta. Segundo Delumeau, "O sonho de Cipião que reunia contribuições pitagóricas, platônicas e estóicas, influenciou profundamente a literatura cristã relativa às visões, e isso tanto mais que Cícero, no *De divinatione* (A arte de adivinhar), distinguiu diferentes categorias de sonhos – os claros, os obscuros e os premonitórios – e explicou as viagens ao além por uma faculdade particular dos agonizantes" (DELUMEAU, Jean. *O que sobrou do Paraíso?* São Paulo: Companhia das Letras, 2003, pp. 69-70). A revelação é ainda, segundo Certeau, o postulado que manifesta o conhecimento místico na linguagem, a convicção de que "deve haver um falar de Deus" (CERTEAU, Michel de. *La fable mystique*. Paris: Gallimard, 1982, p. 159).

> intermediário e mediador entre *sensus* e *mens*,
> que recebe e elabora as imagens [...].⁶⁰

Ainda a partir de Santo Agostinho, quanto mais clara a visão, mais verdadeira seria a revelação. No caso das beatas, elas veem durante a oração ou a meditação; entram em êxtases e podem ver Jesus, Maria, anjos e santos. Além disso, podem ter revelações que se assemelham ou são uma espécie de dom da profecia.

Segundo Leila Algranti, mulheres que levavam uma vida devotada à Igreja e ainda apresentavam históricos de reprodução de fenômenos sobrenaturais se identificavam de imediato com a vocação piedosa e, ao mesmo tempo, com suas visões e êxtases quase sempre acompanhados de dores intensas. Tendiam, portanto, a ratificar os dogmas da Igreja Católica.

Assim, seguindo o modelo arquetípico de visionária apresentado por Algranti, no qual a visionária é aquela que percebe ou imagina perceber, por meio de comunicações sobrenaturais, coisas ocultas aos homens, inferimos que nada impedia essas mulheres de manifestar fenômenos extraordinários ou de se comunicar com Jesus Cristo, Maria e outros santos, porque a vida destes era também tomada como exemplo a ser seguido:

> Por meio de visões oníricas ou imaginárias, as
> mulheres não só transmitiam os ensinamentos da
> Igreja, como serviam muitas vezes como porta-vozes da vontade divina. Em suas visões entravam
> numa comunhão com Deus [...] a mística visitava os
> céus, o inferno e o paraíso. Avistava-se com as
> almas no purgatório e ajudava-as através de suas
> próprias penitencias a atingirem a salvação.⁶¹

---

60. SCHMITT, Jean-Claude. *Os vivos e os mortos na sociedade medieval*. São Paulo: Companhia das Letras, 1999, p. 38.
61. ALGRANTI, Leila Mezan. *Honradas e devotas*: mulheres da colônia. Rio de Janeiro: José Olympio; Brasília: EdUnb, 1993, pp. 307; 309.

Tomando as devidas proporções que separam essas mulheres das beatas e santas da Idade Média, podemos inferir que essas "visões" foram imagens criadas com base em elaborações que envolvem o contexto religioso e social onde elas viviam, as instruções morais e religiosas que receberam e, claro, a necessidade de imitar os santos.

Em seu aditamento, Jahel narrou duas magníficas visões que remetem a um dos arquétipos mais conhecidos das visões relacionadas à Paixão de Cristo: *o lagar místico*. Sendo uma das imagens perpetuadas tanto na literatura cristã como na arte religiosa desde o século XIII, a imagem desse tanque que abrigava o sangue que escorria das chagas de Jesus tinha como objetivo atrair a atenção dos fiéis para os sofrimentos de Cristo. Tal como as uvas esmagadas no lagar, Cristo também havia sido oprimido pela cruz e pelos sofrimentos da Paixão. Chegou-se até mesmo a representar a imagem surpreendente de Deus ativando ele mesmo a prensa do lagar que fazia jorrar o sangue do corpo de Cristo.

A primeira visão narrada por Jahel Cabral datava de meados do mês de julho de 1890 quando orava na Capela do Juazeiro às 8 horas da manhã:

> [...] eis que vi o mundo a sofrer uma grande tempestade, depois da qual tive de ver pássaros de todas as qualidades e de todas as cores, bebendo sangue contido em uma grande caixa; então um deles olhou para mim, e com o bico tinto de sangue me disse: estes pássaros são almas de toda qualidade, as quais virão de todas as partes e lugares a beber sua salvação no sangue de Nosso Senhor derramado aqui neste lugar. Esta visão foi seguida de outras.

É provável que essa seja uma alusão direta ao Juazeiro como a "grande caixa" na qual as pessoas iam buscar a salvação. A metáfora também pode ser uma referência à caixa de vidro que guardava os panos manchados com o sangue que brotava das hóstias sanguinolentas de Maria de Araújo. É possível que a imagem dos pássaros aluda aos peregrinos que chegavam todos os dias ao Juazeiro, vindos de "todas as partes e lugares" em busca da remissão dos pecados, de graças ou da salvação. Arquetipicamente, os pássaros fazem referência ao trânsito entre o céu e a terra; seriam mensageiros divinos e representam os anjos.

Mais adiante, no mesmo aditamento, ela diz: "Desde a vez primeira que apareceu aqui sangue nas hóstias consagradas me foi revelado divinamente que aqui (na Capela do S. S.) seria como outra piscina, onde muitos se lavariam assim na alma, como no corpo". Em outro momento, o coração de Jesus Cristo é representado como um "rio que regava toda a terra", um rio que, segundo Jahel, a Diocese cearense, queria secar com a luta para destruir o culto ao *Sangue Precioso* e as peregrinações.

Por exemplo, ela narra que no dia 29 de julho de 1891, ouvindo do padre Cícero que o bispo não acreditava que o sangue derramado ali era de Jesus Cristo, mas que seria um sangue "trazido pelos anjos", teve uma visão na qual o próprio Deus conversava com o padre Cícero:

```
[...] olha para mim homem, e reanima tua fé, lem-
bra-te do que tantas vezes te hei dito [sic] que
este sangue é o sangue do coração de Jesus; então
eu disse, mas o Bispo quer que ele diga que não é
o sangue de Jesus Cristo, mas um sangue trazido
pelos anjos. Ele disse então, quem é maior eu ou
o mundo todo? E nesta ocasião eu havia, digo, eu
via que ele fechava tudo em sua mão, até mesmo o
Papa era ele quem governava.
```

Em seguida, vemos surgir em seu relato um Deus indignado, alertando que se o derramamento do seu sangue serve para salvação, também serviria para punição: "o sangue que derramei e [que] hei de derramar servirá de castigo para os que não acreditarem na minha onipotência". Nos relatos de Jahel, temos um Deus enfurecido, que critica e contra-argumenta as declarações do bispo se utilizando da própria doutrina católica:

> Santo Thomaz não disse que aquele sangue derramado das hóstias, era sangue trazido pelos anjos, se assim fosse, como teria ele feito, em tantos livros, tantos atos de desagravo ao Coração de Jesus no S. S. Sacramento? Se é assim - um sangue trazido pelos anjos - então que se acabe com todas as obras de Santo Thomaz. Pergunte ao Bispo se quando eu instituí o S. S. Sacramento, não era Homem-Deus? Maior humilhação foi a que eu me sujeitei, instituindo o S. S. Sacramento, do que a de encarnar eu no ventre de uma Virgem, fazendo-me menino, e passando por todos os passos de minha vida humana até a morte de cruz. Semelhantemente maior é a humilhação de estar eu presente na eucaristia até a consumação dos tempos, do que a de derramar nela o meu sangue.

Nesse sentido, o aditamento feito por Jahel é muito mais rico que seu primeiro depoimento. Abundam os diálogos com o "Padre Eterno", este sempre argumentativo e reclamante do seu direito de voltar a terra e derramar seu sangue pela segunda vez, ressaltando que o principal motivo da descrença no milagre eucarístico seria a falta de fé dos próprios ministros: "Não é de admirar que não entendam o mistério de derramar-se sangue das hóstias consagradas, sangue que é meu, porque a fé já está se acabando. Quando eu vim ao mundo não foram os Pontífices e Sacerdotes que deram a sentença de morte?!".

Aqui, a crítica era direcionada ao bispo Dom Joaquim, que, como representante da Igreja, recusava-se a autorizar o culto e a enviar o processo para Roma. É difícil acreditar que esse texto foi tomado literalmente da fala de Jahel. Sabemos que ela sabia ler e escrever, mas não sabemos a que tipo de literatura ela teve acesso, capaz de permitir a citação de São Tomás de Aquino e mesmo sobre qualquer questão doutrinal que envolvia a origem do sangue.

O aditamento de Jahel foi feito em 5 de outubro, como já dissemos. Considerando que os padres da Comissão estavam no povoado havia menos de um mês, é possível questionar: Já estariam eles seduzidos pela crença no milagre a ponto de intervir ou influenciar no texto de Jahel? Uma vez que o relato dela indica conhecimento de questões doutrinais caras à Igreja, podemos questionar também: em que medida há um "ajuste" da fala da beata de modo que tornasse mais palpável sua relação direta com Deus e com a religião?

Jahel se manifesta sobre minúcias do caso, referindo-se sempre aos fenômenos como algo que ocorria independentemente da presença de Maria de Araújo, que, inclusive nem é citada no aditamento. Sobre a ordem dada pelo bispo, de destruir e queimar os panos manchados de sangue, Cristo lembra, em uma das visões de Jahel: "[...] os Judeus queriam tirar-me daquela cidade alegando que não queriam outro rei, mas agora que estou no S. S. Sacramento, só para fazer o bem, tentam os homens para tirar-me do mundo até queimando-me".

Outro diferencial das visões de Jahel é a presença de personagens inéditos, como Verônica "com o pano de que se tinha servido para limpar o rosto de Nosso Senhor". Um dado curioso é que a história de Verônica (*Bernike*, em grego: "imagem verdadeira") vem da tradição oral, posteriormente incorporada ao livro apócrifo "Atos de Pilatos". Parte da tradição afirma que Verônica era a mesma mulher que fora curada de um sangramento que durava doze anos (Lc 8, 40-48). As visões com Maria também abundavam no relato da beata que declarou, certa vez, ter visto

> [...] *Nossa Senhora* toda vestida de verde dizendo então: *remetam ao Papa o processo que se há de fazer*, o que respondendo eu que só seria remetido ao Papa se o Bispo mandasse, como me disse o padre [Cícero], ela replicou: *remetam para o Papa*.

Essa visão possui elementos muito interessantes, como a própria cor do vestido de Maria: o verde, que em algumas pinturas religiosas serve para indicar a esperança da salvação promovida pelo Messias. Além disso, a aparição da Virgem nas profecias pedindo que fosse feita uma cópia do Processo para ser levado à Santa Sé, garantindo a resolução dos problemas que houvesse, ratifica a atuação de Maria como intermediadora entre o fiel e Jesus/Deus.

Não por acaso, os oitocentos foram o grande século das aparições marianas (Salette, 1846; Lourdes, 1858; Pontmain, 1871; entre outras) e da consolidação da presença de Maria nas orações e nos lares católicos. Ainda sobre a citação anterior, é notável que apareça pela primeira vez um dado que se tornará recorrente: a ideia de que o Papa seria a favor dos milagres (pois ele mesmo não aprovou outros tantos?).

As determinações exaradas na *Decisão Interlocutória*, de julho de 1891, também se foram criticadas, ainda que de forma indireta, nos relatos de Jahel. Na visão, o próprio Deus (Eterno Padre) a tomou pelas mãos e a levou em espírito até a casa do bispo em Fortaleza, em setembro de 1891:

> [...] quando ali chegamos, chamou ele pelo Bispo e ele [o bispo] não respondeu, o que se deu depois, digo, então eu indiquei que melhor seria subirmos, e o Eterno Padre disse em resposta: não, vamos ser os pequenos para depois sermos os grandes. Chamou pela segunda vez o Bispo, e vindo então algumas pessoas, da casa para saber

> do que queria, disse o Eterno Padre que queria falar com o Bispo mesmo, ao que ficando eles como que indiferentes, chamou terceira vez o Eterno Padre pelo Bispo, que não acudiu ao chamado, quando então disse o Eterno Padre - está vendo? Já é a terceira vez que o chamo, vamos embora, e nesse ínterim traçou uma cruz sobre a porta.

O texto de Jahel critica o orgulho e a intolerância de Dom Joaquim, que, segundo ela, teria se recusado a atender à vontade de Deus, manifestada no próprio desejo do povo do Juazeiro de ter os fenômenos aprovados. Há ainda a insinuação de que o bispo não estaria conectado espiritualmente com a divindade como elas estavam. E os funcionários do bispo, da mesma forma, não conseguiriam intuir o próprio Deus diante deles.

Que pensaram os padres da Comissão ao ouvir um relato assim? É uma pena que a documentação seja escassa nesse sentido, pois não temos a opinião do Delegado e do Secretário, uma vez que o texto é uma narrativa livre e não obedece ao esquema tradicional do inquérito, de perguntas e respostas.

Para o bispo, seguramente um relato como esse era uma afronta sem precedentes, pois ratifica a dispensa de uma intermediação entre elas e Deus. O relato denota ainda a livre confrontação ao bispo, por sua condição, autoridade máxima da Igreja na Província e que, portanto, deveria ser obedecido e não desrespeitado. No entanto, o que sentiram os padres da Comissão, tidos como "ilustrados" pela Diocese e que deveriam manter uma posição de desconfiança diante desse tipo de narrativa que confrontava a autoridade diocesana?

O único documento que nos chegou às mãos e dá uma ideia dos sentimentos da Comissão – especificamente, do Delegado desta – é uma carta enviada ao bispo, em 13 de setembro de 1891, isto é, antes mesmo do aditamento de Jahel. Nessa carta, o padre Clicério Lobo fala que, até então, testemunhara o seguinte: "[Com] o Rdo.

Secretário e mais pessoas fidedignas [os fatos] aqui dados, de um caráter de sobrenaturalidade divina [...] Há de certo muita coisa singularmente extraordinária". O Delegado não afirma acreditar piamente que as manifestações sejam mesmo divinas, mas não descarta a possibilidade, e é nesse espaço que a crença começa a se formar.

A segunda beata a depor foi Maria Leopoldina Ferreira da Soledade, em 15 de setembro de 1891, que, assim como Jahel, também teve visões importantes detalhadas com erudição e riqueza poética, incluindo citações em latim e conhecimento de dados relevantes sobre a Igreja de Roma. Ela tinha 29 anos, também sabia ler e escrever e vinha de uma família de posses do Crato. O fato de haver mulheres que pertenciam às esferas mais altas da sociedade caririense denota um horizonte de possibilidades no qual a "experiência mística" atinge a todos ou em que todos se sentem partícipes desta, o que demonstra como esse "horizonte" era acionado por mulheres pobres e abastadas, analfabetas e alfabetizadas.

Os padres da Comissão seguem o roteiro usual de perguntas sobre Maria de Araújo e os fenômenos de 1889, até que em dado momento perguntam diretamente à testemunha se ela também tinha visões e revelações. Notamos que há uma mudança sutil por parte da própria Comissão, que, após o depoimento de Jahel, atenta para as experiências particulares de cada mulher, e não apenas às de Maria de Araújo. Outro elemento diz respeito a uma espécie de "concorrência" que se instaura entre essas mulheres. Eram todas íntimas de Deus, todas instrumentos dele. Já no depoimento de Jahel, percebemos que ela não deseja falar sobre Maria de Araújo, mas sim da própria experiência, e aos poucos se vai constituindo esse grupo de mulheres que afirmavam terem sido escolhidas por Deus.

Perguntada sobre suas experiências, Maria Leopoldina respondeu que no ano anterior, em dezembro de 1890, quando fazia uma penitência em favor das almas do Purgatório, "lhe foi revelado achar-se ali o Corpo, o Sangue, a alma e a divindade de Nosso Senhor Jesus

Cristo" que se oferecia "como vítima de expiação ao Eterno Padre pela salvação do mundo", e que não se tentasse compreender o que ali ocorria, pois era "um mistério de amor, além da razão humana".

Enquanto nas revelações de Jahel o mote principal era o da caixa cheia de sangue, nas de Maria da Soledade predominavam as representações angélicas e de almas do Purgatório. As representações sobre o sangue dão lugar às imagens de fogo e às citações em latim:

```
Eu sou Jesus, uma vítima pura, a santa vítima,
uma vítima sem mancha: vivificada no coração e
sangue dos pecadores. Veja, não faças isso... sou
servo teu e de teus irmãos que guardas o teste-
munho de Jesus. O testemunho de sangue de Deus
é o espírito de profecia. Eu sou a videira ver-
dadeira, a vítima santa, vítima pura, vítima sem
mancha. É santo e beato aquele que tomar parte
na segunda redenção.
```

Esse trecho parece uma adaptação de *Apocalipse* 19:10: "Caí então a seus pés para adorá-lo, mas ele me disse: 'Não! Não o faças! Sou servo como tu e como teus irmãos que têm o testemunho de Jesus. É a Deus que deves adorar!'. Com efeito, o espírito da profecia é o testemunho de Jesus".[62] Ressaltando a qualidade profética das revelações e visões, a citação em latim vem dar força às narrativas. Além disso, outro recurso narrativo importante da citação que encontramos também em outros depoimentos é o de fazer Jesus Cristo falar em primeira pessoa. Quando a afirmação é muito forte ou questiona de algum modo a autoridade da Diocese, as mulheres colocam Cristo como protagonista, recurso expressivo que, de certo modo, retira delas a responsabilidade total sobre o que foi dito.

Nesse sentido, é interessante notar que exatamente o mesmo texto já tinha aparecido no aditamento do padre Cícero em 14 de

---

62. Apocalipse 19:10. *Bíblia de Jerusalém*. São Paulo: Paulus, 2002.

setembro, ou seja, um dia antes de Maria da Soledade comparecer diante da Comissão. No seu relato, Cícero diz à Comissão que teve a revelação após a celebração de uma missa em honra ao Sagrado Coração de Jesus:

> Consultando eu a Nosso Senhor diante de uma hóstia consagrada, sobre a espécie do sangue aparecido nas hóstias que se davam em comunhão a Beata [Maria de Araújo], obtive a seguinte resposta no dia quatro de Agosto do corrente ano, digo, deste ano: *Ego sum Jesus, hostia Sancta, hostia pura, hostia immaculata: vivificavi sanguinem cordis ad peccatores*; palavras estas que eu ouvi bem distintamente. No dia seguinte, cinco de agosto do mesmo ano, dia de Nossa Senhora das Neves depois de eu ter celebrado a missa em honra ao Sagrado Coração de Jesus como havia prometido e instando eu para que Nosso Senhor se dignasse cumprir a promessa feita, isto é, de me revelar aquele mistério, começou ele a dizer as seguintes palavras, que eu ia escrevendo uma por uma e até corrigindo alguma quando acontecia errar, ei-las: *Vide me feceris… Conservus tuus sum et frutuum tuorum habentium testimonium Jesu. Deum adora testimonium sanguinis mei et spiritum prophetiae. Ego sum vitis vera, hostia sancta, hostia pura, hostia immaculata*, jurando ele próprio e mandando-me que assim o jurasse por ele mesmo como Criador, como amigo, como esposo, como Redentor.

Ora, Maria da Soledade afirmou que sua alma foi "testemunha de como a mesma revelação e ao mesmo tempo era feita ao padre Cícero, o que se deu logo depois da Comunhão". O que podemos depreender dessa relação? Primeiro, o fato de o padre e de a beata terem a revelação "ao mesmo tempo", mas em lugares distintos, indica a intimidade que eles tinham. Em segundo lugar, o tom arrogante que "exige de Deus o cumprimento de uma promessa feita" permanece nos relatos do padre e é reproduzido nos depoimentos das mulheres. Terceiro, indicia que o relato do sacerdote foi usado para legitimar o depoimento da beata. Maria da Soledade era dirigida por este sacerdote desde 1889, pelo menos, e, como as outras beatas, reforçou no seu depoimento a importância do seu confessor. E é muito provável que ela tenha ouvido dele a citação em latim e a tenha memorizado.

Entretanto, não há dúvidas de que o relato de Maria da Soledade é um dos mais eruditos, mas temos uma grande dificuldade no que diz respeito à sua formação. Não há documentação sobre essas mulheres e, ao que parece, não houve interesse da Comissão em conhecê-las mais a fundo; assim, não é possível saber se elas estudaram em escolas ou tiveram educação doméstica, nem a que tipo de literatura religiosa elas tiveram acesso.

Outro exemplo que ilustra a riqueza do relato de Maria da Soledade é a alusão às várias passagens bíblicas, como no episódio em que lhe apareceram vários anjos em adoração ao Sacramento na Capela de N. S. das Dores:

```
Respondeu que no dia 25 de março, tendo-lhe ordenado o confessor, depois de uma benção a ela dada em honra da S. S. Virgem, que ela testemunha adorasse a Nosso Senhor ali presente no Sacramento da Eucaristia, especialmente manifestado naquelas hóstias transformadas em sangue, logo depois de sua comunhão, teve ela de ver na Capela do S. S. Sacramento diversos anjos e dentre eles três que se nomearam por seus próprios nomes, sendo um - Testes fidelis - outro - Reverentia - outro finalmente - Maravilha.
```

Dar nome aos anjos, ou melhor, obter deles uma identificação aparece aqui como outro recurso para dar credibilidade à narrativa, pois denota um conhecimento das leituras sagradas. Um dos anjos citados, *Testes fidelis*, que significa *Testemunha Fiel*, é citado no versículo 37 do Salmo 89 na *Bíblia*: "Para sempre será sua linhagem, seu trono como um sol à minha frente; como a lua que dura sem cessar, testemunha fiel no firmamento".[63]

Conjeturamos que a menção de *Testes fidelis* adquire um sentido profético ao proclamar a presença constante dos anjos em adoração ao *Sangue Precioso* de Cristo. *Reverentia* – do latim, *Reverência* – aparece na *Bíblia* não como um anjo, mas como uma qualidade a ser exigida do fiel: "de atitude de reverência, fluem com naturalidade os atos de obediência".[64] E *Maravilha* deve se referir possivelmente aos diversos fatos extraordinários realizados por intervenção divina em Mateus 21:15.

O relato mais ousado de Maria da Soledade a transformou em uma espécie de guia de almas. Em missão recebida de Jesus Cristo como penitência sacramental, ela teria que acompanhar o sufrágio de três eclesiásticos: dois bispos e um cardeal que iriam encontrá-la na Capela de Nossa Senhora das Dores para adorar ao *Sangue Precioso* e assim conseguirem sair do Purgatório:

> No dia 23 de dezembro de 1890, por ocasião de confessar-me, foi-me imposta como penitência sacramental dar-me toda a Deus para em honra do preciosíssimo sangue de Jesus, das dores de sua Mãe S. S. e maior gloria da Trindade S. S., tomar sobre mim as penas de três almas que fossem de papas e assim libertá-las do Purgatório. Sucedeu, porém, que Nosso Senhor não aceitou essa oblação em relação aos papas e substituiu

---

63. Sl 89:37. *Bíblia de Jerusalém*. São Paulo: Paulus, 2002.
64. 2 Co 7:1. *Bíblia de Jerusalém*. São Paulo: Paulus, 2002.

> aplicando-a as almas de um Cardeal e dois bispos.
> [...] - Episcopus Joachinus et Episcopus Petrus -
> o primeiro que foi antecessor do Arcebispo da
> Bahia D. Luiz, o segundo, que foi bispo do Rio de
> Janeiro. Desde esse dia até o dia seis de janeiro
> do ano seguinte, estas três almas vinham todos
> os dias a assistir a missa, colocando-se os dois
> bispos de um e outro lado e o Cardeal no meio;
> todos possuídos do maior acatamento [...].

Identificamos os bispos como Dom Joaquim Gonçalves de Azevedo (1814-1879), que era maranhense e foi o sétimo bispo de Goiás (1866), sendo assistido na época pelo então bispo do Ceará, Dom Luís Antônio dos Santos. Em 1876, foi nomeado Arcebispo de São Salvador da Bahia e Primaz do Brasil e faleceu em 6 de novembro de 1879.

O segundo bispo seria, claramente, o ex-bispo do Rio de Janeiro, Pedro Maria de Lacerda. Nascido em 31 de outubro de 1830, sagrado bispo em Mariana por Dom Antônio Ferreira Viçoso, famoso pela disseminação do ultramontanismo no Brasil e conhecido pela chamada "questão religiosa" que envolveu a prisão de dois bispos Dom Antônio de Macedo Costa e Dom Vital Maria de Oliveira por ordem do imperador Dom Pedro II.[65] Ele faleceu em 12 de novembro de 1890 e sua morte foi muito divulgada nos jornais

---

65. A questão se iniciou por Dom Vital e, posteriormente, Dom Macedo suspenderem os participantes maçons do quadro de membros de diversas irmandades e ordens terceiras. Estas irmandades, por sua vez, apelaram ao Imperador, ele próprio pertencente à maçonaria, que acolheu o recurso afirmando que "[...] sendo de exclusiva competência do poder civil a constituição orgânica das ordens terceiras e irmandades do Brasil, os bispos com seu procedimento tinham usurpado a jurisdição do poder temporal" (FRAGOSO. *In:* Beozzo: 2008, pp. 186-187). Os bispos não aceitaram a decisão e empreenderam um recurso ao Supremo Tribunal de Justiça que não aceitou a petição e expediu mandado de prisão, condenando-os a quatro anos de prisão com trabalhos forçados.

da época, tendo sido comentada pelos sacerdotes no povoado do Juazeiro, embora não tenhamos encontrado nos documentos analisados nenhuma outra referência aos bispos e ao cardeal.

As almas iam todos os dias assistir à missa, "colocando-se os dois bispos de um e outro lado e o Cardeal no meio; todos possuídos do maior acatamento", até que no dia 26 de dezembro sucedeu que ao tocar o *Sanctus*, o Cardeal, "inflamado com as chamas de amor que, saindo do Sacrário envolviam o Sacerdote oficiante e se transmitiam ao mesmo Cardeal, sentiu-se incitado a subir ao altar, onde prostrado com a face em terra, em adoração ao sangue de Jesus que então caía sobre ele, como chuva, exclamou: '– oh, amor!' conservando-se nessa posição até o fim da missa". Continuaram o processo de sufrágio pelos dias que se seguiram. No dia 28, no momento de consagração da hóstia, o rosto do cardeal desfez-se em chamas e ele exclamou:

> Oh! levita do Santuário, tenro arbusto sacerdotal, vaso de eleição, chamado a serdes sentinela em Israel, vós doce esperança de nossos gozos e resplendores eternos, chegai-vos a este vulcão de amor (e isto dizendo, apontava para um retábulo do Sagrado Coração de Jesus e o tabernáculo e a caixa de vidro contendo as partículas transformadas em sangue;) atirai-vos às ardentes chamas, acendei-vos em seu abrasado ardor para serdes luz e calor no meio das nossas trevas; terminando com dizer duas vezes '– luce mea, ardens, ardens'.

A presença do fogo na narrativa de Maria da Soledade está relacionada ao ato de purgar: "desfazendo-se em chamas", "vulcão de amor", "ardentes chamas", "abrasado ardor"; justamente porque não existe purgação sem o fogo purgatório, pois "o fogo porá à prova a obra de cada um" (1Co 3:13). Jean-Claude Schmitt – em sua pesquisa sobre as aparições de fantasmas no medievo – aprofunda tal discussão a respeito do imaginário do morrer ao afirmar que a existência dos mortos está ligada ao que os vivos imaginam para si: "Diferentemente segundo sua cultura, suas crenças, sua época, os homens atribuem aos mortos uma vida no além, descrevem os lugares de sua morada e assim representam o que esperam para si próprios".[66]

Mapeando a crença no espaço intermediário do *Purgatório*, Jacques Le Goff também apontou para essa ligação entre o imaginário dos vivos e a *morte*, ao afirmar que os "mortos não existem senão pelos e para os vivos".[67] Em outras palavras: as práticas e crenças ligadas à morte e aos mortos são produtos socioculturais dos vivos e refletem as expectativas destes em relação a uma *nova vida*, tida como imortal, tendo início após o término da *vida presente* ou *vida terrena*.

Michel Vovelle assinala que o termo *purgatorium* receberá caução do Papa Inocêncio III, entre 1170 e 1200, "no momento em que uma nova necessidade de justiça na sociedade laica favorece a eclosão do conceito de julgamento individual, em que a leitura binária da ordem do mundo vê-se substituída, como no universo feudal, por um esquema ternário, que tolera uma categoria intermediária".[68]

Não por acaso, esse século marcou a institucionalização do *Purgatório*, um espaço intermediário entre o *Céu* (para onde vão as almas *inteiramente boas*) e o *Inferno* (lócus das almas *inteiramente más*). O *Purgatório* surgiu enquanto um *terceiro espaço* da *geografia do além*, em que as pessoas situadas no limite entre as *inteiramente*

---

66. SCHMITT, Jean-Claude. *Os vivos e os mortos na sociedade medieval*. São Paulo: Companhia das Letras, 1999, p. 15.
67. LE GOFF, Jacques. *O nascimento do purgatório*. São Paulo: Estampa, 1995, p. 251.
68. VOVELLE, Michel. *As almas do purgatório*. São Paulo: Unesp, 2010, p. 27.

boas e as *inteiramente más* podiam remir seus *pecados veniais*, para assim atingir o ingresso no *Paraíso Celeste*.

A duração das penas no *Purgatório*, segundo Jacques Le Goff, está "submetida a um procedimento judicial complexo". O período de purgação de uma alma depende da misericórdia de *Deus*, "simbolizado pelo zelo dos anjos ao arrancar as almas aos demônios", dos *méritos pessoais* exibidos em vida pelo falecido, e dos "sufrágios da Igreja suscitados pelos parentes e amigos do defunto".[69]

A crença nesse *espaço intermédio* acabou por instituir novos laços de solidariedade entre os vivos e seus mortos, na medida em que os primeiros podiam contribuir com sufrágios para mitigar as penas dos últimos. Por outro lado, a Igreja adquiriu mais poder com a instituição do *Purgatório*, visto que estendeu para além da morte sua influência sobre os fiéis, além de adquirir benesses financeiras consideráveis com essa renovada liturgia da morte. Nas palavras de Le Goff, a Igreja Católica administra "ou controla as preces, as esmolas, as missas, as oferendas de todos os gêneros feitas pelos vivos a favor dos seus mortos, e de tudo tira benefícios. Graças ao Purgatório, desenvolve o sistema das indulgências, fonte de grandes lucros de poder e de dinheiro, antes de se tornar uma arma perigosa que se voltará contra si mesma".[70]

O fogo purgatório ganha, então, um sentido de purificação; ele rejuvenesce e imortaliza. E como informa Le Goff: "O Purgatório antes de ser considerado um lugar foi primeiro concebido como um fogo [...] A teologia católica moderna distingue um fogo do Inferno, primitivo, um fogo do Purgatório, expiatório e purificador e um fogo de julgamento, probatório".[71]

O fogo também pode ser associado, como explica Redondi, à própria hóstia consagrada: "Como para significar que a luz tinha

---

69. LE GOFF, Jacques. *O nascimento do purgatório*. São Paulo: Estampa, 1995, p. 253.
70. *Idem*, p. 295.
71. *Idem*, pp. 22; 62.

uma função simbólica essencial numa teologia centrada verticalmente sobre seu núcleo eucarístico. A disposição axial da Trindade, em relação à hóstia, culmina assim na luz do fogo".[72] Desse modo, o fogo que emana do corpo do cardeal e que abraça a hóstia no Sacrário tem essa dupla função de purificação e purgação, simbolizando ainda o poder maior da hóstia consagrada como centro de toda a cosmologia cristã.

As almas continuaram a aparecer, até que no dia 5 de janeiro o Cardeal revelou sua identidade, dizendo três vezes: *"Ego sum Cardinalis Pecci"* (Eu sou o Cardeal Pecci). O cardeal a que se referia Maria da Soledade é provavelmente o cardeal Giuseppe Pecci (1807-1890), ex-prefeito da Congregação para Estudos do Vaticano, que havia falecido em oito de fevereiro de 1890. Esse Cardeal era também irmão do papa da época, Gioacchino Pecci, conhecido como Leão XIII.

Mais tarde, em 28 de junho de 1892, o padre Alexandrino afirmaria que a visão fora "fabricada" no intuito de "dispor bem o Santo Padre em favor do Juazeiro", pois corria na região a notícia de que "Leão XIII teve notícia disto, chorou e ficou bem-disposto em favor da causa". O que ratifica que o caráter de sigilo dos depoimentos não foi respeitado nem pelas testemunhas, nem pelos membros da Comissão. Por fim, no dia 6 de janeiro, também durante a missa e depois da bênção do S. S. Sacramento:

> [...] o Cardeal, como que fora de si, somente possuído de Deus, erguendo as mãos exclamou: Oh! Caríssimo e dedicado irmão, que amor, que ternura e que reconhecimento não devo eu ter para convosco, quando considero que fostes o instrumento pelo qual quebraram-se cadeias que me detinham nesse cárcere, depois de minha morte; por meio

---

72. REDONDI, Pietro. *Galileu Herético*. São Paulo: Companhia das Letras, 1991, p. 229.

> e intermédio de vós é tempo hoje de eu consumar todos os meus trabalhos, subindo da terra ao Céu para habitar, reinar e glorificar aquele que é o princípio e o fim de todas as cousas; vou por tanto entrar no gozo do meu Senhor; e assim, como tomastes parte no meu doloroso e delatado exílio, tomai hoje parte nesta enchente de alegria de que a minha alma está penetrada, e que é o fim de tantas dores, lágrimas e gemidos. Eu me vou para o seio de Deus... para acabar de consumar as minhas vitórias sobre o mundo, o inferno e o pecado, pela minha entrada gloriosa e triunfante em seu reino; [...] - e isto dizendo, voou para o céu, acompanhado de seu Anjo Custódio e de todos os santos que foram seus protetores e advogados neste mundo.

As almas dos bispos continuaram a ser sufragadas por mais alguns dias, até que, no dia 18 de janeiro, foi a vez de Dom Joaquim Gonçalves "subir triunfante aos céus", seguido por Dom Pedro de Lacerda, no dia 2 de fevereiro seguinte. A mensagem implícita no relato de Maria da Soledade manifestava assim uma inquietação comum a todos os crentes do *Sangue Precioso*: ora, se a capela do Juazeiro serviu de purgatório às almas que em vida pertenceram à mais alta hierarquia da Igreja, por que o bispo continuava negando a sacralidade dos fenômenos que ali se manifestavam?

É provável que a narrativa tenha sido construída a partir de informações fornecidas pelos próprios sacerdotes, incluindo aí o padre Cícero, que tinha acesso aos jornais da Capital que circulavam na época. E, paradoxalmente, o respeito à hierarquia presente na narrativa não existia com relação à própria Diocese! Tudo nesses inquéritos transgride as premissas de um Processo Episcopal convencional. Inferimos que a extrema condescendência do bispo ajudou a propagar, dar visibilidade e estimular a credibilidade do caso. Tudo que a Igreja não queria nem de que precisava. Para isso, decerto, contou com a tibieza e insegurança do bispo.

Segundo ela, depois disso, o próprio Cristo dava instruções de como deveria ser organizado o culto ao *Sangue Precioso*: "Nosso Senhor fez-me ver que assim como os padres franciscanos eram os guardas do Santo Sepulcro assim também haviam eles de ser os guardas do sangue derramado das hóstias consagradas aqui nesta Povoação do Juazeiro". Tanto Maria de Araújo quanto Jahel Wanderley já haviam sugerido em seus depoimentos a fundação de uma ordem "que se encarregasse do culto perpétuo da S. S. Trindade, bem como que fosse sempre aqui bendito e louvado seu precioso sangue"; com um núcleo masculino formado pelos franciscanos e outro núcleo feminino segundo a regra de Santa Teresa.

A escolha de padres franciscanos não surpreende, pois essa ordem mendicante é colocada em oposição à ordem dos padres lazaristas franceses que naquele momento dirigia a Diocese cearense. É importante lembrar que a própria evangelização da região foi feita pelos padres capuchinhos italianos, cuja prédica era fortemente marcada por elementos da *Paixão de Cristo*, na qual a memória dos pecados e da condenação eterna é enfatizada continuamente por meio de práticas que estimulam as penitências, a flagelação e o padecimento do corpo em uma contínua *imitatio Christi*. A predileção por Santa Teresa também não é de admirar, uma vez que essa santa é uma das representantes mais conhecidas de um ideal contemplativo que mesclava a austeridade conventual à experiência mística e o íntimo contato com Deus.

A terceira beata a depor foi Maria das Dores do Coração de Jesus, em 18 de setembro. Ela só tinha 15 anos, era natural de Missão Velha, trabalhava como costureira, vivia com sua família e era analfabeta. Seu depoimento é curto e repete os motes já vistos nos depoimentos anteriores. Ao ser perguntada se já tinha tido alguma revelação com relação ao sangue aparecido nas hóstias, ela respondeu:

> [...] por três vezes lhe foi revelado por Jesus Cristo mesmo, ser aquele sangue o próprio sangue dele, dizendo que assim jurava e mandando que do mesmo modo o jurasse ela neste comissariado, encarregando a ela testemunha que dissesse, de sua parte ao Reverendo Comissário que celebrasse uma missa em honra do preciosíssimo sangue, a fim de que não fosse o sangue dele aqui derramado e por alguém profanado.

As respostas de Maria das Dores, no entanto, parecem muito inseguras e só mudam de tom quando os padres da Comissão lhe fornecem na pergunta alguns elementos que parecem sugerir uma resposta. Em certa altura, o Delegado da Comissão pergunta: "Viu algumas vezes anjos e mesmo a S. S. Virgem em adoração àquele sangue derramado das hóstias, e exposto no altar e recluso na caixa de vidro, contendo as partículas transformadas?". Ela respondeu, sem apresentar muitos detalhes, que havia visto Nossa Senhora e tinha visões com anjos em adoração ao *Sangue Precioso*. O método de inquirição utilizado pela Comissão denota o despreparo dos padres, uma vez que no procedimento usual em inquirições, o inquisidor realizava várias vezes a mesma pergunta, para que os interrogados a confirmassem ou não.

A única visão que se destacou no relato de Maria das Dores é a do sangramento de uma âmbula em uma comunhão de Maria de Araújo. Ela contou que por um momento viu a âmbula jorrar sangue abundante que chegou a "transbordar e derramar-se por todo o altar, aparecendo então Nosso Senhor todo ensanguentado, o qual nessa mesma ocasião deu a comunhão à beata Maria de Araújo sob a espécie de pão tirando para esse fim uma partícula da mesma âmbula". E sobre o sangue que se derramava da âmbula disse:

> [...] por três vezes lhe foi revelado por Jesus Cristo mesmo, ser aquele sangue o próprio sangue dele, dizendo que assim jurava e mandando que do mesmo modo o jurasse ela neste comissariado, encarregando a ela testemunha que dissesse, de sua parte ao Reverendo Comissário que celebrasse uma missa em honra do preciosíssimo sangue, afim de que não fosse o sangue dele, aqui derramado, por alguém profanado, além da recomendação a ela testemunha feita de rezar uma via sacra nesta mesma intenção.

Os elementos textuais são organizados de modo que condissessem com um discurso religioso, e a linguagem é familiar a qualquer cristão. Neste sentido, as escolhas dos elementos que compõem a narrativa buscam construir um texto verossímil e significativo tanto para elas quanto para os inquisidores.

A ênfase no número três está presente em várias visões de Maria das Dores e é outro *leitmotiv* do Novo Testamento, e parece indicar que o próprio depoimento é organizado de forma a seguir um estilo narrativo similar. Assim, três vezes Maria de Araújo teve de ir a Roma conversar com o Papa; três anjos se nomearam perante Maria da Soledade, e esta mesma beata tomou sobre si a incumbência de sufragar três almas; três vezes; Anna Leopoldina teve de ir ao Céu; e, no dia três de setembro de 1891, a Virgem Maria apareceu e "com ar de tristeza" disse a Maria de Araújo: "Todos esses fatos aqui ocorridos são graças reservadas para os últimos tempos". Também por três vezes, Deus chamou ao bispo na visão da beata Jahel. O número três representa ainda o Deus trinitário cristão (Pai, o Filho e o Espírito Santo) simbolizando a perfeição divina.

Também no dia 18 de setembro depôs a beata Joana Tertulina. Mais conhecida como beata Mocinha, nasceu em 27 de janeiro de 1864, na freguesia do Riacho do Sangue – atual Jaguaretama, norte do Ceará –, sendo filha de Francisco Antônio de Oliveira e Maria

Teotônia de Oliveira. Ficou órfã em 1879 e foi morar na povoação do Juazeiro com uma senhora chamada D. Naninha, "uma professora que instalou em Juazeiro uma escola para ensinar crianças do sexo feminino".[73] Em 1885, ela recebeu o manto de beata na mesma solenidade que conferiu o manto às beatas Maria de Araújo, Maria das Dores, Jahel Cabral e Maria da Soledade. Logo em seguida, foi morar na casa do padre Cícero e, com a morte da mãe deste, se tornou a governanta da casa dele.

Ela não reivindica para si a participação nos fenômenos e diz que nunca recebeu nenhuma graça particular. O interessante é que seu depoimento ratifica o do padre Cícero e diz que, apesar de nunca ter tido nenhuma visão, ela sabia que os fenômenos manifestados em Maria de Araújo eram verdadeiros, pois "conversando-se justamente, neste sentido [se os fenômenos eram milagres], sucedeu ouvir uma criança de sete meses dizer por duas vezes, de modo bem distinto, – É – [...]".

Antônia Maria da Conceição, a quinta beata a depor, em 28 de setembro de 1891, tinha 30 anos e era uma das poucas que viviam recolhidas na Casa de Caridade do Crato. Analfabeta e de família desconhecida, provavelmente era pobre. Enquanto respondia às perguntas da Comissão sobre o caráter do sangue que jorrava das hóstias consumidas por Maria de Araújo, ela entrou em êxtases e fez aparecer em suas mãos quatro hóstias:

> [...] apresentou entre os dedos polegar e índice da mão direita quatro partículas dizendo que Nosso Senhor mandava entregar aquelas quatro partículas a seu confessor para que ele comungasse juntamente com os padres da comissão e a própria testemunha; *e isso como prova da verdade do fato de que acima se tratava; isto é, que a carne e*

---

73. ALENCAR, Generosa; MENESES, Fátima. *Beata mocinha*: governanta e tesoureira do padre Cícero. Juazeiro do Norte: HB Editora, s/d, p. 17.

> *o sangue derramado tanto das hóstias, como dos crucifixos, e bem assim o coração humano em que se transformaram as hóstias, algumas vezes, eram verdadeiramente a carne, o sangue e o coração de Jesus mesmo, e ainda para que com a propagação de todos esses factos fosse ele mais louvado e glorificado.*

Nesse trecho, além de a narração ser claramente do Secretário da Comissão, quer dizer, ele não estava transcrevendo o depoimento, mas dizendo ao que assistia, contamos com dois fatores inusitados. O primeiro, o fato de Antônia ter manifestado um "fenômeno ao vivo" e que se tratasse do aparecimento de hóstias para serem consumidas pelos padres da Comissão e por ela mesma, sugerindo uma transferência de poderes, na medida em que passaria a ser a ministrante da comunhão, tomando assim o lugar do eclesiástico.

O segundo elemento importante é que, no depoimento de Antônia, o texto diz que aquilo acontecia "como prova da verdade do fato de que acima se tratava; *isto é* que a carne e o sangue [...] eram verdadeiramente a carne, o sangue e o coração de Jesus". A forma como a frase foi formulada deixa margem de questionamento sobre se ele, o Secretário da Comissão, estava expressando sua opinião, movido talvez pelo impacto daquela manifestação, ou se estava transcrevendo algo dito pela beata. De qualquer modo, nossa hipótese é que, antes do fim do processo, a Comissão já estava convencida da veracidade dos "milagres".

Conjecturamos que a "fala" das mulheres gira em torno (e isto percebemos melhor nos depoimentos de Antônia Maria e de Maria das Dores) daquilo que elas consideravam que os padres queriam ouvir, exaltando assim uma experiência considerada "santa" ou "piedosa", mas que denota também uma "concorrência" velada entre as mulheres. A própria Comissão acabava por estimular relatos desse tipo, uma vez que as perguntas passam, à medida que o processo avança, a serem mais dirigidas, como quando o Delegado Episcopal pergunta: "Haverá algumas promessas para todos quantos se interessarem por essa causa?". Ao que a beata respondeu afirmativamente, reforçando que para os que não acreditassem estavam reservados rigorosos castigos.

A depoente do dia 28 de setembro, Anna Leopoldina de Aguiar e Melo, pertencia também a uma família muito importante do Crato. Tinha 19 anos, sabia ler e escrever. Como as outras, ela também recebeu revelações sobre a qualidade do sangue que manava das hóstias e diz que "em espírito" viu Maria de Araújo no Purgatório libertando algumas "almas que chegava mesmo a conhecer", embora seja ambíguo sobre quem conhece as almas: se ela própria, se Maria de Araújo ou se ambas. Anna Leopoldina ressaltou, ainda, ter ido ela mesma ao Céu e ao Purgatório, para comungar das mãos do próprio Jesus Cristo em sufrágio das almas do Purgatório:

```
Três vezes teve de ir também ao Céu, a mandado de
seu confessor [não nomeado], e ali Nosso Senhor
mesmo lhe deu a comunhão sob a espécie de sangue
contido num cálice de ouro dizendo-lhe então:
'bebei, que este é o sangue do meu coração'; e
isso, como uma prova de como o sangue derramado
das hóstias era o verdadeiro sangue dele.
```

Além disso, ela comunicou à Comissão que, em uma comunhão feita na Capela do Juazeiro, "sucedeu que a hóstia se transformou em uma posta de carne, fato esse que por acanhamento ela não revelou ao seu confessor, procurando a muito custo consumir a partícula assim em carne transformada como conseguiu". Outros personagens também aparecem nos relatos de Anna Leopoldina: seu anjo da guarda; São José; São Luiz Gonzaga; Santo Afonso e São Francisco das Chagas. Curiosamente, à exceção de São José, o pai adotivo de Jesus, todos os outros santos citados são italianos, e eles possuem um elemento hagiográfico em comum, o de haverem largado uma vida de riquezas para seguir Cristo. Seria uma referência autobiográfica? Não era ela mesma uma mulher de família rica que agora largava tudo a fim de seguir uma vida de piedade?

Já na narrativa de Ângela Merícia do Nascimento, inquirida em 28 de setembro, se sobressai o fato de ela ser a única que afirmou expressamente ter estado presente na Capela de Nossa Senhora das Dores no dia do primeiro sangramento da hóstia na boca de Maria de Araújo. Ela disse ainda, para surpresa da Comissão, que esse acontecimento lhe teria sido comunicado mesmo antes de acontecer, no dia anterior ao sangramento.

Ângela era recolhida na Casa de Caridade do Crato – portanto, era provavelmente de família pobre –, analfabeta e tinha 29 anos em 1891. Ela conta ainda que, às vezes, estando ela impossibilitada de ir ao Juazeiro, pedia a Jesus Cristo que a levasse em espírito até lá, tendo sido por esse meio que "beijou e adorou aquele *Sangue Precioso*". Em outros momentos, conversava com Cristo, e este lhe dizia que "aquele pequeno lugar era por ele havido em tanto apreço que ele ali estava como num outro Céu, a derramar abundantes graças".

A beata também costumava ver durante as celebrações as "hóstias consagradas moverem-se e dar como que saltos na boca dos que comungavam e até saírem da boca e pousarem nas mãos daquelas mesmas pessoas". A imagem das hóstias voando para a boca de pessoas não é nova, as beatas espanholas Madalena da Cruz e Maria da Visitação costumavam receber a comunhão assim já no século XVII.

A última depoente foi a beata Raquel Sisnando de Lima, a única casada e uma das mais velhas, com 40 anos de idade. Analfabeta, de família pobre, disse que também havia tido revelações e viajado em espírito para adorar o sangue. Ela afirmou ter, de início, duvidado das comunhões sanguinolentas e pedindo a Cristo que lhe revelasse se o sangue da comunhão de Maria de Araújo era o seu verdadeiro sangue. Sofreu um rapto extático e:

> [...] enlevada no amor de Deus, sentiu-se inspirada e como que ouviu em resposta as seguintes palavras: que aquele sangue da comunhão da Beata era a realidade daquelas palavras que outrora dirigia ele aos povos de seu tempo, nestes termos: quem comer de minha carne e beber do meu sangue terá a vida eterna, o que com propriedade se aplicaria a geração ventura já alumiada pela luz de seu Evangelho, acrescentando que com a transformação das hóstias em sangue ele revelava sem véu o mistério antes anunciado.

Os relatos de visões das beatas do Juazeiro possuem a função clara de produzir conversão, seja por meio das mostras da ira divina, quando Cristo reclama que seu povo não acredita nele e promete um futuro impiedoso no além, seja por meio de promessas de graças e de salvação para os que acreditam no milagre. Elas contam "histórias verdadeiras" porque na mentalidade da época são dadas como verdadeiras.

São poucas as informações que temos acerca dessas mulheres, mas é interessante notar que, mesmo tendo respondido a perguntas semelhantes, seus depoimentos diferem, na medida em que elas passam a narrar as próprias experiências pessoais. O grupo, portanto, não é nada homogêneo. São mulheres de idades e classe sociais diferentes, frequentando, no entanto, o mesmo ambiente religioso, tendo suas atividades divididas entre a Casa de Caridade no Crato e o Apostolado da Oração em Juazeiro.

Nem todas eram dirigidas pelo padre Cícero, mas é certo que todas estavam sob influência de uma dinâmica religiosa muito própria daquele lugar, onde os padres, mesmo aqueles formados no espírito romanizador, acreditavam e até incentivavam práticas votivas devocionais que já não eram vistas com bons olhos pela Igreja. É importante lembrar que, em fins do século XIX, a ortodoxia vai se tornando cada vez mais "romana" e menos tolerante com as crenças e práticas devocionais de um catolicismo de herança colonial, ainda muito forte no Brasil. É nesse contexto que devemos pensar esses relatos e, principalmente, a história de Maria de Araújo sobre a sua relação íntima com Deus.

14

As armadilhas da fé: o encerramento do primeiro inquérito

A ÚLTIMA PEÇA DO PRIMEIRO INQUÉRITO É O RELATÓRIO DO Delegado Episcopal, o padre Clicério Lobo, de 28 de novembro de 1891, no qual ele nos contou que algumas das beatas o procuraram novamente e pediram para rever os depoimentos, pois alguns dados teriam sido "esquecidos" ou haviam "escapado". Segundo ele, a beata Maria da Soledade pediu que fosse reforçado o pedido ao Santo Papa pela vinda de padres franciscanos; estes instituíram o culto à Santíssima Trindade e ao *Sangue Precioso* no Juazeiro. Ângela Merícia, por sua vez, contou ter sido levada outras vezes em espírito à capela do Juazeiro para adorar ali o *Precioso Sangue*:

> Da primeira vez, Nosso Senhor disse-me assim fazia diante de seus servos para maior prova do que então dizia; da segunda vez disse-me que ainda isso permitia, por muito grande ser o desejo que ele tinha de se fazer conhecer, amar e adorar pelos homens. Dizei, portanto aos meus servos que façam quanto estiver ao seu alcance, para que meu precioso sangue seja conhecido, amado e adorado; que ao seu tempo lhes darei

> a recompensa conforme a medida e os desejos de seus corações, pois os escolhi, como os primeiros, para esta grande empresa, por que altos destinos tenho a seu respeito.

Maria das Dores disse ter sido o próprio Cristo quem pediu para fazer o aditamento dizendo: "Vê, filha, disse Nosso Senhor, como sofro por amor dos homens. Este sangue que, como estas vendo, goteja do meu coração, é o mesmo que aparece aqui nas hóstias consagradas. Diga isso ao Comissário do Bispo". São esses relatos que levaram o Delegado Episcopal a concluir que as beatas interrogadas eram mulheres incapazes de cometer um embuste.

Nesse sentido, a incoerência de Clicério é flagrante: primeiro diz que se abstém "de qualquer apreciação sobre o merecimento do dito processo, por me parecer ser isso da competência de outros"; depois, passa a citar "depoimentos extras" de algumas beatas. Ele ainda incluiu o relato do recebimento miraculoso de *duas hóstias ensanguentadas* que teriam sido enviadas pelo próprio Jesus para que a Comissão comungasse:

> [...] achava-se a Beata Maria de Araújo na sacristia da Capela daquela Casa [Casa de Caridade do Crato], fazendo a renovação de seus votos particulares, sob a direção de Monsenhor Monteiro. [...] Era uma hora da tarde. Ali chegando, vimos a Beata sentada numa cadeira de espaldar, em estado de êxtase, como verificamos bem, e Monsenhor Monteiro genuflexo, tendo entre os dedos de sua mão direita duas hóstias ensanguentadas, ali aparecidas de surpresa e miraculosamente entre os dedos da mão da Beata, donde o Monsenhor Monteiro as tomara. Maria de Araújo é então despertada por Monsenhor Monteiro e mandando-se lhe dizer o que naquele estado de êxtase lhe tinha

sido revelado, ela disse assim: *"Nosso Senhor mandou estas partículas ensanguentadas para que os padres da Comissão vissem e comungassem"*. [...] Nessas circunstâncias *houve razão bem grave* para que tomássemos tais partículas por miraculosas-divinas, e as recebêssemos em comunhão.

O comportamento do padre Clicério é absolutamente contraditório e confuso. Primeiro diz que não pode emitir um parecer sobre a causa; em seguida, apresenta diversos trechos de depoimentos de várias beatas, inclusive o relato de uma manifestação de Maria de Araújo, como vimos anteriormente, na qual ele comunga a hóstia dada pela beata sem fazer nenhum questionamento sobre a origem das partículas; logo em seguida, qualifica-as de *"miraculosas-divinas"*.

Aqui o Delegado manifesta um juízo de valor que vai contrariar a prerrogativa comum aos inquisidores que é a da desconfiança. Depois de incluir os últimos relatos colhidos, por fim, o padre Clicério diz:

> Em abono da verdade *sou obrigado a declarar* aqui, querendo cumprir o juramento que prestei de ser fiel à missão que me foi confiada que todo aquele que bem estudar o espírito de Maria de Araújo, como também o de Antônia Maria da Conceição, como procurámos fazê-lo, já ouvindo a seus diretores espirituais, já as pessoas que as conhecem bem de perto, *excluirá toda a ideia de artimanha e de embuste nessas comunhões e partículas miraculosas-ensanguentadas*. São elas, as ditas Beatas como tantas outras, almas levadas à vida unitiva, a vida de contemplação, o que bem pouco se conhece e pratica entre nós.

Não é de surpreender que esse relatório tenha irritado sobremaneira o bispo Dom Joaquim. Em carta datada de 22 de novembro de 1891 – portanto, pouco tempo após a entrega do Relatório do primeiro inquérito à Diocese –, o bispo cearense escreve ao Capelão da Casa de Caridade do Crato, padre Joaquim Sother:

> O Pe. Clicério da Costa Lobo é um sacerdote ilustrado e virtuoso, a quem demos plena liberdade de ação em tão delicado assunto, deixando tudo confiado ao seu critério, na convicção que procederia sempre com acerto. Releva-nos, entretanto, observar que a única recomendação que verbalmente lhe fizemos, foi que sem ajuntamento de povo e somente em presença de algumas pessoas criteriosas como sacerdotes, médicos, farmacêuticos, e outras escolhidas, administrasse ou fizesse administrar a sagrada Comunhão à Maria de Araújo [...].

A grande surpresa aqui é: o padre Clicério era considerado um padre "ilustrado e virtuoso", mas se deixou "enganar". É contraditório que um padre ilustrado e experiente não conhecesse as regras básicas de execução de um inquérito e, sobretudo, que tivesse se deixado seduzir por um grupo de mulheres. Na mesma carta, o bispo proíbe que sejam feitos mais exames em quaisquer partículas ou panos ensanguentados.

Alegando que os padres foram desobedientes às recomendações de como proceder aos exames, Dom Joaquim recusou o primeiro inquérito e afirmou que não só eles, mas também o padre Cícero e os outros sacerdotes foram enganados pelos artifícios de Maria de Araújo e das outras beatas, imitadoras da primeira.

Na mesma carta, o bispo destacou que a orientação mais importante dada à Comissão foi deliberadamente desobedecida, pois a observação da transformação da hóstia deveria ter sido feita "sem ajuntamento de povo e apenas em presença de algumas pessoas criteriosas como sacerdotes, médicos, farmacêuticos, e outras escolhidas". É incrível, no entanto, que o bispo apoie a presença dos médicos, mesmo quando foi o atestado de um deles que complicou a situação ao afirmar que os fenômenos eram sobrenaturais e não poderiam ser explicados pela ciência.

Outra determinação importante do bispo era que, durante o procedimento, a beata deveria permanecer com a boca aberta a fim de que se observasse melhor o fenômeno. No entanto, em todos os termos de verificação do sangramento da hóstia consta que a beata permanecia com a boca fechada por cerca de quinze minutos, o que segundo o bispo favorecia a possibilidade de fraude. Dom Joaquim recriminou severamente o comportamento dos padres da Comissão, sobretudo o padre Clicério: "A quem demos plena liberdade de ação em tão delicado assunto, deixando tudo confiado ao seu critério, na convicção de que procederia sempre com acerto".

No entanto, o que percebemos é que o bispo não consegue lidar com a situação de tensão que se estabeleceu entre ele e seus sacerdotes, como neste episódio envolvendo o monsenhor Monteiro, narrado em carta de dezembro de 1891:

> Ora, tendo V. Revma. e os dois sacerdotes lentes deste Seminário do Crato se manifestado em franca oposição aos ensinamentos do Diocesano, que outros não são senão os da teologia católica, quebraram, desta arte aquela indispensável harmonia e mostraram falta de confiança na Autoridade Episcopal. Rotos os laços de confiança, de respeito, de obediência e de lealdade que deveriam ligar o Reitor e os lentes do seminário ao seu Bispo, claro está que não pode mais existir solidariedade entre Este e aqueles na

> direção deste estabelecimento. Temos portanto resolvido o seguinte: pode V. Revma. continuar a dirigir, sob sua única responsabilidade, esse estabelecimento, o qual deixará de ter então o caráter de Seminário e tomará o nome com que V. Revma quiser designá-lo.

A proposta do bispo de abandonar o Seminário, deixando-o sob a direção do reitor, denota a constante mostra de desobediência do clero. Os sacerdotes parecem não o temer ou respeitá-lo como autoridade.

Constantemente acusado de ser intransigente devido à publicação da *Decisão Interlocutória* e à rejeição ao primeiro inquérito, Dom Joaquim lembrava o quanto havia sido condescendente com relação à atuação arbitrária dos sacerdotes que ele mesmo enviara. Sua paciência, porém, chegou ao fim e avisa na mesma carta: "[...] proibimos expressamente a V. Revma. e a todos os outros sacerdotes à nossa jurisdição sujeitos, qualquer tentativa de exames nas sagradas partículas [...] Basta de profanações!". Esse clima de desobediência dentro da Diocese, provavelmente consequência do momento de incertezas que a própria Igreja vivia, nos faz ver a imagem de um bispo atônito, traído, desobedecido e desrespeitado.

Os padres da Comissão não foram suspensos de imediato, mas receberam ordens expressas de sair do Juazeiro, e o bispo decidiu enviar uma nova Comissão que se encarregaria de executar novo inquérito. Ao mesmo tempo, o ex-secretário episcopal, padre Antero, verteu o primeiro inquérito para o italiano e começou a preparar uma viagem para Roma, sem autorização diocesana, com o objetivo de apresentar esse inquérito ao Papa.

Além disso, Antero chega ao ponto de "exigir" que o bispo fosse ao Juazeiro acompanhar o caso de perto. Em uma carta enviada a Dom Joaquim, em 11 de janeiro de 1892, ele afirma ter certeza do milagre, explicando haver feito experiências "científicas" juntamente com a comissão de médicos:

> [...] o sangue aparecido [...] não é de Maria de Araújo, porque além de acurado exame que fiz, não só como enviado de V. Exc. em uma questão tão séria, como também para meu conhecimento particular, a fim de não cair em um erro tão grave, e mesmo porque seria a base de toda questão, V.Exc. poderá fazer uma experiência: deitando uma partícula em um líquido colorado e espesso, como o sangue humano, verá que em dois ou três minutos esta partícula não se transformará naquele líquido, ficará umedecida, desfeita um pouco *ad summum*, nunca porém a ponto de não distinguir-se e separar-se do dito líquido, experiência que já fiz. Ora, muitas vezes observei que em poucos momentos a partícula [comungada por Maria de Araújo] se transformara completamente a ponto de não distinguir-se nada de partícula e apresentar um pouco de carne, como também em poucos momentos aumentar de volume consideravelmente, como tive de notar e admirar; por conseguinte se admitimos que o sangue seja de Maria de Araújo devemos admitir um outro milagre *sui generis*, atribuir ao sangue de Maria de Araújo, a propriedade de converter instantaneamente uma substância em outra.

Antero era doutor em Teologia e havia estudado em Roma, portanto não era possível que não soubesse como funcionava a hierarquia eclesiástica. Ainda assim, dirigiu-se diretamente ao bispo sem o conhecimento do seu colega, o padre Clicério. Além disso, dava "ordens" ao bispo, dizendo o que ele devia fazer.

A desobediência contínua dos sacerdotes envolvidos e sobretudo a ousadia do padre Antero de planejar a viagem a Roma por conta própria contrastam com a tolerância do bispo Dom Joaquim. Suas ordens surtiram pouco ou nenhum efeito sobre a população, que continuava seguindo em romaria ao Juazeiro. O padre Cícero ainda não tinha se retratado, muito menos ido ao púlpito desdizer que o sangue das hóstias era o sangue de Cristo, como lhe havia sido ordenado mesmo antes da Comissão chegar. E Maria de Araújo voltou para a casa de sua família quando a Comissão foi embora do Juazeiro, em novembro de 1891.

Como se não fosse o bastante, após a conclusão do primeiro inquérito, em 27 de novembro de 1891, Dom Arcoverde escreveu ao colega diocesano e fez questão de ressaltar que Dom Joaquim deixara a história do Juazeiro tomar mais vulto que o necessário, dando demasiada autoridade aos padres da Comissão, o que os teria deixado à mercê do "maravilhoso diabólico" que reinava no Juazeiro:

> Enfim no regaço da amizade, pois que me autoriza V. Exa. Revma., devo dizer-lhe com sinceridade que V. Exa. Revma. tem deixado a causa tomar corpo mais do que devia. Suas ordens não têm sido respeitadas pelo padre Cícero, o que é gravíssimo no caso vertente.

Um dado interessante é que, com base na triagem das cartas – tanto as que foram recebidas pelo bispo como as que foram recebidas pelo padre Cícero –, podemos perceber que entre os sacerdotes a questão se dividia também em nível social, ou seja, os sacerdotes com cargos baixos e que moravam em cidades pequenas, em sua maioria, manifestavam crença nos fenômenos. Os sacerdotes mais bem colocados, ou mesmo do alto clero, apoiavam incondicionalmente o bispo cearense. Dom Arcoverde, por sua vez, insiste nas críticas ao bispo cearense. Em carta de 12 de dezembro de 1891, ele diz:

> Eis aqui o ponto central da questão: daqui não se deve desviar, V. Exa. assim colocada a questão,

qual deve ser o procedimento do Bispo? [...] *deve com sua autoridade proibir que ao redor do fato se acumulem circunstâncias comprometedoras da santidade e reverência devidas aos dogmas da religião ou mesmo aos seus ritos e também fazer evitar comoções na fé e simplicidade do povo.* [...] *V. Exa. tem grande culpa, tem sido demasiado condescendente.* Devia ter suspendido o padre Cícero desde o momento que lhe desobedeceu, devia ter suspendido padre Monteiro quando propalou no púlpito as inconveniências que sabemos pelo menos, suspenso de pregar até segunda ordem, devia ter mandado recolher na Capital a Maria de Araújo sob pena de excomunhão. Assim teria evitado todos os escândalos que se têm dado, e a celeuma horrorosa que se vai levantando. Em todo o caso é preciso fazer alguma coisa. É meu parecer que V. Exa. mande queimar tudo o que existe a respeito dos fatos do Juazeiro, panos, sanguinhos, tudo, tudo, sob pena de suspensão aos padres que retiverem consigo algum pano ou qualquer cousa com sinal de sangue, e suspensão *ipso facto incurrenda*; e obrigação ao padre Cícero e Monteiro de arrecadarem esses panos se por ventura existam nas mãos de outras pessoas. Ou então mande sob as mesmas penas que se fechem em um baú de lata e se remetam a V. Exa. que os fará queimar à sua presença. Proibição de se falar nisto do púlpito ou ao povo em circunstância, sob as mesmas penas aos padres. Reclusão na Capital, de Maria de Araújo na Casa de Caridade dirigida pelas Irmãs de São Vicente de Paula. E finalmente mandar o processo para Roma para ser julgado pela Congregação da S. Inquisição. Mas convém que no processo se relatem as causas como se têm dado, não deixando de ser enviado o atestado do Dr. Idelfonso Correia Lima. Tudo, tudo

> deve ser escrupulosamente referido, para que tenha a Congregação os dados necessários para julgar os fatos do Juazeiro. Ora tornando V. Exa. conhecida sua intenção de submeter à Santa Sé, esse processo, tem justo fundamento para punir os que continuarem a recalcitrar e porfiar em afirmações incabidas e infundadas.

Dom Joaquim decidiu seguir os conselhos de Dom Arcoverde e, em 2 de janeiro de 1892, exarou uma nova ordem de recolhimento dos panos manchados de sangue, visto que a primeira não havia sido cumprida, bem como ratificou as proibições ao padre Cícero de celebrar missas no Juazeiro. Mandou ainda que Maria de Araújo se recolhesse na Casa de Caridade de Barbalha, dirigida pelo padre Manoel Cândido dos Santos (1854-1932), um de seus aliados:

> É proibido neste Bispado ouvirem-se confissões de mulheres à noite e fora do confessionário salvo os casos previstos pela teologia [refere-se à extrema unções e mulheres em estado de parto laborioso]; [...] Proibimos também e de modo terminante qualquer reunião de mulheres à noite nessa Capela do Juazeiro [...] [e] por Decreto de Urbano VIII de 13 de março de 1625 é proibido imprimirem-se livros que referem milagres, revelações, etc., sem prévio exame e aprovação do ordinário.

O Relatório final do padre Clicério não conseguiu convencer o bispo, ao contrário, gerou um desconforto imenso na comunidade católica daquele lugar. Maria de Araújo foi obrigada a internar-se na Casa de Caridade de Barbalha, distante aproximadamente 13 quilômetros do Juazeiro.

O bispo, em grande parte responsável pelo crescimento e divulgação da beata e do grupo pela falta de pulso na condução do processo, continuou firme na decisão de não enviar à Santa Sé o primeiro inquérito executado em 1891 e acabou por instaurar um novo inquérito. No entanto, ao contrário da primeira comissão formada por padres ilustrados e de competência reconhecida em nível nacional e internacional, dessa vez Dom Joaquim escolheu como Delegado um padre desconhecido do interior da Diocese.

Como veremos adiante, o padre Antônio Alexandrino de Alencar (1843-1903) foi nomeado também pároco da cidade do Crato e junto com o pároco da cidade de Barbalha, Manoel Cândido, assumiu a missão de refazer o inquérito e buscar a "verdade" tão sonhada pelo bispo: a de que os fenômenos eram falsos e a beata, uma embusteira.

15

A autoridade a serviço da "verdade": o segundo inquérito

> Já disse e repito V. Exa. conte sempre comigo, não só porque é um dever de obediência, mas também por que cada dia me convenço de que não há nada sério, nem de maravilhoso nos fatos do Juazeiro onde tenho estado muitas vezes com olho atento e desprevenido (Carta do Pe. Alexandrino de Alencar a D. Joaquim Vieira de 09.08.1892).

O PADRE ALEXANDRINO CHEGOU À CIDADE DO CRATO EM 11 DE fevereiro de 1892, "depois de dez dias de viagem penosíssima por campos inteiramente ressequidos sob um sol abrasador. A natureza parecia trajar rigoroso e pesado luto", narrou em carta ao bispo. Filho de Alexandre da Silva Pereira e de Alexandrina Benigna de Alencar, nasceu em Assaré, em 25 de novembro de 1844, e formou-se sacerdote no Seminário de Fortaleza, em 1874, tendo trabalhado apenas nas pequenas cidades de Araripe e Quixadá. A nomeação como pároco da matriz da Sé no Crato foi recebida claramente como uma promoção, pois a cidade era maior, com mais fiéis, o que significaria também aumento dos rendimentos.

Era já um homem de meia-idade, tinha 48 anos, sem grandes conquistas profissionais. Aquela oportunidade surgia como uma chance de fazer um serviço importante para a Diocese e angariar a simpatia do bispo Dom Joaquim. O tom poético perduraria nas suas cartas, mesmo nas últimas correspondências, quando ele já se mostrava muito doente, cansado e implorava para ser transferido da paróquia cratense.

O episódio de sua chegada foi cercado de constrangimento, uma vez que para nomeá-lo pároco da Igreja de Nossa Senhora da Penha, a Matriz cratense, o bispo teve de demitir o pároco local, padre Fernandes Távora (1851-1916), forte aliado do padre Cícero. Apesar do inconveniente, o padre Alexandrino se mostrou otimista e animado: "Os incômodos da viagem foram largamente compensados pela estrondosa recepção que me fizeram os habitantes desta cidade, sendo para vistar [sic] que mais de duzentos foram ao meu encontro, mostrando a mais viva satisfação", conta em carta de 15 de fevereiro.

Sua missão ali era conseguir a retratação das beatas e das outras testemunhas que depuseram a favor da veracidade dos milagres e recolher novos depoimentos que atestassem o embuste. Ele também devia assegurar-se de que as ordens do diocesano fossem por fim cumpridas, com especial atenção para que não se cultuasse mais os panos ensanguentados. O padre Alexandrino deveria ainda refazer todo o trabalho de exame das transformações da hóstia na boca Maria de Araújo. A tarefa se mostrou árdua para um padre simples e sem grande erudição, entretanto o padre Alexandrino deixou como testemunho da sua obediência ao diocesano um conjunto de mais de trezentas cartas.

Em 28 de fevereiro, ele escreve novamente ao bispo para contar como havia sido seu primeiro encontro com o padre Cícero. Entregou o ofício com as determinações do bispo: não celebrar a Semana Santa em Juazeiro e consignar-lhe os panos manchados de sangue. O padre Cícero leu três vezes o documento e, por certo, já esperava algo assim:

> Tendo refletido um pouco, declarou formalmente
> que não me faria entrega dos panos. Pedi-lhe por
> tudo quanto era sagrado que tal não fizesse, mas
> ficou ou tornou-se surdo ao meu pedido. Disse
> que só não entregava os panos porque V. Excia.
> queimá-los-ia; e como tinha convicção de que ali
> estava o sangue de Cristo, não podia admitir que
> ele fosse profanado.

A questão dos panos manchados foi um problema que sempre perturbou o bom andamento do trabalho do padre Alexandrino. Depois da saída da primeira comissão da cidade, uma caixa com diversos panos ensanguentados ficou sob a guarda do padre Cícero. O padre Alexandrino deu alguns dias de prazo: pediu que até o dia 3 de março (quatro dias a partir dali) o padre Cícero entregasse ou enviasse a caixa com os panos. E atribuiu a falta de bom senso do padre à influência das beatas: "O que tem feito o padre Cícero perder a cabeça é a credulidade infantil nas beatas. Elas dizem que veem e falam com Cristo e ele crê em tudo", disse na mesma carta.

Oito dias depois dessa discussão, o padre Cícero rendeu-se e entregou uma caixa com alguns panos, o que para o padre Alexandrino significou uma trégua que colaboraria para arrefecer o "entusiasmo do povo desta freguesia pelos fatos ocorridos no Juazeiro", conta em carta do dia 6 de março.

A entrega foi acompanhada do pedido de que os panos não fossem inutilizados e, talvez para tentar cultivar uma proximidade com o padre Cícero, o padre Alexandrino ousou pedir ao bispo que ao menos por algum tempo os panos fossem mantidos intactos, porque o padre Cícero caiu em grande abatimento depois que os entregou. Enquanto esperava a resposta do bispo, o padre Alexandrino guardou a caixa com os panos dentro do Sacrário que estava na Igreja Matriz de Nossa Senhora da Penha no Crato e comunicou ao bispo que eram tão numerosos que não cabiam ali: "Estão, pois, guardados nele fora da caixa", informa em carta de 12 de março.

Segundo informação do próprio Alexandrino, o bispo recusou o pedido e ordenou que os panos fossem destruídos. Dias depois (em 21 de março), o padre Alexandrino respondeu o seguinte: "[a caixa ainda não tinha sido] enterrada por falta de oportunidade o que farei logo que desapareça o perigo de ser observado pelos curiosos". E pediu desculpas pela ousadia: "só me empenhei pela conservação dos panos [...] por insistência dele, pelo que se V. Exa. estranhou o meu pedido, digne-se V. Exa. de por sua bondade desculpar-me".

No entanto, a vitória foi só momentânea, pois, enquanto o padre Alexandrino buscava uma oportunidade para destruir os panos, estes sumiram do Sacrário de modo misterioso. O roubo foi referido pela primeira vez no dia 22 de abril de 1892, em carta que infelizmente se perdeu, ou foi destruída, do arquivo do bispo Dom Joaquim (sabemos dela por meio da carta de 2 de maio transcrita a seguir). Supunha-se que o roubo teria acontecido na noite anterior, no dia 21:

> Cumpre-me afirmar a V. Exa. que todas as precauções foram tomadas no intuito de evitar o conhecimento do lugar em que os panos se achavam. Mas a retirada do caixão que se achava na Capela do Juazeiro, embora fosse feita à meia noite e colocada na Capela desta Matriz, muito antes do dia amanhecer, despertou a atenção dos fanáticos que naturalmente se puseram a fazer pesquisas a fim de conhecer o lugar em que se achavam. [...] A chave nunca saiu de meu poder. Verifiquei ter havido o emprego de chave falsa, por que encontrei vestígio de cera em torno do buraco da fechadura no sacrário.

As suspeitas recaíram sobre o jornalista José Marrocos, que chegou a ser referido pelo bispo, mais tarde, em carta de 8 de agosto, do seguinte modo: "[O] principal instrumento do qual se serviu satanás para lançar o ridículo sobre nossa religião". José Marrocos havia se manifestado abertamente contra a execução do segundo inquérito, pois estava convencido de que a causa já estava provada e só era necessário que a documentação fosse mandada a Roma para ser chancelada pelo Papa, uma atitude evidente de desrespeito ao bispo.

O padre Cícero, por sua vez, tinha claras as suas obrigações como sacerdote, e uma delas era obedecer ao Prelado Diocesano, embora não abrisse mão da sua crença, algo que fez questão de ressaltar na carta que enviou ao bispo em 22 de abril, justamente no dia seguinte ao roubo dos panos:

> Recebi dois ofícios de V. Exa. Revma. [...] não respondi, não foi por nenhuma falta de respeito e atenção; mas por julgar [se] não seria melhor obedecer e calar-me [...] Como, porém V. Exa. Revma. exige de mim a resposta, começo pedindo humildemente perdão do meu modo de pensar, e respondo que não tenho a dizer senão que estou cumprindo tudo fielmente, como me foi prescrito, e que entreguei a caixa exigida com todo o conteúdo ao Revdo. Sr. Pe. Sother que a conduziu a Matriz do Crato.

Segundo o padre Alexandrino, em carta de 28 de junho, era de opinião geral que apenas José Marrocos poderia ter executado o plano de roubo dos panos:

> Quando se fez a segunda ou terceira experiência nas comunhões [de Maria de Araújo], sabendo que

não deram resultado algum, calculou talvez que seriam destruídos os panos, e então tratou de roubá-los eis o que geralmente se pensa. Se este homem que é um verdadeiro gênio do mal aqui não estivesse desde o começo da questão do Juazeiro, as coisas teriam tomado outro caminho.

José Marrocos ainda seria citado outras vezes na correspondência do padre Alexandrino, sobretudo por divulgar nos jornais a ocorrência dos fenômenos, mas nunca ficou provado que ele foi o autor do roubo.[74] Para o padre Alexandrino, outro suspeito em potencial era o padre Francisco Ferreira Antero, ex-secretário da primeira Comissão. Por um boato, o padre Alexandrino soube que ele estivera em Juazeiro para arrecadar fundos para sua viagem a Roma e pegar os panos manchados de sangue, conforme carta de 9 de maio:

> [...] aqui e na Barbalha se dizia que o Pe. Antero viera ao Cariri, isto é, ao Juazeiro, buscar os panos [...] Agora tive conhecimento de que não era falso este boato, como V. Exa. verá do documento que junto remeto escrito pelo Pe. Mel Candido e assinado por mim e mais pessoas, a saber condutor de um grande fardo com destino ao Pe. Antero. Ainda não pude saber quem os tirou do sacrário, mas para mim é líquido ter havido conivência do Pe. Antero no roubo dos panos, e se acharem estar no poder dele.

---

74. Muitos anos mais tarde, em 1910, quando Marrocos faleceu, foram encontrados alguns panos ensanguentados em sua biblioteca e desconfiou-se de que a teoria de Alexandrino era correta. É importante, entretanto, levarmos em conta também a quantidade de panos manchados pelos sangramentos nas hóstias consumidas por Maria de Araújo, bem como por suas crucificações e estigmas. Podemos aventar que existia uma imensa quantidade, até mesmo espalhados entre a população.

O segundo inquérito é um documento muito incoerente em relação à organização das peças anexadas e tem como data final o mês de janeiro de 1893, isto é, quase dois anos depois da execução do primeiro inquérito.

Esse documento é composto de três relatos de experiências feitas com Maria de Araújo em 20, 21 e 22 de abril de 1892, seguidos de dois depoimentos de testemunhas que só foram feitos em agosto daquele ano. Depois seguem alguns anexos: uma carta do Dr. Ignácio de Souza Dias; duas cartas do Dr. Marcos Rodrigues Madeira (ambos os médicos que atestaram a sobrenaturalidade dos fenômenos no primeiro inquérito); duas cartas do padre Félix Arnaud (uma ao reitor do Seminário no Maranhão e outra ao bispo Dom Joaquim) e uma carta do Dr. Ildefonso Gurgel Nogueira.

Além disso, no material foi incluído um interrogatório feito no Aracati pelo padre José de Santiago Lima, com as mulheres relacionadas aos supostos fenômenos que envolviam o padre Clicério. O ex-delegado da Comissão tinha se estabelecido, por conta própria, desde novembro de 1891, no povoado de Aracati, município de União, onde já havia trabalhado (atual Jaguaruana, cerca de 450 quilômetros distante do Juazeiro). Ali, passou a dirigir um grupo de mulheres que no início de 1892 também começaram a "manifestar" visões e revelações divinas como conta o bispo Dom Joaquim em carta ao padre Alexandrino:

> Com efeito, o coitado do padre Clicério, exaltado pelos embustes das beatas do Juazeiro, e ferido em seu amor-próprio, porque não aprovamos seu parecer, dele, sobre os tais fatos, retirou-se para as Praias, fazendo de quando em quando suas peregrinações ao Aracati [...] dando tristes espetáculos nos lugares por onde passava.

As beatas "*milagreiras*" do Aracati eram cinco: Maria Caminha (idade ignorada); Raimunda Guilhermina de Jesus (26 anos); Maria de Jesus do Nascimento (50 anos); Maria da Soledade de Jesus (23 anos) e Maria de Jesus da Natividade Rebouças (17 anos). E, tais como as do Juazeiro, diziam receber revelações maravilhosas. Uma delas chegou a apresentar uma hóstia sanguinolenta. Não há dúvida de que essas mulheres foram "inspiradas" pelas histórias das beatas do Cariri e de que o padre Clicério foi o responsável direto por isso.

Elas fizeram ainda uma predição, ratificada e apoiada pelo padre Clicério. A profecia, narrada pelo padre Clicério ao Vigário Geral de Fortaleza em 29 de junho de 1892, dizia: "Se essa Capital [Fortaleza] em dentro 15 dias se não converter à crença dos mistérios do S. Coração de Jesus, como constando do processo que se instruiu a respeito [...] ser-lhe-á infligido dentro daquele prazo fatal, o mais severo castigo". Caso a população não se convertesse à crença do *Sangue Precioso*, o povoado de Aracati também seria destruído, "não ficando pedra sobre pedra".

Ao ser divulgada, a "profecia" provocou uma migração em massa do povoado e um surto geral na cidade. Foram relatados vários casos de abortos, o comércio ficou fechado, "os gêneros alimentícios escassearam [...] era um horror. Cada um tratava de salvar-se do cataclismo".

O bispo Dom Joaquim ordenou ao vigário do povoado que pusesse um fim a essa história, desacreditando publicamente o padre Clicério e as mulheres envolvidas. No entanto, a ordem não teve muito efeito, e os ânimos só foram acalmados quando chegou o dia marcado para a profecia (não é dito nem nas cartas, nem nos jornais qual era a data exata), pois nada aconteceu no povoado.

Em artigo de autoria desconhecida, intitulado *Cataclismo Gourado* e publicado em 22 de agosto de 1892, no jornal *O Paiz*, do Rio de Janeiro, o padre Clicério foi responsabilizado pelo tumulto e por dar crédito às beatas que contaram sob juramento ao padre Agostinho José Santiago de Lima, pároco de União, como procediam para fabricar o milagre de aparição das hóstias miraculosas. Tomemos como exemplo o relato anexado no segundo inquérito, em 9 de novembro de 1893, de Maria de Jesus da Natividade Rebouças, "de dezessete anos de idade, solteira, moradora no lugar do Córrego do Machado, desta freguesia [de União]":

> Perguntada quais os factos que se deram nesta freguesia nos dias de julho e começo de agosto do ano próximo passado quando aqui se achava o Reverendíssimo padre Clicério da Costa Lobo, relativamente à aparição de partículas, êxtases, revelações, etc.? Respondeu quanto às partículas o seguinte: Que a primeira vez comungou pela manhã, foi a casa, almoçou e voltando a Igreja foi outra vez para a mesa de comunhão e aí recebeu nova partícula que imediatamente tirou-a da boca e foi levá-la ao Pe. Clicério que a este tempo se achava no confessionário dizendo-lhe este que devia fazer uma tal entrega reservadamente para o público não observar, e em seguida lhe perguntou para quem era aquela partícula, respondendo ela que Nosso Senhor a mandara para ele comungar pela conversão dos pecadores.

A única relação entre essas mulheres e as do Juazeiro é o fato de elas terem tido contato com o padre Clicério. Seus depoimentos denotam a clara influência do ex-delegado da Comissão Episcopal e denunciam a desobediência do padre ao divulgar os detalhes expostos (que, até então, deviam ser confidenciais) nos depoimentos do primeiro inquérito. Os testemunhos denunciam também o valor dado à eventual "santidade" atribuída a Maria de Araújo e o impacto dos fenômenos do Juazeiro na população.

Dom Joaquim, em carta de 16 de novembro de 1893 ao Internúncio Episcopal Girolamo Maria Gotti, explica que esses "novos milagres" constituíam uma imitação do que ocorria em Juazeiro e só viriam a ratificar a sua opinião, uma vez que o culpado seria o próprio padre Clicério com seus sermões. Esse episódio custou ao padre Clicério a suspensão de suas ordens:

> [...] o Rdo. Pe. Clicério da Costa Lobo, tão alucinado ficou, que, voltando a residir na União, freguesia deste Bispado, levou o excesso de sua credulidade até ao ponto de receber em um só dia 6 vezes partículas das mãos de uma pobre moça ignorante, que, arrependida de tantos embustes e sacrilégios que cometeu, referiu-se do seguinte modo: a moça (Maria de Jesus, de 15 anos de idade nesse tempo) recebia a Sagrada Comunhão, tirava disfarçadamente a Sagrada Partícula da boca e dizia que Nosso Senhor mandava-a para o mencionado Sacerdote! Este recebia a S. Partícula voltava para o altar, comungava e dava de novo a Comunhão à moça, que tirava de novo a S. Partícula da boca e dava ao dito Sacerdote, isto até se completarem 6 vezes em um só dia, sem contar o que se repetiu em outras.

Essa peça documental que não diz respeito às beatas do Juazeiro foi incluída no segundo inquérito, possivelmente porque quase dois anos se passaram desde a chegada do padre Alexandrino à região, e ele não tinha conseguido nenhuma retratação, nem das mulheres, nem dos sacerdotes envolvidos.

Apesar de desordenado, esse material traz documentos muito interessantes. Entre eles, os relatos das experiências feitas com Maria de Araújo ganham destaque. A primeira experiência foi feita em 20 de abril de 1892, e o método era semelhante ao da primeira

Comissão. O padre ministrava a hóstia à Maria de Araújo e esperava que a transformação ocorresse, mas dessa vez as recomendações foram seguidas à risca, e a beata era obrigada a permanecer com a boca aberta durante todo o procedimento.

Na primeira *verificação*, Maria de Araújo "conservou a boca aberta por dezesseis minutos, não tendo neste intervalo havido sinal de sangue, nem também mudança alguma na sagrada forma", e mesmo depois de ter ficado por cerca de dois minutos com a boca fechada não foi detectado nenhum tipo de transformação na hóstia: "Não apareceu nenhum ainda vestígio algum de sangue e ainda a sagrada partícula em perfeito estado".

No final do relatório, o padre Alexandrino ressaltou ter empregado "todo o cuidado e vigilância [...] no intento de evitar qualquer artifício ou dolo", uma preocupação que pode parecer exagerada, mas que tem a ver com a própria relação de obediência estabelecida entre ele e o bispo – o que *a priori* deveria ter existido também entre os padres da primeira Comissão e o diocesano.

A ideia inicial era fazer experiência com "partículas marcadas", isto é, partículas que não fossem consagradas porque, caso se desse o sangramento, estaria provado o embuste, uma vez que haveria se dado em uma hóstia ordinária, e não no corpo de Cristo. No entanto, o padre Alexandrino nunca conseguiu levar a cabo essa experiência, pois eram as beatas da Casa de Caridade quem preparavam as hóstias e seria "preciso avisá-las de não porem partículas na lata que costuma conter as hóstias, e não haveria assim a reserva e segredo necessários para o bom êxito da experiência", relata em carta de 31 de agosto. No segundo dia de experiência, novamente não houve sangramento:

```
[...] a beata permaneceu com a boca aberta duran-
te 20 minutos, não tendo havido nesse intervalo
sinal algum de sangue, nem alteração nenhuma na
```

sagrada forma que umedeceu no lado esquerdo dela em um milímetro de largura por dois centímetros de extensão mais ou menos.

No terceiro dia, o tempo diminuiu para quinze minutos e, não havendo nenhuma alteração na hóstia, pediram que ela a consumisse. Ao fazê-lo, encontrou dificuldade; "sentindo vontade de vomitar pediu água que lhe foi recusado".

O uso de violência nessas experiências foi registrado pelo próprio padre Alexandrino em suas cartas e, ainda que fosse autorizada pelo diocesano (não existe evidência disso), a notoriedade dessas práticas reverteu-se em muitas inimizades para o padre. Além do fato de o sacerdote obrigar Maria de Araújo a passar vários minutos com a boca aberta, são claras também as ameaças constantes de proibição de uso do sacramento, de expulsão da Casa de Caridade (para as que moravam ali) e de excomunhão.

O relato mais grave é o da aplicação de "doze bolos de palmatória" nas mãos de Maria de Araújo, pois esta teria afirmado que a transformação das hóstias durante as experiências feitas pelo padre Alexandrino não teria ocorrido porque os padres da Comissão estavam em pecado:

> Sabedor do fato, fui à Casa de Caridade e lá ouvi da própria beata a injuriosa insinuação. Naquele instante, movido por justificada indignação muni-me de uma palmatória e apliquei doze bolos na solerte embusteira e mandei-a de volta ao Juazeiro.

No entanto, mesmo a hóstia não sangrando durante as experiências feitas por Alexandrino, os "fenômenos extraordinários" continuaram acontecendo, ainda depois que ela saiu da Casa de Caridade em 1892. Maria de Araújo voltou a ter êxtases e manifestar estigmas em sua cabeça, mãos, pés e lado esquerdo, "jorrando de todos esses lugares sangue em abundância". Aos poucos, percebemos que o padre Alexandrino começou a manifestar uma opinião mais firme sobre os fenômenos de Maria de Araújo, talvez para agradar o bispo, talvez porque o tempo passava, e ele não conseguia fazer as mulheres se retratarem:

> Consistem os tais milagres na exsudação sanguínea de crucifixos de metal maciço e na saída *misteriosa* ou *miraculosa* de hóstias do interior do mesmo crucifixo, fatos que se dão à noite e nunca de dia que eu saiba. Desde o dia de minha chegada a esta Freguesia ainda não vi um só fato que me maravilhasse. Fui ao Juazeiro, e tudo o que vi, me pareceu uma farsa imoralmente urdida e pessimamente executada (Carta de 9 de agosto de 1892).

É interessante notar que, por meio da correspondência trocada entre o padre Alexandrino e o bispo Dom Joaquim, é possível saber mais sobre o trabalho do padre do que pelo segundo inquérito, uma vez que este é desordenado e não tem um fio condutor claro. Não há um método em suas ações, tudo parece ser feito arbitrariamente, sem um planejamento. A ação do padre Alexandrino no Crato se resumiu a buscar depoimentos que comprovassem a farsa dos fenômenos, mas a maioria deles não aparece no inquérito, embora sejam mencionados nas cartas.

Por exemplo, ainda em maio de 1892, o padre Alexandrino contou que ouviu o depoimento do beato Francelino, uma figura popular que recolhia esmolas para a Casa de Caridade do Crato, ao que parece, suspeito de ter colaborado com o roubo dos panos. O beato negou aquela informação e se recusou a fazer o juramento sobre os Santos Evangelhos, conforme a norma da época: "Quem assistiu ao depoimento do beato ficou acreditando que ele foi insinuado. Este infeliz chegou a afirmar que não reconhecia a V. Excia. como superior".

Esse episódio denuncia, ainda, o espírito de resistência que se formava contra o bispo: a população simplesmente não o reconhecia como uma autoridade da Igreja. A hostilidade que se instaurou naquele momento contra o bispo e seus aliados é justificada pela crença do povo nos milagres, na santidade de Maria de Araújo e, por conseguinte, no padre Cícero, visto como uma figura carismática que consegue manter a população ao seu lado.

Entre as peças que ele anexou ao inquérito enviado ao bispo no final de 1892, constam apenas os depoimentos de duas pessoas: do juiz Dr. João Batista Siqueira e do coronel Juvenal de Alcântara Pedrosa, figuras políticas importantes da região. Um detalhe importante é que os depoimentos não foram tomados, mas escritos pelos próprios depoentes, como informa o padre Alexandrino em correspondência de 14 de julho:

> Estes ilustres cavaleiros com quanto confessassem ter sido eu fiel na exposição dos fatos que me revelaram, quiseram contudo redigir cada um o seu depoimento, sendo que não altera a substância das revelações que mandei apesar de haver diferença na forma. [...] O Dr. Siqueira e Cel. Juvenal não só assinaram, mas até juraram nos Santos Evangelhos ser verdade tudo o que afirmaram em seus depoimentos. Louvado seja Deus. Convém notar que ambos se prestaram com muito gosto e me autorizaram a dizer a V. Excia. que, em relação aos fatos do Juazeiro, estão dispostos a prestar a V. Excia. os serviços que V. Excia. julgar convenientes.

O interesse dessas duas testemunhas em depor pode ser explicado pelas inimizades entre eles e o padre Cícero, que, mesmo antes dos fenômenos de 1889, tinha respaldo e força política na região. Em 1892, o Dr. João Batista Siqueira, casado, de 48 anos, era um antigo correspondente do bispo Dom Joaquim e entregou seu depoimento em 9 de agosto daquele ano.

Desde o início, fez questão de demonstrar a sua descrença nos eventos e seu total apoio ao bispo. Disse acreditar que os fenômenos não eram "milagre, mas [se tratava] de um fato natural explicado pela ciência que se dava em uma mulher doente e histérica". Segundo ele, o próprio Dr. Marcos Madeira já afirmara que no Juazeiro "havia uma verdadeira epidemia de mulheres histéricas".

O depoimento do coronel Juvenal, "natural desta freguesia do Crato, casado, comerciante e proprietário, morador nesta cidade, quarenta e nove anos de idade", escrito em 10 de agosto, corroborava o testemunho do colega. E foi além: afirmou que, por sempre externar a sua incredulidade com relação ao fenômeno, foi convidado pelo Dr. Marcos Rodrigues Madeira para examinar a beata:

```
Para esse exame que tanto desejava pelo qual
tanto interesse mostrava ter o referido doutor
partiram desta cidade na madrugada da primeira
6ª feira de maio do ano passado [1891], chegando
ao Juazeiro mais ou menos pelas quatro horas da
manhã. [...] Examinada a Beata pelo Doutor Madeira,
e consultando este a ele testemunha se estava sa-
tisfeito, e tendo esta respondido negativamente,
foi-lhe dada a faculdade de examiná-la também.
Passando a fazê-lo pedindo que tivesse a bondade
de escarrar, o que ela fez mas de um modo pouco
natural, pelo que ele testemunha exigiu que o
fizesse, procurando expelir o catarro do pulmão,
como se faz naturalmente, o que cumprido atirou
ela sobre os tijolos do ladrilho sangue vivo [...]
```

> Ato continuo pediu-lhe que abrisse a boca e verificou haver, sobre a língua um traço do mesmo sangue. Então mandou que ela limpasse os lábios também ensanguentados, e fez sentir aos dois companheiros testemunhas que o fato da hóstia ensanguentada estava explicado naturalmente, ao que respondeu-lhe o Pe. Cícero que aquilo se havia dado pela primeira vez.

O episódio, que teria se dado em maio de 1891 – portanto, antes da chegada da primeira Comissão ao Juazeiro –, denota um sério problema ético das pessoas envolvidas: o padre Cícero, que, como diretor espiritual da beata, não deveria permitir o abuso de exames e, principalmente, não deveria estimular esse tipo de procedimento, uma vez que já havia sido proibido por Dom Joaquim; o próprio médico Dr. Madeira, que se arroga o poder de levar pessoas (que não são médicos) para examinar a beata; e a própria Maria de Araújo, que se deixa expor.

Para a testemunha, esse episódio encerraria toda e qualquer dúvida que ela poderia ter sobre a veracidade dos fenômenos, uma vez que o escarro de sangue demonstrava, segundo ele, que o sangue era proveniente de uma enfermidade da beata. Esse foi o último documento anexado no segundo inquérito, enviado depois a Dom Joaquim. Alexandrino não escreveu nenhum relatório no processo, mas suas cartas nos dão indícios sobre a situação no final de 1892 e revelam sua opinião a respeito de cada um dos personagens que compunham essa teia de relações em torno do milagre e de Maria de Araújo.

O cenário era tenso no final de 1892. O padre Alexandrino não havia conseguido cumprir quase nada do solicitado pelo bispo: nenhuma retratação, nem dos sacerdotes, nem das beatas; a caixa com os panos ensanguentados tinha sumido e o ladrão nunca foi encontrado; Maria de Araújo não se submetia à ordem de reclusão na Casa de Caridade e as peregrinações continuavam ao Juazeiro, sempre com o aval do padre Cícero.

Entre esses motivos, a desobediência de Maria e as peregrinações alimentadas pelos comerciantes tiravam o sono do padre Alexandrino. Segundo ele, os novos inimigos da Diocese seriam os comerciantes que se estabeleciam no povoado. Chamados de "juazeiristas" pelo padre, essas "aves de rapina" exploravam a "turba ignara" e sustentavam as romarias com os boatos que inventavam contra ele e com a venda de falsas relíquias ligadas à Maria de Araújo e aos milagres.

Um desses comerciantes, chamado Antonio Renno, negociante italiano que atuava principalmente em Fortaleza, chegou a encomendar 15 mil medalhas com a efígie da beata Maria de Araújo e do padre Cícero. Entre as inúmeras medalhas comercializadas em Juazeiro, o padre Alexandrino conseguiu remeter apenas 107 para o bispo Dom Joaquim e só em fevereiro de 1895, três anos após sua chegada.

A representação de Maria de Araújo na medalha sugere o estabelecimento de uma santidade, característica atribuída a pessoas consagradas pela Igreja Católica, intermediadora oficial entre leigos e clero. As medalhas foram cunhadas em metal prateado e tinham na frente a imagem de uma Madona com raios saindo das mãos (representação de Nossa Senhora das Graças) e a inscrição em caixa-alta "MARIA DE ARAÚJO"; atrás, a imagem de um sacerdote em hábito franciscano com a inscrição em caixa-alta "PADRE CÍCERO".[75]

A crença do povo no poder da medalha, chamada de *milagrosa*, não passava, pois, pelo controle da Igreja. Ela permeia outro lado da religiosidade que dispensa a intermediação oficial e se comunica

---

75. Um exemplar dessa medalha está anexado no processo "Sulla pretesa trasformazione della S. Particola in carne e sangue nella bocca della religiosa Maria de Araújo" no Arquivo da Congregação para a Doutrina da Fé – ACDF, Roma, Itália.

diretamente com a divindade. Os objetos de devoção ou relíquias são muito representativos disso. Por exemplo, uma das práticas que se destacaram no momento foi a de "tirar as medidas" do *Precioso Sangue*. Esses "cadarços", como ficaram conhecidos, eram feitos com fitas comuns. As pessoas mediam a caixa de vidro em que estavam os panos manchados de sangue e levavam para suas casas como recordação da visita ao Juazeiro. O memorialista Paulo Elpídio Menezes narra, em suas memórias, que se acreditava que os cadarços tinham o poder de curar as doenças da alma e do corpo:

> Nunca houve romeiro que voltasse a terra de sua pátria ou de sua residência sem levar, como relíquia de raro valor, uma fita ou um cadarço que tivesse tocado na caixa de vidro que contém as toalhas, corporais, sanguinhos que receberam esse sangue da hóstia sacramental! E que milagres não se contam dessas fitas e desses cadarços que o povo chama de 'medidas do Precioso Sangue'?![76]

Muitos dos que visitavam Juazeiro em romaria acabavam por ficar e começavam a explorar como podiam da popularidade dos "milagres". Havia "os fogueteiros, os que vendiam santos, rosários, orações, medalhas, cadarços e retratos do padre Cícero e de Maria de Araújo".[77] A produção de relíquias e a propagação dos "fenômenos extraordinários" vão, paulatinamente, convertendo Maria de Araújo em uma santa popular: "o povo que a cercava, tendo-a por santa, a contemplava cheio de admiração", conta o padre Alexandrino ao bispo em carta de 20 de novembro de 1893.

Toda a popularidade de Maria de Araújo incomodava o bispo, que ordenou, mais de uma vez, que ela se recolhesse em uma

---

76. MENEZES, Paulo Elpídio. *O Crato do meu tempo*. Fortaleza: Edições UFC, 1985, p. 63.
77. *Idem*, 62.

das Casas de Caridade da região, preferencialmente na Casa de Barbalha, dirigida por pessoas de sua confiança. A reclusão forçada de Maria de Araújo tinha para o bispo uma forte razão. Estava claro para a Diocese que, enquanto ela estivesse "livre", chamaria demasiada atenção não só pelos fenômenos de sangramento da hóstia, mas também pelas histórias que começaram a se contar sobre ela.

A Diocese, por intermédio do padre Alexandrino, tentou de todas as formas afastar a beata do convívio com sua família e com o público em geral. É para se notar a quantidade de vezes que o pároco do Crato tentou levá-la sob sua guarda, tendo ela fugido ao menor descuido do padre.

Talvez a resposta para a atitude desobediente e atrevida de Maria seja, justamente, a falta do reconhecimento da autoridade diocesana. Se a beata acreditava na sua experiência, isto é, acreditava que era uma escolhida de Deus e que o sacrifício e a perseguição eram parte de sua missão, fazia sentido que buscasse armas para se afirmar, ainda mais tendo como suporte o apoio de um padre carismático e articulado como Cícero.

A principal escusa utilizada por Maria de Araújo era a própria doença (os ataques nervosos e males do estômago), que funcionava como uma rota de escape, uma tática para fugir às investidas do bispo, que a cercava e a vigiava cada vez mais de perto. Entre 1890 e 1892, mais ou menos, foram enviadas algumas cartas ao bispo, assinadas pela mãe da beata, Ana Josefa do Sacramento, pedindo compreensão e ratificando a necessidade de Maria permanecer no Juazeiro ao lado da família:

> ```
> Quem escreve a V. Excia., é uma pobre velha,
> uma mãe desventurada e afligida pela dolorosa
> necessidade que V. Excia. lhe impôs de separar-
> -se de sua filha - a pobre Maria de Araújo! [...]
> por Nossa Senhora das Dores, mesma, que lhe deu
> ```

o Bispado e única que pode conservar V. Excia.
na paz e na felicidade de sua Diocese, não me
separe, Senhor, de milha filhinha. Ela aí vive
a morrer a cada hora, e depois da ordem de V.
Excia., sua saúde que já era uma ruína, agora
ameaça converter-se em morte.[78]

A apelação da mãe de Maria de Araújo era um recurso interessante, mas causou indignação ao invés de provocar piedade e estimular a benevolência do bispo. Uma das cartas, datada de 4 de junho de 1890, redigida de próprio punho e repleta de exclamações, faz notar pela letra rápida que foi escrita de um só fôlego impulsionado pela surpresa: "Por que o prazo de 40 dias por mim assinalado para o cumprimento da minha ordem já se esgotou há muitos dias, e minhas determinações não foram obedecidas!".

Para o bispo, o caso "tomou uma nova face" com a desobediência não só de Maria de Araújo, mas do próprio padre "diretor espiritual" da beata. Nesta carta o bispo elucida ao padre Cícero que a intenção da sua insistência na internação da beata era:

[...] experimentar o espírito de humildade e obediência de Maria de Araújo: dizia eu de mim para comigo: - Se Maria de Araújo for realmente uma santa como se pretende, será pronta a obedecer à legítima autoridade, e seu confessor influirá sobre seu espírito para o fiel cumprimento da determinação diocesana... Era a prova real das suas virtudes: infelizmente nada disto aconteceu,

---

78. DHDPG/CRB 04,30. Carta de Ana Josefa do Sacramento a D. Joaquim Vieira em 20.05.1890. Pela letra, sabemos que a carta foi escrita e assinada por José Marrocos, uma vez que a mãe de Maria de Araújo não sabia nem firmar o próprio nome. Uma carta anterior, datada de 11.05.1890, havia sido enviada com o mesmo pedido cuja letra se assemelha à do padre Cícero, embora não possamos afirmar com segurança (Ver: DHDPG/CRB 04,29).

> V. Rma. resistiu de algum modo, e Maria de Araújo
> desobedeceu-me!!

Para Dom Joaquim, a desobediência de ambos significava não haver "sobrenaturalidade nos fatos acontecidos com Maria de Araújo". Além disso, ressalta ele, "a carta de maio [pretensamente da mãe de Maria de Araújo] foi escrita por padre ou pelo menos por pessoa entendida dos negócios eclesiásticos". Pela similaridade das letras, deduzimos que a carta foi escrita e assinada por José Marrocos, uma vez que a mãe de Maria de Araújo não sabia nem firmar o próprio nome. Aliás, nas três cartas "assinadas" pela mãe de Maria de Araújo, constam três assinaturas diferentes, comprovando que, ainda que fosse por sua iniciativa, eram o padre Cícero e as pessoas mais próximas a ele que faziam a função de escrivão.

Em 27 de outubro de 1892, outra carta em nome da mãe de Maria de Araújo é enviada ao bispo. Nela, o remetente alega que D. Josefa já havia recebido a extrema-unção e não podia mais ficar longe de sua filha: "E assim não posso separar-me mais da minha filha Maria de Araújo, porque é quem vela ao travesseiro de sua mãe agonizante e precisa cuidar dos irmãozinhos ainda pequenos que não tem mais pai". Ela morreria em janeiro de 1893. E, naquele ano ainda, em 22 de junho, a saúde de Maria de Araújo piorou tanto que surgiu um boato sobre sua morte na cidade do Crato: "Talvez tenha morrido a Maria de Araújo por cuja confissão *in articulo mortis* partiu há pouco o padre Sother em direção ao Juazeiro". O boato foi desmentido algum tempo depois.

No início de 1893, provavelmente em março, o padre Alexandrino juntou tudo o que dizia respeito a sua atividade durante o ano de 1892 na cidade do Crato e enviou ao bispo. Os embates entre ele e a população, que acreditava e defendia os milagres, se agravaram ainda mais com a publicação da primeira *Carta Pastoral* de Dom Joaquim sobre os fenômenos do Juazeiro em 1893, como veremos a seguir.

16

A condenação orquestrada: a Carta Pastoral de 1893

COM O MATERIAL EM MÃOS, DOM JOAQUIM ESCREVEU E PUBLICOU a sua primeira *Carta Pastoral*[79] sobre os fenômenos do Juazeiro.[80] Publicada no jornal *A Verdade*, um periódico católico cearense, provavelmente para fazer frente às inúmeras publicações feitas contra

---

79. A *Carta Pastoral* é o instrumento pelo qual um bispo se comunica com seus fiéis e faz parte da tradição apostólica, remontando à atuação dos Apóstolos de Cristo que transmitiam seus ensinamentos por meio de cartas. Além disso, está relacionada a outra prática episcopal que no século XIX foi bastante difundida no território brasileiro com vistas a reformar o clero: a Visita Pastoral. Ambas as práticas objetivavam ao mesmo tempo que cumpriam uma função de controle e policiamento sobre a vida dos padres e dos leigos, pois, segundo Francisco Bethencourt, funcionava como "um elemento desestabilizador da acomodação recíproca entre o cura e as ovelhas sob a sua guarda" (*In*: BETHENCOURT, Francisco. *O imaginário da magia*: advindos curandeiros em Portugal no século XVI. São Paulo: Companhia das Letras, 2004), uma vez que, alertados da possível visita episcopal, os padres reordenavam o funcionamento de suas paróquias com medo de serem punidos.
80. Carta Pastoral de D. Joaquim Vieira publicada em 14 e 21 de maio de 1893, no jornal *A Verdade*, ano II, nº 41. A Carta também foi publicada em um folheto independente pela Typographia Economica, impresso em tamanho ¼ com 30 páginas que encontramos no Archivio della Congregazione per la Dottrina della Fede (ACDF), Roma, Itália. A publicação do jornal *A Verdade*, contudo, exclui as 11 primeiras páginas do original, no qual o bispo fala sobre os males que atingem o mundo, como o positivismo, o comunismo etc. Nesse jornal, foi publicado só o trecho sobre os fenômenos do Juazeiro.

ele na imprensa ao longo dos anos, entre 1889 e 1893, a carta traz a versão do bispo:

> Um sacerdote desta Diocese, piedoso e zeloso, mas original e excêntrico em suas ideias, dando uma vez a Sagrada comunhão a uma mulher devota, sucedeu esta lançar sangue, etc.; o Padre impressionou-se, mas calou-se; como porém se reproduziu o fato na 5ª. Feira Santa de 26 de março de 1891, um médico que se achava no lugar, levianamente atestou que era sobrenatural o tal fato. [...] Entre os muitos erros que ensinava, [o padre Cícero] sustentou que o tal sangue, corruptível e corrupto, era o verdadeiro Sangue de Nosso Senhor Jesus Cristo, etc.

A argumentação do bispo se baseia na hipótese de que os sacerdotes tinham sido enganados pelas mulheres. A *Carta Pastoral* de 1893 possui, apesar disso, um tom conciliador e trata de fazer uma exposição dos fatos conforme seu juízo acerca dos dois inquéritos efetuados em Juazeiro, ambos encerrados, conformando um só processo traduzido para o italiano e enviado à Santa Sé em maio daquele ano.

Dom Joaquim faz duas ressalvas importantes logo no início do seu texto. A primeira era que para ele os fatos já estavam elucidados, isto é, o sangue da hóstia não era o sangue de Cristo, e devido "a certa insistência por parte de dois sacerdotes desta Diocese", uma referência ao padre Cícero e possivelmente ao padre Antero, o caso seria levado à Santa Sé. O bispo queria deixar claro o seguinte: "[Apenas porque os fenômenos foram divulgados na imprensa] contra as prescrições da Santa Igreja [...] faremos uma sucinta apreciação deles, antes de confirmarmos o juízo que a tal respeito já emitimos".

Em segundo lugar, o bispo assinala que, apesar da desobediência e da quebra de hierarquia observadas no caso do Juazeiro, não eram o caráter ou as ações do padre Cícero que estavam em jogo, pois ele havia sido enganado por Maria de Araújo:

> Declaramos que o Revdo. Padre Cícero conquanto iluso e refratário à disciplina da Santa Egreja, todavia é incapaz de qualquer embuste; outro tanto não podemos de dizer o mesmo de Maria de Araújo que já foi apanhada em flagrante falta de sinceridade numa ocasião em que ostentava ser favorecida de certa graça divina.

Estabelecendo então esses pontos de partida, e tomando como base os capítulos I, III e IV da sessão XIII do Concílio Tridentino,[81] Dom Joaquim estrutura seu argumento a partir de três premissas: 1) Cristo está presente na Eucaristia após a consagração do pão e do vinho, mas somente de *modo espiritual*; 2) Depois da consagração do pão e do vinho, que representa a morte e ressurreição de Cristo, o Corpo e o Sangue se tornam inseparáveis, isto é, Cristo só retornaria de modo completo em Corpo, Sangue e Alma; e 3) As espécies sacramentais podem sofrer alterações, mas a substância do Corpo de N. S. não é sujeita à mudança. Quaisquer alterações ou corrupção das espécies sacramentais indicariam justamente a ausência de Jesus Cristo na hóstia.

---

81. *Documentos do Concílio de Trento*, Sessão XIII: "Decreto sobre el santísimo sacramento de la Eucaristía: [...] el mismo sacrosanto Concilio [...] prohibe a todos los fieles cristianos, que en adelante se atrevan a creer, enseñar o predicar respecto de la santísima Eucaristía de otro modo que el que se explica y define en el presente decreto". Seguem os capítulos usados por Dom Joaquim na Carta Pastoral: Cap. 1 - De la presencia real de Jesucristo nuestro Señor en el santísimo sacramento de la Eucaristía; Cap. 3 - De la excelencia del santísimo sacramento de la Eucaristía, respecto de los demás Sacramentos e Cap. 4 - De la Transubstanciación.

Nesse sentido, o sangue que jorrou em outros casos de hóstias miraculosas – por exemplo, a de Bolsena – seria "uma espécie miraculosamente formada", ou seja, uma representação, e não o *Sangue real* de Cristo. Dom Joaquim rechaçava, portanto, a premissa de que o sangue das hóstias era o "verdadeiro sangue de Cristo", como os crentes dos fenômenos acreditavam e propalavam. O bispo repelia ainda a afirmação das beatas de que o sangue era derramado para anunciar uma "nova redenção", premissa que segundo o bispo era "contrária à fé que professamos", pois, conforme a segunda proposição, Cristo "ressuscitou já dos mortos para nunca mais morrer", o que torna a segunda redenção impossível.

A *Pastoral* escrita com uma narrativa simples e direta tencionava chamar a atenção dos fiéis para o erro teológico de se considerar o sangramento das hóstias de Maria de Araújo como um fenômeno de *transubstanciação*. Do latim – "*trans*": além; "*substantia*": "substância" –, a transubstanciação indica a mudança do pão e do vinho no corpo e sangue de Jesus Cristo.

O fenômeno que ocorria no Juazeiro, argumentava Dom Joaquim, não era nem podia ser o sangue de Cristo: "Porquanto o tal sangue aparecido na boca de Araújo causava enjoo de *estômago* ao próprio padre Cícero, conforme expressões que o mesmo Sacerdote empregou na carta que conservamos". Essa carta nos é desconhecida e no Processo Episcopal só há referência aos males de estômago de que sofria a própria Maria de Araújo, mas o intuito do bispo, com essa afirmação, é demonstrar que o sangue de Cristo jamais causaria repulsa a quem quer fosse, e se a causava é porque não era o sangue verdadeiro de Jesus.

É aqui que o bispo articula as duas teorias: à tese inicial do embuste é incorporada à da enfermidade, ou ainda, para o bispo, o caráter doentio favoreceu a construção da farsa:

> [...] ela tem compleição fraca e é doentia; tendo ainda em menor idade, uma enfermidade qualificada de espasmo [...] Por onde se vê que a beata desde menina sofria de ataques nervosos (epiléticos) [...] os ataques não cessaram, apenas mudaram de qualificação: em vez de espasmódicos, foram denominados maravilhosos!

Como uma pessoa doente, seria normal, segundo o bispo, que lançasse sangue com facilidade e ficasse "a pobre moça pensando que fazia milagres". Desse modo, encerrou o bispo: "O fenômeno de aparecimento de sangue nas Sagradas Partículas recebidas em comunhões por Maria de Araújo é mero efeito de causas puramente naturais". Por que o bispo teria mudado de ideia?

É possível pensar que a tese da enfermidade talvez fosse até mais defensável, seria mais fácil provar uma doença, sustentada inclusive em alguns testemunhos e em atestados médicos do que um embuste, que exigiria uma explicação mais detalhada. Se fosse um embuste, teria que se explicar como ele foi produzido, que artifício tão perfeito poderia fazer a hóstia sangrar – e sem deixar vestígio de sangue na boca da beata.

O bispo também se referiu ao equívoco das comunhões feitas por Maria de Araújo: "Recebendo a comunhão, fechava a boca por algum tempo, de ordinário fazia certos movimentos com o corpo, depois [...] apresentava, é verdade, a Sagrada partícula ensanguentada", mas apenas depois de ter a boca fechada "por muitos minutos", tempo o suficiente para provocar o sangramento: "Eis o fato em resumo: uma mulher reconhecidamente doentia, recebendo a comunhão, inquietou-se, agitou-se, fez contrações... afinal lançou uma porção de sangue com parte da Partícula nas mãos do Pe. Cícero...".

Essa observação sobre a posição de Maria de Araújo no momento do sangramento da hóstia já havia sido feita antes por Dom

Joaquim ao padre Clicério da Costa Lobo. Segundo o bispo, o fenômeno só poderia ser bem avaliado se a beata permanecesse com a boca aberta durante a verificação. Ele se utiliza principalmente do atestado do Dr. Idelfonso Correia Lima, que foi o único a ter alguma dúvida, afirmando que só creditaria os fenômenos como milagres quando a Igreja o fizesse.

O bispo alude ao fato de que, em primeira instância, o Dr. Idelfonso não pretendia deixar atestado, mudando de ideia após ter sido chamado pelo padre Cícero "às nove horas da noite, quando o órgão da vista não pode ver com perfeita distinção certas coisas" para ver uma transformação dada em uma das hóstias consumidas pela beata. Assim, segundo o bispo, a "maravilha" se deu pelas circunstâncias suspeitas nas quais os atestados foram emitidos.

Aventamos que houve um esforço do bispo para "salvar" os sacerdotes envolvidos na questão, entre eles o padre Cícero, pois, admitindo a hipótese do embuste, Dom Joaquim teria de lidar com outra questão delicada: a possível cumplicidade dos padres na fabricação do fenômeno, o que acabava por desqualificar mais ainda o já tão mal falado clero cearense, o qual o bispo Dom Joaquim lutava por reabilitar.

O bispo usa os depoimentos contidos no processo para fundamentar seu texto, afirmando ainda que "a pobre beata, doentia como é, lança sangue com extraordinária facilidade [...]". O principal depoimento citado é o do padre Cícero, uma estratégia para destruir a possibilidade do milagre, a partir do testemunho da pessoa mais interessada em prová-lo:

> [...] ia o Padre Cícero dar pela terceira vez a comunhão à *beata* quando esta, em tom suplicante, disse: - *não posso mais, quero essa mesma*, referindo-se à Segunda partícula. Ora, *isso prova exuberantemente que a pobre moça, pensando que fazia milagres*, sacrificava-se, empregando esforços para fazer vir sangue à boca. [...] Em vista, pois,

> do exposto e de muitos documentos que deixamos de
> mencionar, declaramos de novo que o fenômeno do
> aparecimento de sangue, nas Sagradas Partículas
> recebidas em comunhão, por Maria de Araújo é mero
> efeito de causas puramente naturais. Os outros fa-
> tos, nomeadamente o de aparecimento de Crucifixos
> ensanguentados nas mãos de algumas mulheres cha-
> madas beatas, são artifícios dessas pobres cria-
> turas de imaginação enferma, que talvez não tenham
> sido inteiramente responsáveis pelos disparates
> que hão praticado (Grifos no original).

Outra questão dizia respeito à acusação de demasiada credulidade do clero cearense, aventada pelos bispos de outras Dioceses. Desde a realização do Sínodo Diocesano em 1888, do qual falamos antes, a Diocese investia na educação dos seus sacerdotes, alertando-os justamente contra os perigos do fanatismo e do culto exacerbado, no entanto, não via esses princípios sendo refletidos na conduta dos padres.

O bispo temia que a "ideia" do milagre estivesse sendo fomentada pela própria Comissão designada por ele para investigar o fenômeno. Não obstante, em parte de sua correspondência, ele apresentará os sacerdotes envolvidos como "ilusos" e "mistificados" pelas beatas. Além disso, havia as inúmeras falhas cometidas no processo, como o excesso de observadores no local, o pouco interesse pela vida pregressa dos depoentes, a falta de questionamento mais profundo e "o desejo de verdade" próprio ao inquisidor.[82]

Na segunda parte da *Pastoral*, publicada no mesmo jornal na semana seguinte, em 21 de maio de 1893, o bispo pretendia mostrar como o milagre é uma manifestação aceita pela Igreja, mas desde que ele ocorresse no contexto propício:

---

82. Cf. GINZBURG, Carlo. *Mitos, emblemas e sinais*: morfologia e História. São Paulo: Companhia das Letras, 1990, p. 12.

> Os milagres são possíveis, e os tem havido e os há e muitos desafiam a ciência e resistem-lhe ao escalpelo [...] Negar-se a possibilidade dos milagres seria impiedade; [...] mas, aceitar-se também como milagre qualquer fato *aparentemente* prodigioso, seria nímia credulidade que a Igreja nunca aprovou.

O bispo ressalta a importância da obediência a normas e critérios elegidos pela Igreja para a qualificação um fato como milagroso ou fenômeno digno de culto, a fim de proteger a religião da superstição e do fanatismo "em ordem a prevenir tudo o que possa iludir a boa-fé dos fiéis e provocar um culto errôneo". Dom Joaquim cita o Decreto da Sagrada Congregação dos Ritos, de 12 de maio de 1877, com relação às aparições marianas de Lourdes e Salette, as quais foram aprovadas como piedosas, mas não foram aceitas como dogma ou milagre.

Do ponto de vista teológico, realmente era um equívoco chamar os eventos de milagres, pois qualquer fenômeno só pode ser denominado assim depois de longa averiguação e aprovação na Congregação para a Doutrina da Fé: "Não se admite novos milagres, nem novas relíquias, a menos que sejam reconhecidas e aprovadas pelo bispo" (*"Nulla admittenda esse nova miracula, nec nova reliquiae recipiendas, nisi eodem recognoscente et approbante Episcopo"*).

O texto da Congregação até admite que se fale ou publique "qualquer fato extraordinário acompanhado de certos sinais indicativos – de sobrenaturalidade", mas ressalta o cuidado necessário para não considerar como *milagre* qualquer fenômeno: "a Imprensa, principalmente a religiosa, deve ser muito discreta [...] e declarando que a Autoridade competente ainda não se pronunciou sobre ele".

Além disso, mesmo na tradição religiosa que envolve místicos e santos tocados pela graça divina há certa preocupação quando os fenômenos parecem ser "excessivos". A própria Santa Teresa d'Ávila e, antes, seu guia Juan de la Cruz já alertavam para os cuidados que esses bem-aventurados deviam ter ao alardear ditos prodígios: "No es condición de Dios – disse secamente Juan de la Cruz - que se hagan milagros [...] Pierden, pues, mucho acerca de la fe los que aman gozarse en estas obras sobrenaturales".[83]

O tema da obediência retorna ao texto para ratificar a autoridade do bispo de instruir o primeiro inquérito sem uma consulta prévia a Roma, mas ao mesmo tempo adjudica à Santa Sé o poder de estabelecer um novo culto. Ou seja, ele teria o livre-arbítrio de analisar previamente um fenômeno como o ocorrido em Juazeiro, mas a decisão final seria sempre de Roma. Além disso, segundo ele, só o bispo, amparado pelo poder que lhe dá a Santa Igreja, seria:

> [...] a autoridade competente, salvo sempre os direitos do Supremo Chefe da Igreja, para instruir processo, examinar e julgar os casos de novos milagres sucedidos em sua Diocese, devendo ouvir Teólogos e varões pios [...] Grande imprudência, pois, senão *falta de bom senso*, cometeria qualquer particular, mesmo Sacerdote, que pretendesse à sorrelfa ir a Roma tratar de reconhecimento ou aprovação de novos milagres, *insciente Episcopo* [...].

O bispo se refere claramente ao padre Antero que havia viajado para Roma em julho de 1892, com a escusa de visitar um sobrinho que vivia ali, mas cujo escopo da viagem foi o de tentar advogar em

---

83. VALENTE, José Angel. *Variaciones sobre el pájaro y la red*. Barcelona: Tusquets, 1991, p. 57.

favor dos fenômenos do Juazeiro.[84] Suspeitava-se, inclusive, que o padre Antero houvesse levado em sua viagem à Cidade Eterna o baú contento os panos manchados de sangue, roubados da Matriz do Crato em 1892. Além da evidente desobediência, pesava para o bispo o fato de que a população do Juazeiro apoiava a empreitada. Várias cartas do padre Alexandrino relatam as coletas de "esmolas" para a referida viagem do sacerdote.

Em 10 de julho, Antero se apresentou à Santa Sé como o "encarregado de fazer chegar ao conhecimento da Santa Sé os fatos maravilhosos acontecidos na Diocese de Fortaleza [sic]", conforme consta no relatório final da mesa de cardeais, e foi solicitado a fazer uma carta explicando o motivo de sua ida. Na carta, Antero faz uma longa defesa de Maria afirmando sua humildade, que vê-la ou falar com ela é sempre muito difícil, uma vez que ela não gostava da exposição pública e sofria muito por isso.

Falou ainda sobre o sangramento da hóstia e as peregrinações advindas do culto, pois seria "verdadeira a revelação feita [por Maria de Araújo] ao Confessor, ser a vontade de Deus que tudo venha à ciência da Santa Sé". Por fim, acusa o bispo de perseguição, cuja "oposição é evidente para todos, e que naquela região reina há muito tempo, um indiferentismo deplorável em matéria de religião".

---

84. Uma carta do padre Clicério nos faz suspeitar que, em um primeiro momento, o padre Cícero teria solicitado ao próprio Clicério que levasse a causa a Roma, mas este respondeu indicando o seu colega e ex-companheiro na Comissão Episcopal: "Era, com efeito, a ocasião mais própria para fazer uma viagem à Europa; mas meu amigo, além de me falecerem completamente os meios para isso, agora aproxima-se o inverno [...] Então, lhe fazia ver que o Pe. Antero, não só por conhecer melhor do que eu, as coisas de Roma; mas, por outro motivo, é quem devia advogar ali a causa do Juazeiro, além de que havia ele sido escolhido procurador e finalmente – que tendo eu funcionado [sic] como Comissário parecia que não podia servir como procurador da Causa". Carta do Pe. Clicério da Costa Lobo ao Pe. Cícero R. Batista em 06.10.1892. *In*: CASIMIRO, Renato. Documentário do Joaseiro. Fortaleza, 1976, p. 28.

O sacerdote não deixa clara sua opinião sobre o bispo, entretanto sua afirmação parece indicar uma acusação ao diocesano: ele não acreditaria no milagre porque reina na região uma ignorância sobre os assuntos religiosos. Diante disso, o padre Antero foi admoestado e aconselhado a voltar para casa e esperar uma posição da Santa Sé, que deveria antes consultar o bispo, deixando claro que havia uma hierarquia a ser respeitada.

Em 24 de outubro de 1892, o padre Alexandrino informa o bispo sobre o retorno de Antero e que o intento de audiência com o Papa havia sido frustrado, havendo o padre falado somente com alguns Cardeais da Congregação; entre eles, apenas um foi nomeado na carta: o cardeal Mariano Rampolla del Tíndaro (1843-1913), Secretário de Estado do Pontificado de Leão XIII, que, segundo Antero, teria se mostrado a favor da causa do Juazeiro: "Mandaram fazer a tradução para o italiano e disseram ao Pe. Dr. Antero que podia voltar certo que tomariam todo *interesse* pela resolução da questão". O boato, obviamente, era pura especulação, e a ida a Roma – em clara atitude de desobediência e transgressão – custaria ao padre Antero a perda das ordens sacerdotais e o total descrédito perante a comunidade clerical.

Voltaremos a esse caso mais adiante. Fizemos essa pequena digressão só para mostrar o esforço do bispo para controlar as ações dos seus sacerdotes e dos fiéis por meio da *Pastoral*, contrastando assim, com as ações mais efetivas dos sacerdotes dissidentes que publicavam notas em jornais e faziam festas, novenas e encontros nos quais o *Sangue Precioso* era objeto de culto e devoção. O problema aqui é que o bispo pensava haver demarcado sua autoridade, quando o processo demonstra que ele foi contestado todo o tempo, inclusive com a clara rebeldia e mesmo a desobediência de seus enviados.

A *Carta Pastoral* de 1893 terminava com a transcrição de parte da Bula *Sanctissimus* de Urbano VIII, publicada em 13 de março de 1625, no que diz respeito às publicações e divulgações de milagres e revelações sem autorização da Igreja, bem como suas respectivas punições:

> Como se vê, os contraventores deste Decreto incorrem em gravíssimas penas [...] Sigam os Sacerdotes as regras traçadas pela Igreja - que nunca errarão. [...] A Santidade não consiste em fantasias, e tampouco em fazer prodígios, mas na união da alma com Deus pela fé e pela conformidade dos atos humanos com a lei Divina.

Depois de publicadas, as *Pastorais* foram enviadas para as paróquias da Diocese e deveriam ser lidas pelo pároco responsável durante a missa dominical. A *Pastoral* de 1893 foi lida duas vezes pelo padre Alexandrino na Matriz de Crato: a primeira leitura no dia 11 de maio, dia de celebração da Ascensão de Cristo, e a segunda no dia 21, dia de Pentecostes, conforme ele relata na cartas de 22 de maio daquele ano:

> A leitura produziu ótimo efeito. Os que não são beatos aplaudiram a publicação da Pastoral; e aqueles que o são, calaram-se e nada disseram. Só um sacerdote disse o seguinte: o que o Bispo disse de Maria de Araújo é uma calúnia; desejava não ser obrigado a declarar isto, porque este mesmo sacerdote me ofendeu. Foi Monsenhor Monteiro que em minha presença proferiu aquelas palavras.

Se até monsenhor Monteiro, sempre submisso e obediente, ousou afirmar que a *Pastoral* representava uma calúnia contra Maria de Araújo, o que dizer daqueles que já nutriam certa antipatia por ele? Ainda segundo o padre Alexandrino, diante do que era expresso na *Carta*, José Marrocos e o padre Cícero estariam preparando um "escrito para contestar a Pastoral".

De fato, em 7 de outubro daquele mesmo ano, saía no jornal *O Paiz*, do Rio de Janeiro, um longo artigo que tomava metade das páginas 3 e 4 do referido periódico. O artigo, intitulado "Os milagres do Juazeiro – Sua divina realidade – uma reclamação ao venerando bispo diocesano", estava na "Seção livre" do jornal, na qual em geral se faziam publicações pagas ou a pedido, e foi assinado por José Marrocos com a data de 5 de agosto de 1893.

O principal argumento de Marrocos era que Dom Joaquim, arbitrariamente, "decidia" o futuro da chamada "causa do Juazeiro" ao afirmar que o sangue das hóstias "não era e não podia ser o sangue de Cristo". No artigo, Marrocos afirma indignado:

> "Não é nem pode ser" [...] [essa afirmação] mais do que imperiosa - prepotente; mais do que geral - universal; mais do que disciplinar - dogmática; porque: 1º Se fosse verificado no Juazeiro pela própria comissão Episcopal o grande milagre da visibilidade da transubstanciação - já estava decidido que não era nem podia ser de Nosso Senhor Jesus Cristo a carne e o sangue de seu corpo eucarístico. 2º Se o mesmo milagre se desse na igreja de Bolsena, em qualquer bispado do mundo, em Roma mesmo - já estava decidido que o sangue e a carne do corpo eucarístico não era, nem podia ser de Nosso Senhor Jesus Cristo.[85]

---

85. Jornal *O Paiz*, 07.10.1893, Ano IX, nº 4170, p. 3. BN. Uma cópia desse jornal encontra-se anexada ao Processo do Santo Ofício (ACDF) e pode ter sido enviada por José Marrocos ou pelo padre Clicério da Costa Lobo, que naquele momento vivia no Rio de Janeiro ao Internúncio Apostólico, que, por sua vez, anexou ao processo enviado a Roma.

Conquanto a narrativa do diocesano seja de acusação, a defesa feita por José Marrocos vitimiza Maria de Araújo e o padre Cícero, transformando Dom Joaquim no grande vilão. Aqui outra matéria publicada no jornal *A Província* de Recife em 3 de setembro de 1893:

> E são dolorosos todos os pontos e todos os motivos que fundamentam, meu Venerando Pontífice, a indispensável reclamação de seus diocesanos; mas nenhum confrange mais o coração católico! Nem exora mais vossa missão de pastor de almas do que Jesus expulso do seu templo e sofrendo no Sacramento do seu amor que nunca sofreu no sacrifício de sua vida. [...] Ainda mais - este Padre Cícero suspenso há um ano, [...] como a pobre Maria de Araújo arrancada ao travesseiro de sua mãe agonizante, como todas as mulheres do Juazeiro repelidas do confessionário, [...] com o próprio rebanho de 12 mil almas privadas do seu pastor.

Fazendo referência à proibição exarada pelo bispo sobre a adoração ao S. S. Sacramento na capela do Juazeiro, "Jesus expulso do seu templo", e do sangramento da hóstia como uma representação do sofrimento de Cristo, José Marrocos critica algumas das medidas do bispo antes da decisão final da Santa Sé, mas por equívoco ou deliberadamente distorce algumas delas. Em um telegrama enviado ao Internúncio Apostólico, reclama que as mulheres do Juazeiro estavam proibidas de irem ao confessionário, quando na realidade a proibição de confessar mulheres foi dirigida ao monsenhor Francisco Rodrigues Monteiro.

Dom Joaquim afirma o seguinte sobre a "reclamação" de José Marrocos: "[Era só um dos muitos] escritos desrespeitosos e insultantes a mim dirigidos [publicado na imprensa] com o fim manifesto de me ultrajar, por ter proibido a continuação das profanações e sacrilégios que se praticaram na Capela do Juazeiro", explica ao Internúncio Dom Girolamo Maria Gotti em carta de 8 de junho de 1895.

Institucionalmente, Marrocos não tinha nenhum poder, a não ser na divulgação dos fenômenos, portanto não há uma razão expressa para que Dom Joaquim se preocupasse com a atividade difamatória exercida por ele. No entanto, o fato é que os brados de Marrocos incomodavam o bispo, que detestava ter seu nome envolvido naquela questão e se sentia na obrigação de responder aos ataques.

Além disso, os sacerdotes que deveriam ter ficado ao lado do bispo e tinham certo trânsito na alta hierarquia, como os padres Antero e Clicério, só o confrontavam. O primeiro viajou para Roma sem autorização. O segundo quis fundar uma nova comunidade de beatas, na cidade do Aracati, como já vimos. Quando as mulheres começaram a assumir que estavam fingindo (aliás, depois não se sabe o que aconteceu com elas), ele mudou-se para o Rio de Janeiro e lá se autonomeou "Procurador da Santa Causa do Juazeiro", obviamente sem conhecimento ou autorização de Dom Joaquim.

No meio disso tudo, dois polos estão bem definidos: havia aqueles que eram a favor dos milagres e aqueles que os negavam. Assumir um dos lados significaria, por consequência, estar contra ou a favor da Diocese. É nesse clima de hostilidade que Dom Joaquim, por fim, decidiu enviar o Processo para Roma. Em sua correspondência com o Internúncio Apostólico no Brasil, Dom Girolamo Gotti, o bispo preparou o terreno para o envio do processo. Prevendo que teria o absoluto apoio da alta cúpula da Igreja, Dom Joaquim orquestrou a condenação de Maria e dos fenômenos em sua *Carta Pastoral*.

17

"Prodígios vãos e supersticiosos": a voz da Santa Sé e a Carta de 1894

EM MAIO DE 1893 A DOCUMENTAÇÃO FOI ENVIADA PARA A SANTA Sé, mais especificamente para o cardeal Rafaelle Monaco la Valleta (1827-1896), do Supremo Tribunal da Penitenciária Apostólica, que naquele momento era o órgão responsável por examinar tudo o que se referia às doutrinas da Igreja Católica em conjunto com a Congregação para a Doutrina da Fé. A documentação compreendia o primeiro inquérito conduzido pelos padres Clicério da Costa Lobo e Francisco Ferreira Antero em 1891, mais os documentos enviados pelo padre Alexandrino e a *Pastoral* de 1893.

Um ano depois do envio do Processo, foi exarado um parecer assinado pela mesa de cardeais da Congregação em 4 de abril de 1894:

> Que os pretensos milagres e outras coisas sobrenaturais que se predicam de Maria de Araújo são prodígios vãos e supersticiosos, e implicam gravíssima e detestável irreverência e ímpio abuso à Santíssima Eucaristia, por isso o juízo apostólico os reprova e todos devem reprová-los, e como reprovados e condenados devem ser tidos.

É de se notar que há um hiato na historiografia no que concerne ao período de tempo entre a ida do processo para Roma e o *Decreto* da Santa Sé em 1894, isto é, sabemos que o processo foi enviado e também a decisão da Igreja, mas não como o caso foi analisado ou visto pela Congregação.

Essa lacuna se refere também à documentação do Arquivo da Congregação para a Doutrina da Fé, que estava inacessível até 2012, quando eu tive acesso ao material. Encontramos nesse arquivo duas pastas referentes ao caso do Juazeiro, catalogadas sob a inscrição *Rerum Variarum 1898/128 vol.I et II – Sulla trasformazione della S. Particola in carne e sangue nella boca della religiosa Maria de Araújo (Diversas matérias 1898/128 vol. I e II – Sobre a transformação da Santa Partícula em carne e sangue na boca da religiosa Maria de Araújo).*

O *Relatório* conservado no Arquivo da Congregação para a Doutrina da Fé diz respeito ao processo e está dividido em dois volumes, o primeiro com documentos numerados de 1 a 12, e o segundo com numeração de 16 a 56. Os documentos não obedecem a uma ordem cronológica e nem alfabética, mas parecem ter sido numerados de acordo com a ordem de recebimento do material. É intrigante, nesse sentido, a falta dos documentos com numeração entre 13 e 15, e conjeturamos que essas peças faltantes são os relatórios anteriores ao *Decreto* e, possivelmente, os documentos produzidos em 1894.[86]

Em 15 de maio de 1894, o *Decreto* foi enviado para o Internúncio Apostólico no Brasil. Frei Girolamo M. Gotti foi o responsável por informar o bispo cearense sobre o resultado final; em 25 de julho

---

86. O Arquivo da Congregação para a Doutrina da Fé, no Vaticano, possui uma sala especial só para os Livros de Decretos, que são as atas dos encontros da Mesa de Cardeais. Checamos os livros até 1920 e até essa data não há mais menção às palavras-chave que usamos, a saber: Maria de Araújo, Juazeiro, Diocese do Ceará e padre Cícero Romão Batista.

do mesmo ano, Dom Joaquim o publicou com uma *Carta Pastoral*. Era a terceira vez que Dom Joaquim se pronunciava oficialmente sobre os fenômenos:

> Em Maio de mil oitocentos e noventa e três, achando-se nesta Capital, de passagem para Pernambuco, o Excelentíssimo e Reverendíssimo Senhor Dom Jeronymo Thomé da Silva, então ilustrado Bispo do Pará, e hoje Arcebispo da Bahia e Chefe da Província Eclesiástica do Norte do Brasil, pedimos-lhes nos dispensasse a especial benevolência de levar consigo e encaminhar para a Santa Sé Apostólica o processo do Joaseiro, que lhe entregamos e, seu original, tal e qual nos foi apresentada ela Comissão que o instruiu, acrescentado que apenas de mais alguns poucos documentos, e acompanhada da Nossa precitada Carta Pastoral de vinte e cinco de Março de mil oitocentos e noventa e três, que já então constituíra parte importante do mesmo processo, por conter o seu julgamento. O Excelentíssimo e Reverendíssimo Senhor Don Jeronymo bondosamente aceitou a incumbência, e no dia vinte e um do mesmo mês fez seguir para Roma aquele instrumento, com destino ao Eminentíssimo Cardeal Monaco, sapientíssimo Prefeito da Sagrada Congregação do Santo Ofício. O processo chegou ao seu destino em Junho seguinte.

Na época, muitos o acusaram de forjar uma condenação dos fenômenos e esconder a verdadeira resolução da Santa Sé. No entanto, a partir da leitura do documento elaborado pela Mesa de Cardeais da Congregação para a Doutrina da Fé, percebemos que Dom Joaquim amenizou, e muito, o peso das condenações na sua *Carta Pastoral*.

É significativo também que o único nome citado no documento seja o de Maria de Araújo, o que chama atenção para a organização da *Carta Pastoral*, que é diferente do *Decreto*. A partir da correspondência trocada entre Dom Joaquim e Dom Girolamo, podemos acompanhar parte do processo de feitura desta *Carta*, uma vez que ela foi instruída pelo referido Internúncio. Se antes o bispo tentava ainda argumentar sobre uma possível origem do sangue que brotava das hóstias, agora ele se mostra áspero e seguro:

> Pouco mais de três anos há que umas certas novidades, revestidas de circunstâncias particulares, causaram imensa e profunda sensação no ânimo do Público desta e das outras Dioceses do Brasil, e mesmo de algumas de além-mar. Foi que na Capela do Juazeiro, povoado pertencente à freguesia do Crato, desta Diocese, deram-se com Maria de Araújo, moça reconhecidamente doentia, alguns fatos, que foram classificados na ordem sobrenatural por dois médicos que firmaram documentos públicos asseverativos de tal proposição.

O bispo reafirmou os abusos cometidos pela população e pelos sacerdotes envolvidos e exigiu a retratação destes sob pena de excomunhão para quem não o fizesse, argumentando ainda que todos tiveram "plena liberdade e até abuso dela" para escrever, publicar e mesmo defender a causa em Roma – diz certamente se referindo ao padre Antero. Sobre o padre Cícero, o bispo reiterou que, "outrora de bons costumes", o padre agora estava extraviado da Igreja, acusando-o de estimular o comércio feito em torno dos fenômenos.

O padre Clicério, como os outros, também estava suspenso e foi lembrado como um sacerdote de "costumes puros, de um passado sem mancha", mas que se deixou ludibriar e "enveredou por tortuosos caminhos". Por fim, afirmou triunfante: "Não há mais lugar para evasivas; não há mais apelação; já não é lícito em consciência a um católico, sacerdote ou leigo, duvidar sequer de leve. *Roma locuta est, causa finita est*", ou seja, "Roma falou, a causa está encerrada". Em carta de 4 de maio dirigida ao Internúncio, ele comemorava:

> Tudo está terminantemente definido, o Clero e o povo desta e das Dioceses vizinhas aceitaram com alegria e satisfação a Decisão do Santo Ofício; a teimosia do Pe. Cícero e de alguns poucos habitantes do povoado do Juazeiro cessará logo, assim o espero; e esta deplorável história cairá em completo esquecimento.

A importância dada à beata tinha uma função disciplinadora, sobretudo pela escolha dos trechos que seriam publicados na imprensa religiosa. Uma parte do *Decreto* que envolvia os sacerdotes mais diretamente foi entregue em pessoa a cada um deles e com recomendação de reserva, ela dizia respeito ao relacionamento desses padres com as beatas envolvidas na querela:

> Proibimos, sob *pena suspensionis ipso facto incurrenda*, aos Rvdos. Pes. Cicero Romão Baptista, Monsenhor Francisco Rodrigues Monteiro, Dr. Francisco Ferreira Antero, Manoel Rodrigues Lima, João Carlos Augusto e Vicente Sother d'Alencar comunicarem-se por palavra ou por escrito ou por interposta pessoa, com as seguintes mulheres: Maria Magdalena do Espirito Santo de Araújo, Jahel Wanderley Cabral, Maria Leopoldina Ferreira da Soledade, Maria das Dores do Coração de Jesus, Joanna Tertulina de Jesus, Joaquina Timotheo de Jesus, Antonia Maria da Conceição, Maria Joanna de Jesus, Anna Leopoldina d'Aguiar e Rachel Sisnando Lima, que depuseram no processo do Juazeiro.

Os sacerdotes supracitados também ficavam proibidos do seguinte: "[celebrar] o Santo Sacrifício da Missa e presidirem a qualquer ato religioso na Capela principal do Juazeiro e em outras Capelas ou Oratórios, que porventura existam na circunscrição do distrito do mesmo Juazeiro". E uma prescrição direcionada ao padre Cícero mandava que ele restituísse "tudo quanto recebeu em nome dos pretensos milagres do Juazeiro".

Um pouco mais breve que a carta anterior, a *Pastoral* de 1894 visava encerrar definitivamente a questão. Dom Joaquim acreditava que o documento da Santa Sé calaria, de uma vez por todas, as reivindicações feitas pelos sacerdotes, e no texto ele enfatizava inclusive a tolerância com respeito "às qualidades intelectuais e morais dos ardentes propugnadores de tais novidades".

O bispo observou ainda sobre o Processo: "[Foi enviado à Santa Sé] em seu original (cópia em italiano) tal e qual nos foi apresentado pela Comissão". Essa preocupação de Dom Joaquim é relevante, pois por muito tempo suspeitou-se que ele havia selecionado os documentos enviados, escolhendo obviamente os que favorecessem a sua opinião. Não obstante, no Arquivo da Congregação para a Doutrina da Fé, pudemos verificar que foram incluídas todas as peças do processo em português: a tradução feita para o italiano pelo próprio Pe. Dr. Francisco Ferreira Antero, Secretário da primeira Comissão; os atestados médicos e testemunhos favoráveis à hipótese do milagre.

Essa dúvida foi responsável pela fama de vilão do bispo, forjada na historiografia sobre o Juazeiro, sobretudo na produção de autores que "defendiam" o padre Cícero.[87] Esse juízo de valor partiu dos

---

87. Neste grupo temos: *Mistérios do Joaseiro*, do memorialista Manuel Pereira Diniz (1935); *O Padre e a Beata*: vida do Padre Cícero, do escritor Nertan Macedo (1969); *O Joaseiro do Padre Cícero* (1938) e *Efemérides do Cariri* (1963), do historiador Irineu Pinheiro; *Falta um defensor para o Padre Cícero* (1983), do padre Antônio Feitosa; *Padre Cícero*: do milagre à farsa do julgamento, da pesquisadora Fátima Menezes (1998); e *O Padre Cícero que eu conheci* (2001), da professora/memorialista Amália Xavier Oliveira.

próprios personagens envolvidos na questão, como o monsenhor Monteiro e José Marrocos, que invariavelmente se apresentam como vítimas de perseguição e desconsideram toda uma rede de relações de poder e hierarquia sob a qual a Igreja funciona.

Em carta dirigida ao Internúncio em 4 de julho de 1894, o bispo comunica a recepção do Ofício com a sentença da Congregação, e a partir dela elabora uma proposta de publicação:

> Pelo que toca a Carta que devo escrever para publicar a sentença do Santo Ofício, pretendo fazê-la de modo seguinte: serei breve, porque na minha Pastoral de 25 de Março de 1893 já expus de modo claro a Doutrina da Santa Egreja sobre o assumpto; farei, apenas uma sucinta exposição das circunstâncias do processo até à sua remessa para a Santa Sé, etc.; em seguida publicarei integralmente em latim e em português a Decisão da S. Congregação, com a assinatura de V. Excia. Revma., na mesma ordem em que V. Excia. mandou m'a d'uma necessidade, Exmo. e Revdmo. Sr. Haver toda a clareza possível n'este negócio, porque não só os Padres contumazes, mas também outros e até mesmo alguns Senrs. Bispos esperam ansiosamente a Decisão da Santa Sé sobre este caso.
>
> N'estas condições, farei, si V. Excia. Revma. não mandar o contrário, o seguinte: depois de publicar a sentença integralmente até as palavras *Ut autem hujus modi excessibus finis imponatur et gravivna simul praecaveantur mala quae ude posseunt*, direi:
> 1º [omitido]
> 2º Transcreverei o texto inteiro;
> 3º Idem

```
4º [omitido]
5º Transcreverei todo o texto;
6º Idem, declarando em seguida que omitimos a
transcrição dos 1º e 4º decretos por conterem
disposições particulares, que não é de mister
serem conhecidas do público.

Excmo. e Revmo Sr. julgo ser de necessidade pro-
ceder assim, porque diversamente, os Sacerdotes
contumazes poderão sofismar, dizendo que ocultei
alguma coisa por ser favorável à tal supersti-
ção, atualmente sustentada por má-fé; além d'is-
to, os Decretos da S. Congregação são ligados
entre si de tal modo que o segundo supõe o 1º, e
o 5º supõe o 4º.
```

As partes omitidas diziam respeito às condenações específicas para os sacerdotes, enquanto as partes transcritas falavam das beatas, das peregrinações e das relíquias (cadarços, panos e medalhas). Em seu texto final – e em acordo com o Internúncio –, ficou decidido que na *Pastoral* se preservaria o nome dos sacerdotes, citando apenas o de Maria de Araújo.

Com a publicação da *Pastoral* com o *Decreto da Santa Sé*, Dom Joaquim disse ao Internúncio, em carta de 3 de agosto, que esperava acabar com as peregrinações ao Juazeiro e, principalmente, "reduzir os sacerdotes a bons caminhos". Era óbvio para o bispo que mesmo aqueles que desrespeitaram a sua autoridade não teriam coragem de enfrentar a Santa Sé ou discutir com ela. Não obstante, o assunto é retomado em carta de 30 de setembro, como se ele tentasse convencer a si mesmo: "A palavra da Santa Sé tem alto valor entre os católicos, e mesmo entre os acatólicos; por isso considero terminada a questão". No entanto, o problema que se acreditava resolvido foi agravado depois da publicação da *Pastoral*. A questão dizia respeito à redação do texto.

Escrita em tom completamente diferente da primeira, a *Pastoral* celebra, para o bispo, a vitória dos dogmas e autoridade da Igreja. Dom Joaquim se mostrava seguro de si e certo da vitória contra os "fanáticos" do Juazeiro, declara:

> A última palavra foi solenemente proferida: não há mais lugar para evasivas; não há mais apelação; já não é lícito em consciência a um católico, sacerdote ou leigo, duvidar nem sequer de leve. [...] Sim, o Grande Pontífice, Chefe Supremo da Igreja Católica, infalível em matéria de fé e costumes, dirimiu as dúvidas; o imortal Leão XIII, pelo órgão da S. Congregação do Santo Ofício, que nada decide sem Sua audiência, falou sobre o caso do Juazeiro.

O texto final da *Pastoral* referente ao *Decreto* foi assim publicado:

> Decisão e decreto da Sagrada Inquisição Romana Universal sobre os fatos que sucederam no Juazeiro, Diocese de Fortaleza. Na Congregação de quarta-feira, 4 de abril de 1894, tendo discutido os fatos que aconteceram em Juazeiro, da Diocese de Fortaleza, os Eminentíssimos e Reverendíssimos Padres Cardeais da Santa Igreja Romana, Inquisidores Gerais, pronunciaram, responderam e determinaram, como segue: Que os pretensos milagres e quejandas coisas sobrenaturais que se divulgam de Maria de Araújo são prodígios vãos e supersticiosos, e implicam gravíssima e detestável irreverência e ímpio abuso à Santíssima Eucaristia; por isso o juízo Apostólico *os reprova e todos devem reprová-los, e como reprovados e condenados cumpre serem havidos*. Para que se imponha um fim a estes excessos e ao mesmo

tempo se previnam mais graves males que daí se possam seguir:

1º - Seja interdito pelos Ordinários de Fortaleza e de todo o Brasil, o concurso de peregrinos ou acesso de curiosos em visita a ela e às outras mulheres culpadas na mesma causa.

2º - Quaisquer escritos, livros ou opúsculos editados ou que, por acaso venham a sê-lo (o que não aconteça) em defesa daquelas pessoas e daqueles fatos sejam tidos por condenados e proibidos, e, na medida do possível, sejam recolhidos e queimados.

3º - Tanto a estes sacerdotes, como a outros, sacerdotes ou leigos, proíbe-se que, por palavras ou por escrito, tratem dos pretensos supracitados milagres.

4º - Os panos manchados de sangue e as hóstias de que se tratou, e todas as outras cousas guardadas como se fossem relíquias, sejam pelo mesmo Ordinário recolhidas e queimadas. [Assinado] R. Cardeal Monaco.

Eram proibidas visitas a Maria de Araújo ou às mulheres "como ela culpáveis nos embuste do Juazeiro"; era urgente que todos os escritos e medalhas fossem recolhidos e queimados e que os panos ensanguentados (que tinham sido roubados da Matriz do Crato) fossem devolvidos sob pena de excomunhão para aqueles que os mantivessem. Com isso, o bispo acreditava no fim das romarias e que os sacerdotes "desviados" voltariam "a bons caminhos".

O que Dom Joaquim não esperava é que a última parte da *Pastoral*, isto é, as ordens exaradas para cumprimento do *Decreto*, fossem tomadas pelas pessoas envolvidas como uma arbitrariedade, isto é, para os crentes era mais uma vez o bispo que estaria influenciando ou intervindo diretamente na questão e não a Santa Sé.

Encarregado de fazer a leitura da *Pastoral* no Cariri, o padre Alexandrino, em carta escrita ao bispo em 20 de setembro de 1894, isto é, 10 dias antes da carta de Dom Joaquim dirigida ao Internúncio, narra "as tristes ocorrências que ultimamente se deram no Juazeiro". A *Pastoral* foi lida na então Capela de Nossa Senhora das Dores em Juazeiro, no dia 16 daquele mês, às nove e meia da manhã, o que indica que houve uma convocação expressa para leitura da *Carta* em horário diferente do normal das missas.

O padre Alexandrino conta que recebeu diversas ameaças: "Se eu tivesse a audácia de ler a referida Pastoral". Mesmo assim, a capela estava cheia de gente disposta a ouvir as determinações vindas de Roma. O pároco fez a leitura da *Pastoral* de 1893 e, em seguida, a de 1894, tendo recebido vaias e gritos da plateia de fiéis: "Algumas mulheres gritaram: é mentira, é mentira; e alguns homens e mulheres em não pequena quantidade retiraram-se para não ouvir a leitura e o sermão".

Assim, para a surpresa do bispo, a *Pastoral* foi recebida com repúdio pelos crentes que continuavam entendendo que a posição era dele, e não resultado de ordem superior, a indicar as limitações de entendimento dos populares sobre a hierarquia da Igreja: acreditavam ser perseguidos pelo bispo e provavelmente não entendiam a estrutura da instituição.

Entretanto, na carta de 30 de setembro de 1894, o bispo havia dito ao Internúncio que "[...] as Decisões e Decretos do Santo Ofício produziram maravilhoso efeito no ânimo do Clero e do povo católico esclarecido", o que não correspondia inteiramente à verdade. Aqui o bispo destaca a recepção do "povo católico esclarecido", isto é, as elites e a população que já o apoiava. É necessário ressaltar como o discurso de Dom Joaquim mudou ao falar com o Internúncio, pois lidava com um conflito envolvendo a hierarquia.

Ele não queria falar sobre a reação negativa da população geral, obviamente em sua maioria, de classe mais pobre, pois não desejava demonstrar fraqueza ou falta de pulso, uma vez que era sua obrigação fazer o *Decreto* ser cumprido. Então, ele diz: "Sendo, entretanto de notar-se que há ainda certa obstinação como adiante exporei". O bispo se refere aqui, sobretudo, a um boato espalhado no povoado de que um Papa falso teria feito os *Decretos*.

Ainda naquele mês de setembro, os padres Revdo. Cícero Romão Batista, monsenhor Francisco Rodrigues Monteiro e Dr. Francisco Ferreira Antero, "principais figuras da triste comédia", foram chamados a Fortaleza para ouvir a parte do *Decreto* respeitante a eles, que deixava a cargo do bispo diocesano o disciplinamento dos padres envolvidos. Os dois primeiros chegaram no dia 7 de setembro e o último somente no dia 10. Depois de ouvirem as determinações da Santa Sé, foram obrigados a fazer um retiro espiritual. Ao fim de três dias, apenas o monsenhor Monteiro se retratou. O padre Cícero, por sua vez, ousou confrontar mais uma vez o bispo, dizendo que a decisão da Santa Sé não tinha caráter de infalibilidade.

Após a saída dos padres, em 13 de setembro de 1894, o bispo fez circular o ofício citado anteriormente, com as determinações dirigidas especificamente aos padres Cícero, Francisco Ferreira Antero, João Carlos Augusto, Manoel Rodrigues Lima, Vicente Sother d'Alencar e monsenhor Monteiro:

> 1ª. Proibimos, sob *poena suspensiones ipso facto incurrenda*, [...] [de] comunicarem-se, por palavra ou por escrito ou por interposta pessoa com as seguintes mulheres: Maria Magdalena do Espírito Santo de Araújo, Jahel Wanderley Cabral, Maria Leopoldina Ferreira da Soledade, Maria das Dores do Coração de Jesus, Joaquina Timotheo de Jesus, Antonia Maria da Conceição,

Maria Joanna de Jesus, Anna Leopoldina de Aguiar
e Rachel Sisnando Lima, que depuseram no processo do Juazeiro.

2ª. Aos mesmos sacerdotes e debaixo da mesma
pena supramencionada prohibimos expressamente
celebrarem o Santo Sacrifício da Missa e pre-
cidirem a qualquer acto religioso na Capella
principal do Joaseiro e em outras Capellas ou
Oratórios, que porventura existam na circuns-
cripção do districto do mesmo Joaseiro. Estas
prescripções terão vigor em quanto não mandamos
o contrário.

3ª. Mandamos ao Rdo. Cicero Romão Baptista restituir tudo quanto recebeu em nome dos pretensos
milagres do Joazeiro, reprovados e condemnados
pela Congregação do Santo Officio. Si não puder
restituir as pessoas que fizeram taes donativos,
destribua-os aos pobres e as obras pias. Dada
e passada nesta Cidade da Fortaleza e Camara
Episcopal sob Nosso Signal e Sellos de Nossas
Armas aos 13 de Setembro de 1894.

O Internúncio exigiu de Dom Joaquim notícias periódicas sobre o andamento das retratações e, entre agosto de 1894 e março de 1897, encontramos doze relatórios enviados a Dom Girolamo, com notícias sobre os padres Cícero, Clicério, Antero e monsenhor Monteiro, principais envolvidos na questão e também no que diz respeito às peregrinações.

Ao contrário do que previa o bispo, então, as romarias ao Juazeiro não cessaram depois da publicação da *Pastoral*. O padre Alexandrino relatou a Dom Joaquim, também em 20 de novembro daquele ano, que alguns peregrinos chegaram a afirmar:

> [...] o povo santo do Juazeiro [...] não reconhece poder algum, senão o do padre Cícero, o novo Papa e ainda, "o povo do Juazeiro em sua quase totalidade, não aceita a Decisão da Santa Sé [...] não crê em Papa, Bispo, em qualquer autoridade Eclesiástica. O padre Cícero para eles é tudo, e depois do padre Cícero, a Maria de Araújo. Quando fui a casa dela - o povo que a cercava, tendo-a por santa, a contemplava cheio de admiração.

Nesse momento, já podemos perceber um deslocamento da crença dos devotos para Cícero, apesar de Maria de Araújo ainda ser procurada. Fica muito claro que tanto o bispo como o padre Alexandrino tinham consciência de que a população não respeitava e não entendia a lógica da hierarquia eclesiástica.

O padre Cícero, por sua vez, recebeu com surpresa a Decisão da Santa Sé. Convencido de que o bispo não havia enviado o primeiro inquérito que, segundo ele, demonstrava a veracidade dos milagres, e principalmente convencido de que o bispo fizera todo o esforço possível para condenar os fenômenos, começou a alimentar a ideia de ir em pessoa a Roma interceder em favor da "Santa Causa".

Em carta, infelizmente sem identificação do remetente e sem data, mas que deve ter sido escrita após o *Decreto*, Cícero relata um pouco de suas impressões sobre a posição do bispo. Alega que as beatas foram ameaçadas de excomunhão e obrigadas a perjurar e afirmar "uma confissão de coisas tão imundas e extravagantes que ficaram horrorizadas. E porque duas se indignaram mais por umas perguntas ofensivas ao pudor e à modéstia o padre [Alexandrino] ficou zangado e saiu dizendo que elas haviam se comportado mal". Declara ainda serem falsas as notícias de romarias feitas à Maria de Araújo e que o verdadeiro objeto de devoção dos romeiros seriam "os fatos que despertaram a fé e piedade do povo", isto é, o sangramento da hóstia.

Perseguição: esse mote estará presente de forma cada vez mais eloquente nas cartas do padre Cícero, especialmente nesta, dirigida ao Internúncio Papal em 16 de novembro de 1895: "Pois ali [no Juazeiro] nada mais resta senão recitação do rosário fora da Igreja, na praça pública, pedindo-se a Mãe da Misericórdia [...] que ninguém se perverta no meio da perseguição, que exclui milheiros de almas de todos os recursos da salvação", diz, criticando a decisão da Diocese de só prestar os sacramentos a quem negasse acreditar nos fenômenos do Juazeiro.

O sentimento de perseguição aumentou quando Dom Joaquim deixou claro que ele não reaveria as ordens sacerdotais se não fizesse uma retratação oficial. Em dezembro de 1894, isto é, seis meses após a publicação do *Decreto*, Cícero já havia sido convocado três vezes pela Diocese a elaborar uma carta de retratação e obediência, mas, segundo o bispo, sempre o fazia com "equívocos" e "tergiversações", isto é, ele jurava obediência à Igreja, mas não negava o caráter divino dos fenômenos:

> Recebi um novo ofício que V. Exa. Revma. me dirigiu em 28 de novembro pp. [próximo passado: 28 de novembro de 1894] não se conformando com a declaração que por escrito fiz da minha obediência à Divisão e Decreto da Suprema Congregação da Santa Inquisição Romana e ordenando-me que fizesse outra no prazo de três dias conforme a minuta que enviou-me prescrevendo-me omitindo a frase, *onde dizia que sem detrimento de minha consciência, eu não podia negar a verdade e a sinceridade do que fui testemunha [...] eu falando assim, não quero de forma alguma sustentar nem defender os fatos ocorridos no Juazeiro, quando já declarei e torno a declarar que uma vez que a Sagrada Congregação do Santo Ofício os condenou e reprovou, eu os condeno e reprovo obedecendo*

> sem restrição [...] como filho submisso e obedien-
> te da Santa Igreja.

O padre Cícero dizia ser "filho submisso e obediente da Santa Igreja", mas não conseguia dizer que os fenômenos eram falsos, pois "não podia negar a verdade e a sinceridade do que fui testemunha". O padre, provavelmente, já sabia que a Diocese não daria suporte a esse tipo de crença, pois escondeu por muito tempo o que acontecia, embora fosse próximo ao bispo e, em tese, bom católico.

Nossa hipótese parte do princípio de que a Comissão foi seduzida pelas narrativas dos fenômenos extraordinários e, sobretudo, pelo sangramento da hóstia com Maria de Araújo, mas é necessário refletir sobre alguns elementos: a ação da primeira Comissão foi desde o início muito desorganizada, nem Clicério nem Antero respeitaram os limites ou as determinações do bispo; este, por sua vez, foi muito condescendente, não interferiu quando convocaram médicos, farmacêuticos; foi admoestado, com razão, pelo bispo Arcoverde.

O bispo culpava o padre Cícero, "homem original e principal protagonista da deplorável comédia" e principal fomentador das peregrinações: "Alimenta nesta pobre gente uma certa dúvida sobre a Decisão do Santo Ofício". Mais tarde, na sua última *Carta Pastoral*, de 1898, o bispo vai dizer em tom de mágoa que uma só palavra do padre Cícero teria sido o bastante para cessarem as romarias ao povoado do Juazeiro.

Sobre Maria de Araújo, as recomendações da Congregação eram para que após a publicação do *Decreto* ela fosse convencida a ir para uma Casa religiosa e tomasse como confessor outro padre "naturalmente entre os aprovados e não suspensos". Sobre isso, o Internúncio faz uma ressalva importante, flagrante do momento histórico vivido naquele momento:

> Recomendei ao mesmo Monsenhor Bispo [Dom Joaquim] que se abstivesse de publicar pelos jornais as disposições textuais que ordenava de fechar em uma Casa religiosa a Maria de Araújo. Parece-me necessária essa reserva: porque, sendo decretada aqui na Constituição da República a separação da Igreja e do Estado, não sendo reconhecidas as sentenças dos tribunais eclesiásticos, e muito menos a competência desses em atos de coação pessoal externa, há fundamento a temer que a Autoridade eclesiástica viesse a se encontrar em grave dificuldade ou indisposição se a jovem Maria de Araújo, ou a sua família, ou outros mal-intencionados viessem reclamar contra a dita medida nos tribunais civis. Exortai, portanto o Bispo a proceder cautelosamente e por vias persuasivas.

Maria de Araújo foi salva pelo novo regime político que se estabelecera e era, de certa forma, condenado nas suas visões e revelações. Apesar de não serem completamente apologéticas à Monarquia, as visões narradas pela beata remetiam a elementos do Império, como o anjo custódio, além de condenarem o casamento civil e as "novas filosofias" em voga naquele momento.

Entretanto, a reclusão forçada de Maria de Araújo tinha para o bispo uma forte razão. Apesar de o padre Cícero afirmar que a beata não era objeto de culto, estava claro para a Diocese que, enquanto ela estivesse "livre", chamaria demasiada atenção não só pelos fenômenos de sangramento da hóstia (estes diminuíram e cessaram por fim em 1894), mas também pelas histórias que começaram a contar sobre ela, mostrando como o caso saíra totalmente do controle, dele e dos sacerdotes que a acompanhavam.

O aspecto institucional, no entanto, diferencia esse caso de outros similares, nos quais as mulheres foram julgadas e condenadas como embusteiras pela Igreja desde o século XVI: a falta de método dos sacerdotes da Comissão, a desobediência do próprio clero, a fraqueza do bispo e a ousadia dessas mulheres – principalmente de Maria de Araújo, que mesmo ameaçada não se retratou. Toda a condução do caso é muito estranha, sem sigilo, direção ou autoridade, aspecto agravado pela seriedade e repercussão dos eventos, ainda mais porque não encontramos indícios de que o bispo foi admoestado pela Santa Sé.

A questão, porém, não só não havia se resolvido ainda, como a partir daí acirravam mais e mais os debates teológicos sobre o fenômeno do sangramento. No meio dessa querela, estava Maria de Araújo, a devota/instrumento dos milagres, de cuja voz só escutamos o eco. Nas outras mulheres, pouco se falava. Nesse momento, o único que parece lembrar-se delas é o padre Alexandrino, preocupado com as retratações, das quais devia prestar conta ao bispo.

A publicação do *Decreto* de 1894 mudou os rumos da devoção ao *Sangue Precioso* no Juazeiro e forçou o bispo cearense a se empenhar para obter a retratação das pessoas envolvidas na questão religiosa do Juazeiro. O trabalho seria descomunal: reunir beatas, sacerdotes, leigos; enfim, todos aqueles que testemunharam no processo, publicaram artigos na imprensa ou de alguma forma estimularam as peregrinações ao Juazeiro. Eles deviam desdizer o milagre, soterrando assim qualquer "movimento estranho" que pretendesse desunir os fiéis e a Diocese.

Mesmo a ameaça das punições previstas pelo *Decreto* – perda do hábito e dos sacramentos; para Maria de Araújo, reclusão em uma casa religiosa; para algumas mulheres que moravam na Casa de Caridade, a ameaça de expulsão, que pairava como uma sombra amedrontadora, e, por fim, perda definitiva das ordens para os sacerdotes – não foi o suficiente para acelerar o processo de retratações e novos conflitos se anunciavam.

18

As fabricantes de milagres e o reordenamento da crença

> [...] esta história do Juazeiro não tem importân-
> cia alguma, e já teria caído em completo olvi-
> do, se não fora o capricho de alguns sacerdotes
> que se comprometeram imprudentemente, e agora
> não tem coragem bastante para confessarem a
> mistificação de que foram vítimas.

No trecho que abre este capítulo, em carta de fevereiro de 1894 ao Internúncio Papal, Dom Girolamo Gotti, Dom Joaquim tentava justificar o fracasso na contenção das romarias ao Juazeiro. Dom Girolamo reclamava que continuamente recebia cartas, pedidos e abaixo-assinados vindos do Juazeiro solicitando revisão do caso e a devolução das ordens sacerdotais dos padres envolvidos, entre outras solicitações. Logo após os episódios ocorridos no Aracati, o próprio padre Clicério da Costa Lobo, ex-comissário episcopal, mudou-se temporariamente para o Rio de Janeiro, onde se apresentou ao Internúncio como "Procurador da Causa do Precioso Sangue".

Encontramos um conjunto de abaixo-assinados encaminhados pelo padre Clicério no Arquivo da Nunciatura Apostólica em Roma. Entre eles, há até mesmo declarações assinadas pela beata

Maria da Soledade, afirmando que a hóstia sangrara também na sua comunhão, bem como a do padre Vicente Sother atestando que a mesma beata era "incapaz de qualquer fraude ou simulação". Além disso, há petições de romeiros, redigidas por José Marrocos, embora tenham sido assinadas pelo padre Clicério, acusando o bispo de proibir a confissão de peregrinos e beatas no Juazeiro, "proibida ali a celebração dos atos da Semana Santa".

O conflito entre os fiéis foi agravado por essas queixas feitas ao Internúncio, sem intermediação da Diocese. Provavelmente admoestado pelo Internúncio, Dom Joaquim tenta se defender: "Sei que alguém tem procurado ocupar o precioso tempo de V. Exa. Rma. com a história dos falsos milagres do Juazeiro [...] parece incrível que sacerdotes, aliás, de bons costumes e regularmente instruídos praticassem tantos desatinos [...] Tais são as fraquezas do espírito humano, quando desviado do ensino da Santa Igreja". Urgia, então, conseguir as retratações dos principais envolvidos. O responsável por essa missão era o padre Alexandrino de Alencar, nomeado também pároco da cidade do Crato.

Em 20 de agosto de 1894, Dom Joaquim enviou ao padre Alexandrino um documento que apresentava o seguinte cabeçalho: *Instruções que devem ser fielmente observadas no tocante às pessoas envolvidas nos fatos do Juazeiro*. Essa carta dava instruções diretas ao pároco do Crato sobre como proceder a fim de obter as retratações das mulheres:

```
Chegam àquela casa [refere-se à Casa de Caridade
do Crato] sem prévio aviso [...] fará vir a sua
presença a mesma superiora, a quem recomendará
toda ressalva e segredo e lhe ordenará que chame
em uma sala na mesma capela as beatas Antônia
Maria da Conceição e Maria Joana de Jesus [beatas
que moravam na Casa de Caridade], que depuseram
no processo; presentes as ditas beatas, o Revdo.
```

> Capelão e Superiora da Casa, diz-lhes o seguinte:
> '- Em obediência às ordens do Sr. Bispo Diocesano declaro-lhes que, tendo a Santa Sé Apostólica condenado os embustes do Juazeiro como detestável e ímpio abuso da divina Eucaristia, e tendo as senhoras deposto no processo muitas falsidades, todas por exaltação da fantasia, chegando a senhora Antônia a apresentar partículas aos Padre da Comissão, [ilegível] dizendo com Nosso Senhor falar [...] manda-lhe dizer o Senhor Bispo que se as Senhoras confessarem tudo à mim e ao Revdo. Capelão e a Senhora Superiora ficarão privadas e continuarão a residir nesta casa, ficando tudo em reserva; se, porém, negarem-se a confessar suas faltas, serão expulsas' [...].

O bispo orientava também como proceder com relação à Maria de Araújo, que novamente deveria ser intimada a internar-se na Casa de Caridade "devendo empregar todos os meios [per] suasórios [...] Se, a despeito de tudo, continuar a resistência por parte de Araújo ou da família dela, deverá intimá-la a deixar o hábito religioso de que usa, ficando a mesma, além disso, privada dos Sacramentos". Em outra carta de maio de 1895, a reclamação do bispo continua, uma vez que desde 1890 ele insistia no recolhimento de Maria de Araújo e considerava a resistência dela à retratação uma má influência para as outras beatas:

> Maria de Araújo, a célebre embusteira, no dia 28 de Março último, contra minha ordem expressa, retirou-se da Casa religiosa da Barbalha, onde se achava recolhida; só demorou-se ali seis meses, durante os quais não quis confessar-se. O Revdo. Pároco da Barbalha, a cuja vigilância estava ela confiada fez-lhe ver que não podia retirar-se contra minha ordem; ela, porém, a nada atendeu e lá se foi para o Juazeiro.

Desde a execução do primeiro inquérito, Maria havia se mudado para a casa da mãe e alternava as estadias lá e nas Casas de Caridade de Barbalha e Crato, mas quando em Juazeiro costumava receber pessoas em sua casa para rezar e observarem os estigmas e crucificações: "[...] fui à casa da referida beata, e lá chegando, encontrei a casa repleta de mulheres talvez umas duzentas e o terreiro e imediações ocupados por uma massa compacta de uns quinhentos e tantos homens", conta o padre Alexandrino em carta de setembro de 1894:

> [...] intimei pessoalmente em uma casa contígua à Capela, Maria de Araújo a recolher-se a Casa de Caridade de Barbalha. Disse que estava pronta a ir, animei-a a obedecer e ela continuou dizendo que ia consultar a família. Dei-lhe um prazo de quatro dias para refletir e este prazo expirou no Domingo (16 do corrente em que li a Pastoral) Neste mesmo dia apareceram-me os dois irmãos mais velhos e disseram-me que Maria de Araújo estava prostrada e nestas condições não podia seguir para a Barbalha.

Assim, uma das "provas" de que Maria de Araújo não era e não podia ser santa era sua personalidade arrogante e desobediente, marcada pela falta de humildade, contrariando alguns dos principais pré-requisitos de santidade. Além disso, o padre Alexandrino deveria controlar também a população, que acreditava piamente nos milagres.

A desobediência às Decisões da Santa Sé, portanto, não partia apenas dos sacerdotes e beatas envolvidos no Processo Episcopal. O povo também se recusava a obedecer, mesmo correndo o risco de morrer sem a absolvição dos pecados. Até antes de setembro de 1894, o padre Cícero – mesmo com ordens suspensas – podia celebrar missa fora dos limites do Juazeiro (faculdade que foi retirada definitivamente em janeiro de 1895). Assim, para atender à necessidade da população, ele costumava celebrar na capela do Sítio Saquinho, um lugar distante dois quilômetros e meio da cidade do Crato, como narra Paulo Elpídio de Meneses, memorialista cratense e contemporâneo aos eventos:

> Em um desses dias, reservado ao descanso, fui ao Juazeiro. Passando pelo Saquinho encontrei o padre [Cícero] à frente de uma considerável procissão. Mas, sem santo. Em Juazeiro, encontrei um sacerdote dizendo missa por ordem do Bispo. A vila, no entanto, dava a impressão de que se encontrava sem viva alma. O enviado à Santa Sé celebrou ouvindo as moscas voarem, no espaçoso templo de Nossa Senhora das Dores [...] (Menezes, 1985, p. 65).

Ir assistir à missa do padre Cícero e deixar o "sacerdote do bispo" sem público se configurava naquele momento uma tática de resistência às ordens do diocesano, isto é, os crentes continuavam ratificando a fé nos "milagres", mas sem deixar as obrigações cristãs; contudo, também era um claro ato de desobediência, ainda mais no momento delicado em que a Igreja estava.

Na mesma carta supracitada, o padre Alexandrino escreveu ao bispo contando como fora sua primeira aproximação com as beatas depoentes no primeiro inquérito, que alegavam manifestar algum tipo de fenômeno igual ou similar aos de Maria de Araújo:

> Ontem fui à Casa de Caridade com o Padre Joaquim Sother avisado uma hora antes em nossa casa e lá chegando, chamei a parte a Superiora para ver o motivo de nossa viagem ali. Entramos em sua sala secreta para onde mandei chamar

> Antônia Maria da Conceição e Maria Joana. Logo que chegaram, fiz o que V. Exa. determinou. A Maria Joana, depois de alguma hesitação, declarou ser falso o que dissera no depoimento exarado no processo e a outra sustentou o que dissera no processo, notadamente ter de Deus recebido as partículas. Contestei-a, dizendo ser isto impossível, e animei-a a dizer a verdade. Tudo foi baldado; nada se conseguiu. Dei a mesma beata o prazo de três dias fazendo-lhe ver as penas que lhe seriam impostas, se não falasse a verdade.

As únicas beatas que se retrataram com facilidade foram Maria Joana e Anna Leopoldina – a primeira, provavelmente, por medo de ser expulsa da Casa de Caridade, como preconizavam as ameaças do padre Alexandrino; a segunda era de uma família abastada da cidade do Crato, e ela estava de casamento marcado "depois de correrem boatos infamantes dela beata com o referido primo [...] há dias impetraram dispensa de parentesco, e licença de hora, lugar e dispensa de banhos a fim de não haver escândalos. A beata impetrou também dispensa do voto de castidade".

Nessa carta, o padre Alexandrino chama atenção para uma importante questão naquele contexto: ele questiona o comportamento dos sacerdotes que "extorquiam votos de moças de tenra idade e inexperientes [...]". E continua: "A maior parte das beatas daqui estão ligadas por ritos e outros votos de igual natureza". A crítica era válida.

A interferência dos padres e diretores espirituais na vida de suas dirigidas foi um dos grandes problemas da tradição espiritual, principalmente porque muitas vezes os padres sujeitavam as dirigidas às práticas de mortificação e penitência para as quais elas não estavam preparadas, surgindo daí os diversos casos de desvios e de "falsa santidade" que lotam os arquivos da Inquisição. Infelizmente, pouco sabemos sobre a direção espiritual da maioria dessas mulheres; ao que consta, Cícero e Monteiro eram os confessores da maioria delas.

Notável é a retratação de Anna Leopoldina que, ao ser perguntada sobre os fenômenos que dizia manifestar, sobretudo visões com santos e viagens espirituais ao céu e ao purgatório, respondeu "perante duas testemunhas nunca ter dito o que estava no processo". Uma dessas testemunhas ainda afirmou: "Não me lembro que isto se desse, me disse ela. Escreviam o que queriam". Colocar a culpa na primeira Comissão Episcopal funcionava como uma tática para se livrar da responsabilidade, no caso de Anna Leopoldina, motivada por dois fatores: o de pertencer a uma família tradicional do Crato, gerando aí um conflito social com a Diocese do Ceará, e o fato de estar de casamento marcado. A afirmação de Anna nos faz pensar ainda sobre os limites entre o que foi narrado pelas mulheres e o que foi transcrito pelos padres. Em que medida o escrivão interferira – incrementando os detalhes – nos relatos das mulheres?

Uma carta de agosto de 1894 de Dom Joaquim já havia feito uma ressalva quanto à aplicação de penas e penitências às beatas envolvidas. Jahel Cabral, Maria das Dores e Joaquina Timóteo deviam ser intimadas a depor o hábito religioso, mesmo que viessem a se retratar; e caso elas resolvessem "confessarem suas faltas", deviam cumprir algumas penitências "como a privação da comunhão por algum tempo". Para Rachel Sisnando e Anna Leopoldina, que eram comprometidas (Rachel era casada e Anna estava noiva), as penas foram mais brandas. Caso confessassem os embustes deveriam ser repreendidas, e os sacramentos seriam limitados por um tempo, mas "de modo que não caus[ass]e qualquer perturbação na vida conjugal".

A beata Antônia Maria da Conceição foi uma das mais relutantes e contraditórias. Tendo sido procurada várias vezes pelo padre Alexandrino, ela mantinha o que dissera em seu primeiro depoimento, "notadamente ter de Deus recebido as partículas". Talvez assustada com as ameaças feitas pelo pároco do Crato, dois dias depois do primeiro encontro com o padre Alexandrino, em 22 de setembro, Antônia confessa:

> [...] são falsas todas as declarações constantes de um depoimento dela no processo do Juazeiro, e que, por conseguinte nunca teve revelações de espécie alguma, nunca tendo visto ou ouvido nada que se referisse ao Juazeiro; que Jesus Cristo, Maria Santíssima e S. José nunca lhe apareceram, que os êxtases, que se diz lhe ter sobrevindo na ocasião de seu depoimento foi todo fingido, que as partículas na mesma ocasião apresentadas foram por elas levadas para o fim de passá-las como miraculosas, que tudo o mais que afirmou em seu depoimento no processo não passa de grosseiro embuste do qual está sinceramente arrependida.

No entanto, por alguma razão que não fica muito clara, a beata retornou dias depois da sua retratação à presença do padre Alexandrino:

> [...] a qual depois de haver confessado os embustes que praticou, como V. Exa. terá visto no documento remetido em dias do mês passado - veio à casa de minha residência, no dia 4 do corrente à tarde [4 de outubro], declarou-me que não falou a verdade na retratação passada naquele mesmo documento. Disse-lhe eu: '– *A senhora falou a verdade, agora quer negá-la*'. A retratação já deve estar em poder do Senhor Bispo; por tanto é impensado conversar mais sobre estas coisas. Se continuar a sustentar suas velhacadas e embustes, será

expulsa da Casa de Caridade e privada de todos os sacramentos (Carta de 20 de outubro de 1894).

As ameaças continuam no sentido de manter a confissão. Aqui entra em jogo também a própria pressão sofrida pelo padre Alexandrino, cobrado constantemente pelo bispo Dom Joaquim; este, por sua vez, cobrado pelo Internúncio. Nesse sentido, a trajetória dessa relação de poder era vertical e hierárquica, atuando a partir de dispositivos de controle, fixando-lhes limites e prazos.

Dez dias depois, em 14 de outubro, o padre Alexandrino voltou a procurar a beata Antonia na Casa de Caridade, encontrando-a doente. Perguntada novamente se afirmava serem verdade os embustes que testemunhara no processo, ela confirmou, sendo então expulsa em definitivo da Casa de Caridade e privada do uso do hábito religioso e dos sacramentos:

> Perguntei a ela na presença da Superiora, se ainda sustentava o que havia deposto no processo [leia-se, primeiro inquérito]? Respondeu que sim. Disse-lhe então: '- Tu não mereces fé, és uma perjura, indigna de estar nessa casa, onde sempre te comportaste mal, desobedecendo à Superiora e vivendo na ociosidade. Por atenção a Monsenhor Monteiro que foi sempre benfeitor desta casa [e que havia sido o confessor dela], não foste a mais tempo expulsa. Deponha o hábito religioso, e saia imediatamente desta casa, e fique sabendo que está privada dos sacramentos'.

O padre Alexandrino atribuiu o comportamento instável de Antônia Maria à influência das outras beatas. Segundo ele, dias antes de Antônia voltar atrás no seu depoimento, outras quatro beatas sustentaram obstinadamente a sobrenaturalidade dos fatos ocorridos ali. Ele se refere às beatas Maria da Soledade, Maria das Dores, Jahel Cabral e Joana Tertulina.

Em fins de abril de 1895, já expulsa da Casa de Caridade e proibida de usar o manto de beata, Antônia procurou o padre Alexandrino, conforme ele narra em carta de 21 de maio do mesmo ano, a fim de que o mesmo padre a confessasse:

> Procurou-me e pediu em todo empenho que eu a confessasse ao que respondi que só o faria se ela descobrisse todos os embustes que pôs em ação. Disse ela que descobriria tudo, e faria o que eu determinasse. Efetivamente, muitos dias depois desta entrevista, veio a casa de minha residência onde, perante mim, o Pe. Miguel e os três signatários do documento - fez sem constrangimento algum as revelações nele exaradas depois de juramentada. Exmo. Sr., Antônia desta vez falou a verdade que já uma vez teve a infelicidade de negar, perjurando. Ela está convertida sinceramente [...]. Depois de declarar a Antônia que a confissão dela devia ser geral, impus-lhe a ela diversas penitências, ordenei que fizesse um diligente exame de uns dez dias e já comecei a confessá-la, o que soube religiosamente cumprir. Notando nela excelentes disposições resolvi-me marcar a comunhão dela para o dia da Ascensão. Agora veio-me a mente perguntar a V. Exa. O seguinte: se Antônia quiser depois de algum tempo andar de manto e mesmo ir para a Casa de Caridade eu devo permitir? Eu serei dora [sic] [de agora] em diante o Diretor dela, isto a pedido que me fez [...].

Outras beatas também dificultaram o trabalho do padre Alexandrino. A principal tática usada por elas era eventualmente dar alguma desculpa para não comparecer às "conferências" por ele convocadas: "A esquivança delas para comigo, porque sabem que eu não dou crédito às revelações, êxtases e outras peloticas e escamotagens [*sic*] que fazem".

Um exemplo dos subterfúgios utilizados por elas eram os bilhetes enviados de última hora, explicando que não podiam ir. E afirmavam a razão, como esta: "Em virtude dos muitos ataques espasmódicos que constantemente sofro como V. Revma. sabe", diz o bilhete de Maria Leopoldina enviado em 2 de setembro de 1894. Assim a doença aparecia mais uma vez como recurso de fuga às investidas do pároco do Crato.

A beata Joana Tertulina, por sua vez, alegou também uma perseguição infundada por parte de Alexandrino, que lhe havia intimado a tirar o hábito de beata: "Não sei por que o Sr. Bispo me castiga com as outras; eu não tive graças particulares como elas afirmam. No meu depoimento tudo quando disse foi baseado no que me disseram outros entre os quais alguns sacerdotes". Não é necessário dizer que ela jamais retirou o hábito ou retratou-se, sempre apoiada pelo padre Cícero. Além disso, essa fala de Joana deixa clara a influência dos sacerdotes nos depoimentos do primeiro inquérito, mostrando como eles conversaram sobre os fenômenos antes que a Comissão chegasse à cidade, o que interferiu no que foi dito e transcrito.

Com tanta resistência, frequentemente o padre Alexandrino teve que explicar ao bispo seu insucesso, atribuindo-o ao grande trabalho na freguesia, uma vez que poucos padres ali estavam autorizados a confessar e ministrar sacramentos. Obviamente, ele também culpava a rebeldia das beatas e sacerdotes que, segundo ele, atrapalhavam o andamento do trabalho. O bispo, por sua vez, exigia que o pároco do Crato fosse mais enérgico com as beatas. Ora, quanto mais aquela resistência iria durar? O padre Alexandrino se defende:

> Sr. Bispo, eu tenho sido prudente quando se trata do negócio do Juazeiro, mas nunca condescendi com as beatas e muito menos com as *milagrosas*. Estas nunca se confessam comigo e as outras que vão ao meu confessionário reconciliar-se com Deus *tem sido muitas vezes ameaçadas de não serem absolvidas* se comungarem mais do que eu permito.

Em outra carta, de meados de 1894, ele conta ao bispo que pelo menos uma vitória já estava certa, conseguira que a beata Jahel Cabral aceitasse fazer a retratação: "A Jahel está separada da comunhão do Pe. Cícero e das *santas* do Juazeiro. Estas últimas, nem sequer, consentem que ela as acompanhe do Juazeiro para esta cidade". Em carta a Dom Girolamo Gotti, em 4 de fevereiro de 1895, Dom Joaquim lamenta não haver conseguido ainda a retratação de Maria de Araújo. Em suas palavras: "Até o presente, esta abominável mulher tem ocultado os embustes e sacrilégios que cometeu: não procura confessar-se e nem poderá ser absolvida enquanto não revelar *extra confessionem* os horrores que praticou".

Para o padre Alexandrino a peculiaridade entre as beatas do Cariri é que "em vez de serem dirigidas querem ter a ousadia de dirigir os confessores, o que deu lugar ao meu mano padre Francisco dizer que não gostava de dirigir e confessar as mulheres do Cariri, e particularmente desta cidade, porque [elas] queriam saber mais que os padres", conta na carta de 14 de maio de 1896. Suas maiores queixas eram com relação ao comportamento de Maria de Araújo, Marias das Dores, Maria da Soledade e Joana Tertulina, segundo o padre Alexandrino, "as queridas do Pe. Cícero". E completava, dizendo que, felizmente no Cariri, o hábito de se tornar beata caíra em desuso:

> O beatismo atual não é o mesmo de outrora, e nem nossa religião está mais tão desvirtuada como

> já foi, graças a Deus. Grande número de beatas
> tem deixado os mantos e voltado para o século.
> Algumas delas estão de casamento quito. Já nin-
> guém fala mais em tomar o manto.

Outra preocupação do padre Alexandrino era no tocante à direção espiritual das beatas. Segundo ele, embora Cícero e seus aliados não tivessem autorização para dirigir ou confessar mulheres, as beatas continuavam a não recorrer aos 'sacerdotes do bispo', e continuava a reunião de mulheres na igreja do Juazeiro, a despeito da proibição. O comportamento rebelde delas seria, segundo ele, não só apoiado, mas também estimulado pelo padre Cícero.

Uma das evidências que temos da importância da direção e intervenção dos sacerdotes sobre as mulheres está em uma carta enviada a Dom Girolamo Gotti e assinada pelas beatas Maria de Araújo, Maria da Soledade, Jahel Cabral, Maria das Dores e Joana Tertulina. Nessa carta, escrita provavelmente entre o fim de 1894 e início de 1895, elas reclamam do seguinte: "[por] abrigo espiritual, de que fomos privadas com todo o povo do Juazeiro". Além de reafirmarem o que disseram no primeiro inquérito, elas comparavam seus sofrimentos ao do próprio Cristo e solicitavam que o Internúncio intercedesse por elas junto ao Papa:

> E assim suplicamos a V. E. Rma. que senão pode
> atender aos gritos de nossa aflição e de nossa
> angústia, transmita nossos gemidos aos pés do
> Vigário de Jesus Cristo, para que Ele saiba que
> do seu rebanho foram roubadas doze mil almas,
> em cujo número ninguém foi tão perseguido como
> nós; porque assim como vimos, assim juramos e
> assim sustentamos a verdade da transformação das
> hóstias sacramentais em Sangue. E porque sem
> condenação de nossa consciência e de nossa alma

não podemos depois dizer o contrário em novo
interrogatório clandestino, onde só havia o que
perguntava e a que respondia - fomos proibidas
de todos os sacramentos, até de nos confessar-
mos na hora da morte. [...] Só V. E. Rma. Sr.
Internúncio Apostólico, pode tomar conta disto e
dar as providências necessárias, porque a confissão e absolvição que tem por base um crime é
também um grande crime contra Deus e contra sua
Igreja. Assim, pois não podemos deixar de pedir
a V. E. Rma. que deponha aos pés de S. Santidade
e do Tribunal do Santo Ofício as petições juntas
que falam da aflição de nossa e da consternação
de doze mil almas arrancadas e despedaçadas para
fora da Fé e da Igreja Católica.

Segundo as mulheres, 12 mil almas, correspondentes à população do Juazeiro, estariam privadas dos sacramentos. É interessante notar que a linguagem utilizada na carta é muito elaborada. E, quando cotejamos com alguns dos escritos de José Marrocos, percebemos a semelhança na caligrafia e no estilo. A título de comparação, observemos este trecho de uma coluna publicada no jornal *A Província* de Recife em 3 de setembro de 1893:

Meu venerando pontífice, que quadro sombrio, pa-
voroso e desolador vai ver o olho paternal de
V. Ex. Revma!... [...] uma pobre virgem arrancada ao
travesseiro de sua mãe agonizante - o tribunal
da penitência dificultado e proibido mesmo no
Juazeiro às esposas do Senhor - um povo inteiro
enxotado e corrido para fora da fé e da Igreja
católica. - o seu capelão despojado do sacerdócio de Jesus Cristo e amordaçado para não dizer a
palavra de salvação, que Deus lhe confiou para a
alma do povo que vem procurá-lo de todas as par-

> tes - os próprios moribundos sem socorros espi-
> rituais e atirados ao perigo e à desgraça de uma
> morte eterna - o Sacrário, o Viático extinguido
> na meio de uma população de doze mil almas - e
> Jesus mesmo expulsado do seu templo e sofrendo
> no Sacramento do seu amor o que não sofreu no
> próprio sacrifício de sua vida.

Nesse sentido, é muito provável que as mulheres não tenham sido as autoras da carta, mas ousaram assiná-la, mesmo passando por cima da hierarquia e desconsiderando completamente o bispo. É preciso lembrar que os padres envolvidos no processo estavam proibidos de confessar e dar a comunhão; enquanto isso, os sacerdotes autorizados pelo bispo elaboraram uma estratégia para reprimir os crentes. Antes da confissão, o fiel deveria responder se reprovava e condenava os fatos do Juazeiro, informa o padre Alexandrino:

> Formulamos a interrogação por aquela forma por-
> que os penitentes sofismavam, quando perguntava
> se ainda acreditavam nos fatos do Juazeiro, as
> respostas ordinariamente eram esta: "Creio em
> Deus" simplesmente ou então "Creio em Deus e na
> Santa Igreja". Semelhantes respostas não me sa-
> tisfaziam, por que dizem pelo Juazeiro e outros
> pontos da Freguesia uns que a Decisão dada pela
> Congregação não é da Igreja e outros que ela é
> produção de V. Exa.

O memorialista Paulo Elpídio de Menezes narra um episódio que ilustra essa rebeldia da população diante de tal restrição:

> [da casa do padre Alexandrino] vinha saindo de
> dentro uma mulher em adiantado estado de gra-
> videz. Impressionou-me os gritos da mulher. Ela

> dava murro com a mão direita, na palma da mão esquerda, e gritava ainda mais alto que o Vigário: 'Acredito, acredito, acredito! Se quiser me confessar, me confesse, se não quiser, não me confesse!'.[88]

Não sabemos o que aconteceu com a mulher, mas provavelmente ela permaneceu sem o sacramento. Como dissemos, o bispo deveria apresentar relatórios periódicos ao Internúncio sobre o avanço das retratações. Apesar da obstinação que algumas mulheres demonstravam, em janeiro de 1895, quase um ano após a publicação dos Decretos da Santa Sé, cinco beatas – Antônia Maria, Jahel Cabral, Maria Joana, Anna Leopoldina e Rachel Sisnando – haviam confessado os "seus erros e desvios", e a partir daí os sacerdotes mais resistentes também começaram a ceder.

---

88. MENEZES, Paulo Elpídio. *O Crato do meu tempo*. Fortaleza: Edições UFC, 1985, p. 66.

19

"Se eu negar o que disse antes, que Deus me cegue!"

ANTES DE 1896, PRATICAMENTE TODOS OS PADRES QUE DIZIAM acreditar nos pretensos milagres já haviam se retratado, com exceção dos padres Cícero, que nunca se retratou, e Francisco Antero, que só se retratou em junho de 1897. O número de padres era um pouco maior, provavelmente porque sobre eles recaía a ameaça de suspensão das ordens, o que significava a desvinculação com a Igreja e a perda do ofício como consequência.

Um episódio é capaz de demonstrar o caos que se estabeleceu no povoado à época. Monsenhor Monteiro foi um dos primeiros sacerdotes a se retratar, já na primeira convocação do bispo, após a publicação do *Decreto*. No entanto, ele continuava a ser vigiado pelo padre Alexandrino, principalmente por ter sido ele um dos sacerdotes mais próximos às beatas. Ainda em novembro de 1894, o monsenhor declarou ao pároco do Crato não crer "em mais nada e que Juazeiro para ele é como se nunca existisse".

Em julho de 1895, indo esse padre confessar uma moribunda, não consegue porque "ela doente conserva a crença nos fatos do Juazeiro, não quer de forma alguma reprová-los e condená-los como ordena a Sagrada Congregação por cujo órgão falou a Santa Sé". O monsenhor deixou a enferma sem confissão sob o risco de morrer sem absolvição, mas "poucos dias depois, é chamado o padre

Cícero para confessar tal doente, dirige-se a casa dela, absolve-a, exprobrando depois o procedimento de monsenhor Monteiro e outros colegas que, em idênticas circunstâncias, procedem como ele". A tradição popular conta, ainda, que monsenhor Monteiro teria morrido cego, por um dia ter afirmado que preferiria cegar a negar os milagres que vira.

O padre Clicério, suspenso desde 1892, viveu o período de suspensão entre o Rio de Janeiro e a Paraíba. Ele mostrou-se arrependido e no início de 1895 apresentou sua carta de retratação:

> O Revdo. Clicério da Costa Lobo, que se achava na Diocese da Paraíba, espontaneamente apresentou-se-me no dia 22 de janeiro último; recolheu-se ao seminário, onde fez retiro espiritual por três dias, no fim dos quais ofereceu-me a retratação, que V. Exa. Revma. verá no [ilegível] incluso. Este Sacerdote está hoje inteiramente convencido de que foi mistificado por certas pessoas interessadas na comédia.

As retratações seguiam o mesmo modelo narrativo, com a apresentação da culpa, justificada pela boa-fé, e a declaração de submissão aos decretos. A título de ilustração, tomemos o depoimento do padre Manoel Rodrigues de Lima, em 5 de dezembro de 1894:

> Atraído, como milhares de pessoas, ao Juazeiro, pela fama dos fatos extraordinários, que ali se davam, com o nome de milagres, eu sou um dos muitos que acreditaram na sobrenaturalidade dos mesmos [...] Mas desde que me veio às mãos a Pastoral do Exmo. e Remo. Sr. Bispo Diocesano publicando a Decisão e dando execução aos Decretos da Sagrada Inquisição Romana Universal [...] eu como filho submisso e obediente da Santa Igreja

> [...] não devo, não posso mais sustentar a mesma crença, pelo contrário, venho à imprensa declarar, apesar de já o ter feito há pouco perante o mesmo Exmo. Sr. Bispo Diocesano que aceito e obedeço inteiramente, sem restrição alguma, aos mencionados Decretos. [...] Finalmente, peço perdão à Deus e aos fiéis, do erro que cometi, se bem que procedi sempre em boa-fé, e do mal que por ventura, tenha feito à religião, sustentando tais fatos supersticiosos como verdadeiros milagres.[89]

Já o padre Antero não se mostrava disposto a fazer nenhuma retratação, o que implicava formal e deliberada desobediência à Igreja. Ele foi suspenso das ordens sacerdotais em 22 de fevereiro de 1895, acusado entre vários motivos de ir a Roma sem autorização do diocesano, "levando consigo uma cópia abusivamente extraída do então ainda não terminado processo", no qual prestou depoimento e fez a defesa dos milagres. Além disso, pesava sobre o sacerdote a acusação de pregar contra o bispo, figurando em: "papel saliente neste triste negócio, nega-se a dar público testemunho das desobediências à Santa Sé; e isto por mal-entendido amor-próprio, que espero será vencido".

Em maio de 1896, o padre Antero pediu carta de ex-confirmação, isto é, uma carta de transferência para outra Diocese que o retirava da jurisdição de Dom Joaquim. O bispo aceitou o pedido, mas o

---

89. DHDPG/CRB 02,34: Declaração do Pe. Manoel Rodrigues Lima de 05.12.1894. Outros padres que se retrataram: Pe. Laurindo Duettes (jornal *Era Nova*, de 27.09.1894); Pe. Cícero Joaquim de Siqueira Torres (jornal *A Verdade*, de 28.10.1894); Pe. Manuel Antônio Martins (jornal *A Verdade*, de 11.11.1894); Pe. João Carlos Augusto em 04.12.1894 (DHDPG/CRB 02,33); Pe. Jacinto Ramos (jornal *A Verdade*, de 13.01.1895); Mons. Francisco Rodrigues Monteiro (jornal *A Verdade*, de 04.02.1895); Pe. Clicério da Costa Lobo (jornal *A Verdade*, de 02.02.1895).

padre Alexandrino viu nisso uma cilada: "Por essa forma, ficou isento do castigo que merece pela sua rebeldia". Apenas no ano seguinte, em 1897, o padre Antero entregou uma "declaração escrita dizendo que prestava obediência inteira e sem equívoco ao Decreto de 4 de abril de 1894, que reprovou e condenou os pretensos milagres".

Dom Joaquim, entretanto, não se satisfez com as retratações das beatas e dos sacerdotes: exigia a retratação dos médicos e peritos que divulgaram atestados, nos quais diziam que os fenômenos eram sobrenaturais. Se os fenômenos ocorridos com Maria de Araújo podiam servir de justificativa para que ela tenha sido considerada mística ou visionária, os mesmos fenômenos serviriam para desqualificá-la, e essa desqualificação se deu justamente a partir do seu corpo, um discurso típico de uma lógica institucional que reduz toda experiência inassimilável ao desvio e à patologia.

Pressionado pelo diocesano a fazer um novo atestado sobre os fenômenos do Juazeiro, em fins de 1892, o Dr. Marcos Madeira reconhece os efeitos causados pelos seus atestados anteriores e dá a entender que havia mudado de opinião, mas se nega a dar um atestado por escrito:

> [...] se estudos ulteriores me confirmam na opinião já enunciada, ou se já modificaram meu modo de pensar a tal respeito e muitas outras circunstâncias que alega V. Exa., tudo isso, como já disse, excede os limites de um atestado, e não pode deixar de ser objeto de longas explicações pessoais, feitas a V. Exa., depois do que seria por mim feito um minucioso relatório, segundo as bases estabelecidas por V. Exa., o qual relatório viria dar o critério da verdade de que tanto na imensa universalidade das cousas, como nos fatos especiais do Joaseiro é uma só.

O bispo argumentou que foram os atestados médicos publicados em 1891 a razão do alarde desnecessário para o caso e que, assim, ele era um dos grandes responsáveis e devia, como bom cristão, zelar pelo "bem da verdade e da nossa Santa Religião". A questão principal que o bispo apresentava era se o médico ia ou não manter a opinião original dos atestados de 1891: "Pode V. S. afirmar com absoluta certeza que o tal sangue se originou das Sagradas Partículas e não de qualquer corpo estranho?". Uma pergunta que o Dr. Madeira se recusava terminantemente a responder.

Dom Joaquim deixa ao encargo dele decidir se responde ou não à pergunta-chave da questão que de religiosa se torna médica, mas supomos que o bispo via nessas retratações (mesmo estando os fenômenos já condenados pela Santa Sé) uma espécie de desforra. Em uma segunda carta, em resposta a Dom Joaquim, o Dr. Madeira reitera ao diocesano que só daria qualquer explicação caso o bispo financiasse sua viagem à capital e que:

> [...] muito sinto não poder prestar-vos as informações e esclarecimentos pelo modo que quereis. Se sois bispo e como tal tendes necessidade de prestar as informações a Santa Sé, eu também sou médico (ainda que muito obscuro) e como tal tenho muita responsabilidade e minha reputação a zelar em um negócio de tanta monta e para satisfazer-vos torna-se imprescindível a minha ida a Capital.

O médico pediu ainda uma quantia de 2:000$000 (dois contos de réis) para poder ir até a capital. Dom Joaquim responde que, mesmo se a Diocese dispusesse dos recursos solicitados pelo médico para custear a viagem a Fortaleza, esta não seria possível, visto que o único interessado em se retratar seria o próprio Dr. Madeira. "[...] temos juízo perfeitamente formado e já manifestado a respeito do fato", diz o bispo.

Aqui o bispo expressa uma contradição, pois foi ele quem convocou o médico a se retratar. Também não fica muito claro por que Dom Joaquim preocupou-se tanto com a retratação dos médicos, uma vez que Roma já condenara os fenômenos. Pela lógica, não havia mais nada a ser provado. Já para o Dr. Madeira, havia o medo de represálias que a publicação de um novo atestado, negando o primeiro, podia causar. No final de 1897, o Dr. Marcos estava isolado e decidiu partir para o Amazonas, a fim de recomeçar em outro lugar, longe das questões religiosas que o atormentaram no Cariri.

Já o Dr. Ignácio de Souza Dias, que assinou o atestado em conjunto com o Dr. Marcos Madeira no primeiro inquérito, escreveu uma carta em outubro de 1892, retratando-se formalmente e alegando que seu primeiro atestado, no qual defendia a sobrenaturalidade dos fatos, fora elaborado "sem os dados necessários". Segundo ele: "apenas pela especialidade das circunstâncias em que me encontrei". O médico afirmou não ter tido condições de avaliar por "todos os meios de exames" como se davam as transformações e elencou os motivos pelos quais havia sido forçado a assinar o atestado junto com o Dr. Marcos Madeira:

```
1º. O exame teve lugar na capela e em um quarto
da Casa de Caridade do Crato, onde além da fal-
ta de luz eu e meu colega Dr. Marcos Rodrigues
Madeira nos achávamos cercados de uma multidão
de pessoas de todas as classes, cujos interesses
em que os mesmos fatos fossem declarados mila-
gres as levava a introduzir no ato a maior de-
sordem e confusão.
    2º. Tratando-se de examinar um fenômeno que
ocorria em uma partícula depois de consagrada
nos foi negada pelos padres presentes a per-
missão de tocá-la, prová-la e submetê-la aos
processos de exames, sucedendo o mesmo com o
exame procedido por ocasião do êxtase de Maria
```

> de Araújo em *cujo corpo não foi permitido proceder às devidas investigações*. [...] Tendo fortes razões de recear desacatos de um povo cujo fanatismo transluzia em todas as suas ações e palavras procurei informar-me melhor do meu colega Dr. Marcos Madeira [...] Este *infide medici e amici* me garantiu que eu podia sem escrúpulo afirmar o que se contém nos documentos de que nos ocupamos resolvendo-me assim assiná-los.

O Dr. Ignácio eximiu-se da responsabilidade, atribuindo-a a seu referido colega e culpando a pressão exercida pelos crentes, o que, segundo ele, teria influenciado as declarações feitas em seu primeiro atestado. O relato de Dr. Ignácio a fim de retratar-se por sua primeira declaração, chama atenção por denunciar que os exames eram feitos sem muito cuidado, em lugares escuros e com demasiados espectadores que *queriam* que o fenômeno fosse confirmado como milagre. Esses dados nos fornecem informações sobre a rede de relações que se desenvolveu naquele momento e que dizia respeito não só à crença da população, mas aos interesses do grupo de sacerdotes que a cercavam.

Por outro lado, uma carta do Dr. Marcos Madeira ao padre Francisco Ferreira Antero, em novembro de 1892, indica um pouco das estratégias criadas pela Diocese para obter as retratações:

> O meu colega Dr. Ignácio Dias, que comigo examinou a beata Maria de Araújo, quando aqui esteve a comissão do Sr. Bispo, da qual era V. Rvma. o secretário, narrou-me que indo ao Ceará [Fortaleza] mandou a sua bagagem para um hotel e que logo que se divulgou a sua estada na capital, mandou o Sr. Bispo buscar para o seu palácio a bagagem do Sr. Ignácio Dias (com quem não tinha a menor intimidade) e colocou-o em um bom aposento, com ele conferenciou a respeito dos negócios do

Juazeiro por mais de 3 horas no intuito de obter do meu colega uma retratação do que este havia comigo atestado, e de fato a custa de convenções e agrados extraordinários caiu o meu pobre colega na fraqueza de contra atestar o que havia feito antes, sendo por mim interpelado o Dr. Ignácio que é meu amigo de infância, sobre o ato feio, que ele havia cometido, respondeu-me com aquela singeleza que lhe é particular o seguinte: "Não pude resistir as instâncias do Bispo que mandou-me buscar no hotel para o seu palácio e aí faziam beber cerveja, café, cognac do X' [sic] e eu para me ver livre do Bispo disse o que ele queria, mesmo porque também dizia ele, o Dr. Ildefonso já havia feito o mesmo. e o bispo dizia que com isso nós fazíamos um bem a Igreja, nisto como os fatos do Juazeiro viriam prejudicar a nossa Igreja S. S.". Terminou dizendo-me: "Você não avalia os apertos em que eu me vi, o Sr. Bispo parece que não queria mais que eu bebesse água e sim cerveja e passeios no seu jardim.

Esse assédio por parte do bispo talvez possa ser explicado pela necessidade que ele sentia de ridicularizar os fenômenos e aqueles que deram suporte à causa. Ao mesmo tempo, é como se Dom Joaquim estivesse completamente cego à rebeldia dos padres:

> Excmo. e Revmo. Sr. esta história do Juazeiro é uma vergonha para certos sacerdotes desta e de outras Dioceses vizinhas, que se deixaram tristemente mistificar por algumas miseráveis mulheres embusteiras. *Para não expô-los ao ridículo tenho procurado ocultar certos disparates e misérias*, o que tem custado muitas injustiças e dissabores, que suporto com resignação, e até mesmo com satisfação, porque resguardo d'est'

> arte [sic] a honra do meu Clero, que, em grande
> parte, inclinava-se a aceitar como coisa séria
> um acervo de disparates e embustes.

É necessário enfatizar que os próprios sacerdotes reforçaram a "heresia". Em outras palavras, foi em Maria de Araújo que o "milagre" se manifestou, a partir dela, os fenômenos obtiveram força e dimensão suficientes para se propagar, mas o suporte dos padres foi fundamental para que o caso tomasse a proporção que tomou. Quando o bispo decidiu agir, o caso já estava fora do controle, favorecendo a expansão do acontecimento e suas consequências impensáveis.

Percebemos, portanto, um conjunto de erros de procedimentos da Igreja e da pessoa do bispo, iniciado pela desobediência de Cícero e mantido pela soberba dos outros sacerdotes. Quanto às mulheres, sobretudo, no que diz respeito a Maria de Araújo, conjeturamos que elas de fato acreditavam nos fenômenos e buscavam esse ideal de perfeição da vida devota, mas certamente perderam o domínio de suas ações e da própria fala.

Para o bispo, apenas a ambição por dinheiro e poder poderia explicar tamanho desacato por parte do sacerdote e de seus aliados. Mesmo assim, ele não perdia a esperança: "A teimosia do padre Cícero e de alguns poucos habitantes do povoado cessará logo, assim o espero; e esta deplorável história cairá em completo esquecimento", desabafa ao Internúncio. Dom Joaquim, porém, não contava que não só as peregrinações continuariam como também apareceriam novos "inimigos", agora defensores do padre Cícero e do Juazeiro.

20

O "Lobo do Juazeiro" e a viagem do padre Cícero

INVARIAVELMENTE, A "TURBA IGNARA" QUE VINHA EM PEREGRINAção se fixava no local e passava a viver do comércio que girava em torno das romarias. Eles eram, por exemplo, fabricantes de vela e chapéus, santeiros e vendedores de fogos de artifício. A população do município cratense, que compreendia a cidade do Crato e as povoações do Juazeiro e de São Pedro (atual Caririaçu), já possuía em 1890 aproximadamente 21.440 habitantes; em 1900, esse número já era de 33 mil, dos quais 14 mil no perímetro da cidade, um crescimento de mais de 50% da população em uma década.

Esse estouro demográfico aumentou consideravelmente a partir de 1890, isto é, um ano depois dos fenômenos do Juazeiro, e modificou também a organização do povoado, que passou a concentrar as atividades urbanas enquanto o Crato permanecia rural. O crescimento demográfico do Juazeiro produziu, como consequência, um crescimento econômico e um motivo a mais de frustração para o pároco do Crato, que não conseguia impor suas ordens nem fazer valer o *Decreto* da Santa Sé proibindo as peregrinações, cada vez maiores ao Juazeiro.

Um dos peregrinos que veio em meados de 1896 – motivado pela crença no milagre e, quiçá, seduzido também com a possibilidade de prosperar nos negócios – foi o tenente-coronel da Guarda

Nacional José Joaquim de Maria Lobo (1849-1918), natural de Lavras da Mangabeira. Com grande poder de liderança, José Lobo mal chegou ao Cariri e já conquistou posto nas principais irmandades do lugar.

Segundo Della Cava, a Irmandade da Legião teria sido fundada em 7 de julho de 1895 pelo próprio José Lobo. E, juntamente com outras irmandades já existentes, como o Apostolado da Oração, a Confraria de São Vicente de Paulo, Confraria de Nossa Senhora das Dores, Confraria do Santíssimo Sacramento e Confraria do Precioso Sangue, conformaria o grupo de resistência ao bispo diocesano em favor do padre Cícero (1976: 106).[90]

A irmandade da Legião da Cruz[91] surge nesse momento como verdadeira advogada da causa. Seus líderes diziam que o bispo e seus padres eram enviados de Satanás e sustentavam a República. Em oposição à Diocese, estaria a *verdadeira Igreja de Cristo* fiel às práticas tradicionais da Cristandade e tinham na figura do monarca seu legítimo representante. Era significativo que José Lobo fosse, segundo informações de memorialistas, líder do Partido Monarquista na Vila de São Vicente Férrer. A atuação de Lobo e da Irmandade da Legião mais uma vez remete à velha oposição

---

90. O Apostolado do Sagrado Coração de Jesus e a Confraria de São Vicente eram as mais antigas em Juazeiro, tendo sido instaladas antes de 1889. As irmandades eram instituições dirigidas por leigos que, segundo Anderson de Oliveira, supriam muitas vezes o papel evangelizador do clero e atendiam às demandas sociais de responsabilidade do Estado. A Confraria de São Vicente, por sua vez, foi fundada na França em 1833 e era representante dos lazaristas no Ceará. Sobre irmandades no Brasil: Ver: OLIVEIRA, Anderson José Machado de. *Devoção e Caridade*: irmandades religiosas no Rio de Janeiro Imperial (1840-1889). Dissertação de Mestrado. Universidade Federal Fluminense, 1995.

91. Não há registro de atuação dessa Irmandade em nenhum outro lugar da província ou do país. Parece que ela se originou em Juazeiro e tinha como fim recolher os donativos para o Óbolo de São Pedro, um sistema de doações da Igreja, pelo qual o fiel oferece ajuda diretamente ao Papa. Ver: https://www.obolodisanpietro.va/it.html. Acesso em: 15 abr. 2024.

entre República e Monarquia, ortodoxia e heterodoxia, o que indica também o conflito latente entre leigos e clero, principalmente na forma de entender as mudanças políticas daquele momento e responder a elas.

De fato as Irmandades se configuravam como importantes instrumentos de apoio à causa do *Sangue Precioso* que, com o cessar dos fenômenos e a reclusão de Maria de Araújo, inevitavelmente, começaram a se organizar em torno do padre Cícero. José Lobo também era acusado de arregimentar romeiros e organizar peregrinações[92] para o Juazeiro e, valendo-se da ingenuidade daqueles, vendia santinhos com imagens do padre Cícero e da beata Maria de Araújo, além de medalhas e cadarços do *Precioso Sangue*. O jornal *A União* denunciava, em 28 de março de 1897, o aspecto explorador das romarias do Juazeiro e a produção de falsas relíquias, como:

> [...] um pedaço de papel almaço tendo pintado numa das faces um cruzeiro e na outra uns pequenos quadros, à guisa de planta da igreja. Abaixo do cruzeiro lê-se a seguinte quadra [...] 'Jesus amantíssimo/ que na cruz morreste/ salva minha

---

92. Para Ralph Della Cava, as peregrinações feitas ao Juazeiro podem ser divididas em dois momentos: a) as que ocorreram no "auge dos milagres", que eram iniciadas, segundo ele, pelos padres dissidentes que acreditavam nos milagres e contavam até mesmo com a participação de todas as "classes da sociedade", havendo entre os peregrinos "fazendeiros ricos, chefes políticos e funcionários públicos" e b) as que ocorreram após 1894, quando proibidas pela Diocese passaram a ser "espontâneas", vindo pessoas de lugares mais distantes que pertenciam a uma classe mais baixa da sociedade, como "trabalhadores rurais, vaqueiros e rendeiros desprovidos de terra" (DELLA CAVA, Ralph. *Milagre em Joaseiro*. São Paulo: Paz e Terra, 1976, 138). Parece-nos, no entanto, que o fluxo de romeiros "espontâneos" começou imediatamente após os milagres de março de 1889 que ocorreram na Igreja de Nossa Senhora das Dores, tomando como base não só a lista das graças alcançadas na qual assinam pessoas de vários lugares, mas também as correspondências entre o bispo Dom Joaquim e o padre Cícero, bem como entre o mesmo bispo e o padre Alexandrino de Alencar.

alma/ por quem padecestes' [...] Pois bem, esse papelucho, crivado de heresias e de erros, sem nenhuma significação, nem importância, é vendido largamente a 2$000 réis! No Juazeiro quem não traz a tal relíquia ao pescoço, cuidadosamente encaixilhada num relicário ou embolsada num pedaço de pano, é considerado herege e como tal é exposto às iras do populacho fanatizado.

Além disso, a vontade de levar alguma relíquia sagrada do Juazeiro era tão grande que, conta Dom Joaquim em carta ao Internúncio, "mediram a altura da beata Maria de Araújo, cortaram fitas e cordões do comprimento da altura, que vendiam depois fazendo pagarem [preço] salgado [...]".

Deste modo, a Irmandade da Legião conseguiu arrecadar em pouco tempo o que a paróquia do Crato demorava quase um ano para recolher. Muitos do que iam à romaria acabavam por ficar e começavam a explorar como podiam a popularidade dos "milagres". Um dado interessante sobre as imagens que circulavam naquele momento diz respeito ao *santinho* de Maria de Araújo, como vemos a seguir:

Maria de Araújo
ao tempo dos pretensos milagres

Trata-se da figura de uma típica beata com o hábito tradicional preto e a murça branca, carregando dois símbolos importantes da Igreja, o crucifixo e o rosário, com a face séria, mas tranquila, não olhando diretamente para o fotógrafo, a indicar timidez e recato. Entretanto, e por incrível que pareça, essa beata retratada não é Maria de Araújo, mas uma mulher desconhecida. O fato de que essa imagem sirva para representá-la denota uma visão homogênea sobre o que era ser beata, já compartilhada no imaginário da época.

Do mesmo modo como na medalha analisada no capítulo anterior, não importa que o retrato não seja dela, mas sim a presença dos símbolos de devoção familiares ao fiel. A venda de santinhos e medalhas com a figura de Maria de Araújo e, um pouco mais tarde, com a imagem do padre Cícero fez parte de uma estratégia, ainda que espontânea, de popularização dos pretensos milagres e de atração de peregrinos para o lugar – tudo isso à revelia das condenações.

Para a Diocese, não passava de torpe exploração da fé alheia: "Começada a superstição em Juazeiro pelo orgulho, está sendo sustentada e alimentada pela especulação". Dom Joaquim se queixava ao Internúncio que as peregrinações eram estimuladas pela rebeldia do padre Cícero, que não só as permitia como as incentivava:

> O movimento de rebeldia que ainda existe no ânimo de alguns fanáticos, - movimento de rebeldia à Santa Igreja, - é insinuado pelo Padre Cícero que não quer conformar-se com a condenação dos pretensos milagres, e nem retirar-se do Juazeiro, onde está embaraçando e perturbando a boa ordem do serviço religioso. Algumas pessoas criteriosas e bem-intencionadas já se lembraram de procurar um capelão para o Juazeiro, mas o Padre Cícero põe embaraços procurando a todo custo manter a falsa crença no que é poderosamente auxiliado pelo Dr. José de Marrocos e mais alguns perversos que especulam com a credulidade

do povo ignorante para satisfazerem uma deprava-
da ganância (Carta de 26 de julho de 1895).

Localizado estrategicamente na fronteira entre os estados de Pernambuco, Paraíba e Piauí, o povoado do Juazeiro servia de entreposto comercial e de lugar de descanso para os viajantes e mascates que trabalhavam na região. A partir dos fenômenos, essa condição de lugar de passagem começou a mudar. Atraídos pelos milagres, mas também pela possibilidade de melhorar de vida, muitos comerciantes se estabeleceram no povoado que recebia cada vez mais visitantes.

É significativo que, em 1896, Juazeiro já possuísse mais de 2 mil fogos (casas) e aproximadamente 17 mil habitantes, sendo dois terços da população de adventícios, segundo informa o padre Alexandrino, que lamentava as "centenas de pessoas que cotidianamente entram no Juazeiro sendo quase todos da última camada da sociedade". O dinheiro se tornou uma forte arma política da nobre causa do Juazeiro. A grande capacidade de organização da Irmandade da Legião e o poder de arregimentação de José Lobo se tornaram, naquela conjuntura, um problema a mais para a Diocese. Poderíamos mesmo dizer que José Lobo foi capaz de perceber o que, até então, nem o padre Cícero nem José Marrocos tinham conseguido: a vitória não poderia ser conseguida apenas com palavras.

Em menos de um ano de permanência no Juazeiro, José Lobo conseguira arrecadar dinheiro para ir ao Rio de Janeiro interceder junto ao Internúncio Apostólico pelo Juazeiro, e ele pôde reunir dinheiro suficiente para duas viagens a Roma. Além disso, a Legião da Cruz era responsável por recolher o *Óbolo de São Pedro*, gerindo o dinheiro recebido de fiéis e peregrinos. É certo, contudo, que no Juazeiro as campanhas de recolhimento do Óbolo tinham como bandeira uma campanha para revogação da portaria que retirou as ordens sacerdotais do padre Cícero, mas quase não falavam sobre Maria de Araújo e as outras beatas.

Além do dinheiro do Óbolo, entre 1894 e 1898 foram feitas ainda várias doações ao Colégio Pio Latino-americano e à Santa Sé, com o fim de mandar rezar missas para a população desamparada do Juazeiro. Os valores eram altos. Em uma dessas remessas, por exemplo, de 21 de agosto de 1894, de uma só vez foram enviados $14:684.000 (quatorze contos, seiscentos e oitenta e quatro mil réis).[93]

Os irmãos da Legião, representados por José Lobo, também investiram contra o pároco do Crato, padre Alexandrino. A principal reclamação era referente à falta de padres que ministrassem os sacramentos básicos e, para dificultar ainda mais, os poucos que trabalhavam na região não podiam confessar ou comungar os crentes nos milagres. Em 9 de julho de 1895, um telegrama enviado por José Marrocos pedia ajuda ao Internúncio alegando a falta de assistência espiritual no Juazeiro:

> Salve-nos pelo amor de Deus que todo Juazeiro continua reduzido a desgraça de não ter um só sacramento um só benefício da religião vive se morre se descristianizado e quando se faz alguma confissão *in articulo mortis* tem por base o duplo crime de perjurar dos fatos do Juazeiro e desobedecer decreto Santa Inquisição que mandou sacerdote e leigos não tratarem mais deles de forma nenhuma.

Somadas a essas queixas frequentes, várias vezes o padre Alexandrino foi acusado de intransigência, por se recusar a confessar

---

93. DHDPG/SAL 37. Bilhete do Pe. Cícero R. Batista de 24.08.1894. Della Cava faz um pequeno cálculo por meio do qual demonstra o poder de arrecadação da Legião. Ele verificou que, em 1898, Dom Joaquim organizou uma coleta em toda a Diocese para a realização de uma homenagem ao Papa Leão XIII e angariou cerca de 11 contos de réis. No mesmo ano, a Legião, que correspondia a 2% da Diocese, recolheu sozinha quase 7 contos (DELLA CAVA, Ralph. *Milagre em Joaseiro*. São Paulo: Paz e Terra, 1976, p. 108).

mesmo em *articulo mortis* (causa de morte). Os boatos alcançavam a imprensa e visavam manchar a imagem da Diocese e dos padres aliados a ela. Em um desses episódios, o padre Alexandrino explicou que muitas vezes deixava de ir confessar no Juazeiro por receber ameaças dos "apaniguados do padre Cícero" ou *juazeiristas*, termos que usava para se referir a José Marrocos, José Lobo e os demais crentes nos milagres:

> Sendo chamado para confessar in *articulo mortis* a Antônio Rodrigues um dia ou dois depois que fui atacado no Juazeiro, disse ao portador que chamasse um dos Padres do Seminário; recusando-se estes, ordenei que trouxessem o doente para esta cidade ou para outro lugar fora da Povoação, por que alguns paroquianos entre os quais a Cap. Leandro Bezerra de Menezes vieram de propósito a minha casa aconselhar-me a que não fosse naqueles dias ao Juazeiro por consideração alguma. Não trouxeram o enfermo e nem chamaram o Pe. Manoel Candido como aconselhei e por isso não confessou-se. Era confrade de S. Vicente e costumava confessar-se quase todos os meses. Fora deste caso, não houve um convite que não fosse satisfeito pelo Pe. Miguel ou o Pe. Sother. O Sr. José Joaquim Pereira Lobo devia dizer que quase todos os doentes não chamaram os Padres desta Cidade, por que não deixaram a crença nas bugigangas do Juazeiro.

Os afiliados da Irmandade recusavam-se a aceitar a autoridade dos padres contrários aos milagres, o que para Dom Joaquim configurava quase um cisma: uma "Igreja dentro da Igreja". Eles eram acusados pelo bispo de querer independência da Igreja, elaborando novas orações, prédicas e ritos de batismo e casamento tais como:

"Recebo a vós fulana de tal por minha legítima mulher, em nome da Santa Legião da Cruz e do Reverendo padre Cícero", ou "Eu te batizo em nome de Nossa Senhora do Juazeiro, de Maria de Araújo e de meu padrinho padre Cícero".

No fim, o milagre acabou por deixar os crentes sem assistência religiosa, uma vez que eles deviam negá-lo. Uma das estratégias dos que acreditavam nos milagres era procurar os serviços espirituais em cidades vizinhas, cujos padres responsáveis não seguiam as prescrições da Paróquia do Crato, conforme o padre Alexandrino reclamava ao bispo em fins de 1895:

> Pe. Vicente Pinto Teixeira, Vigário de Aurora [distante 51 km], tem confessado e continua a confessar indistintamente a penitentes que acreditam nos fatos do Juazeiro, e este procedimento tem feito afluir grande número de pessoas daquele povoado em cujo número só não se contam os rebeldes que depuseram no processo. Consta que o padre Cícero manda os seus sequazes se confessarem lá [...] Alguns noivos do Juazeiro vieram pedir licença para se casarem na Aurora. Concedi licença a alguns que me afirmaram ter de se mudarem para lá. Depois conhecendo que não queriam casar-se aqui por causa da confissão na qual eram obrigados a se declararem descrentes dos fatos do Juazeiro, neguei-lhes as licenças que pediram.

É importante ressaltar que muitos padres que haviam se retratado perante a Diocese continuavam proibidos de confessar mulheres da região, porque elas seriam mais suscetíveis ao fanatismo e à superstição, maiores propagadoras dos "falsos milagres". O padre Alexandrino lamuriou-se em várias cartas dirigidas ao bispo sobre o comportamento de alguns sacerdotes, como o do padre João Carlos, amigo do padre Cícero: "[Ele vem] a servir de obstáculo às medidas tomadas por mim, padre Manuel Cândido [pároco de Barbalha] e os padres do Seminário [...] [de] não confessar ninguém sem primeiro interrogar se reprova ou condena os fatos do Juazeiro".

Outros casos de indisciplina demonstravam como a autoridade diocesana estava sendo ridicularizada pelo próprio clero: "[...] ouvi dizer que o padre José Alves, que V. Exa. conhece muito bem, tendo sido suspenso declarou: '– Estou suspenso! Pois já sei o que devo fazer'. Apostatou e casou-se com uma viúva rica na freguesia de que é Vigário". Obviamente, não podiam faltar relatos sobre os abusos cometidos pelo próprio padre Cícero, presentes em quase todas as cartas do padre Alexandrino para o bispo Dom Joaquim:

> Exmo. Senhor, o Padre Cícero continua, como dantes, em sua teimosia dele. Todas as noites, às 7 horas, reúne-se uma massa quase inumerável de povo em uma das ruas principais e da frente de uma casa faz uma prática que chama *consagração*, dando-se o máximo inconveniente da promiscuidade de pessoas de ambos os sexos no meio das trevas, que circundam a *turba magna* que enche ruas e travessas. Sou informado de que fatos gravíssimos tem se dado por ocasião da reunião quotidianamente convocada pelo *santo* Padre Cícero.

A "reunião cotidiana", à qual o padre Alexandrino se refere, era uma prática feita pelo padre Cícero sem, obviamente, autorização do diocesano. Os romeiros começaram a chamar essas reuniões de *consagração*, uma invenção desvinculada de qualquer prática ortodoxa, assemelhando-se muito mais às pregações ibiapinianas, tratando de incutir o medo e o pavor sobre o purgatório e o inferno, alimentando ainda mais as "superstições" combatidas pela Igreja.

A prática, no entanto, perdurou quase até a morte do padre Cícero, em 1934, e as proibições da Igreja de Roma não foram suficientes para conter as peregrinações a *nova Jerusalém* dos sertões.

Nesse ponto, o padre chama atenção para outros problemas que preocupavam a Paróquia. A grande quantidade de pessoas que chegavam ao Juazeiro todos os dias, movidas pela fé nos milagres, mas também interessadas em fugir da seca e outras mazelas que atingiam o sertão, provocou um crescimento da violência na região:

```
Continuam as romarias de modo espantoso, contam-
-se por centenas as pessoas que quotidianamente
entram no Juazeiro sendo quase todas da ultima
camada da sociedade. Além das misérias morais
que ali existem em grande copia, tais como a
prostituição, defloramento de virgens, está so-
frendo aquele povo uma fome horrorosa que unida
a influenza e outras doenças, faz hebdomadaria-
mente termo médio oitenta vítimas. Os comer-
ciantes e capitalistas desta cidade [do Crato]
continuam a viver aterrados receando um saque da
população faminta do Juazeiro.
```

Em 1897, José Lobo foi a Roma – como representante da Irmandade de São Vicente (acreditamos que ele não se apresentou com a Legião porque esta não era uma Irmandade oficial) – com o objetivo de pedir a revogação dos Decretos. Quando voltou de lá afirmou, segundo o padre Alexandrino, ter conferenciado três vezes com o Santo Padre. Verdade ou não, sabemos que as tentativas foram em vão. Em junho de 1897, a Santa Sé rejeitou a apelação de José Lobo e solicitou que o padre Cícero se retirasse do Juazeiro no prazo de dez dias após o recebimento da carta, sob pena de excomunhão, conforme carta do cardeal Lucido Maria Parocchi, de 19 de fevereiro de 1897:

> O sacerdote Cícero Romão Batista […] dentro de
> 10 dias do conhecimento do presente mandato,
> deixe o lugar do Juazeiro e vizinhança, sob pena
> de excomunhão *latae sententiae* do mesmo modo
> reservada ao Pontífice Romano, e se de novo qui-
> ser recorrer para a Santa Sé, contra as penas a
> ele impostas pelo Ordinário, obedeça primeira-
> mente aos decretos de quarta-feira, 4 de abril
> de 1894 e da presente quarta-feira 10 de feve-
> reiro de 1897, e depois o mais breve possível
> venha a Roma.

Padre Cícero foi obrigado a deixar o Juazeiro e a região do Cariri, mudando-se temporariamente para a cidade de Salgueiro, Pernambuco. Em telegrama de julho de 1897 ao padre Fernandes, seu amigo que estava em Roma, explica sua saída repentina da cidade: "Obedecendo Congregação saí 30 léguas. Peça por mim ir Juazeiro preparar peregrinação a Roma". Ainda nesse cenário e com mais um inimigo para lidar, Dom Joaquim preparou mais uma *Carta Pastoral*, que foi publicada em julho daquele ano:

> Pela terceira vez, que esperamos ser a última
> viemos, amáveis irmãos e amáveis Diocesanos, di-
> rigir-vos, de modo solene, a palavra escrita para
> falar-vos ainda da triste história do Juazeiro,
> a qual para honra da civilização Católica desta
> Diocese deveria desde muito tempo estar sepul-
> tada em completo olvido. […] Como se verá, não
> voltaremos mais a falar dos fatos denominados
> Milagres do Juazeiro, e dos documentos que lhes
> diziam respeito porque tudo isto está a mais
> examinado, explicado tendo já sido julgado de
> modo mais claro pelo poder competente.

A grande vitória nesse momento, talvez a única, uma vez que não foi possível acabar com as romarias, foi a saída de cena das beatas. Em sua *Carta Pastoral* de 1897, o bispo Dom Joaquim ressalta com uma única menção à Maria de Araújo: "Maria de Araújo e as outras mulheres invencioneiras já estão bem conhecidas, havendo parte delas confessado e deplorado seu embuste e parte caído em completo desprezo, de modo que hoje em dia, não vogam mais as suas astúcias". O elemento inesperado, no entanto, foi que o padre Cícero foi ganhando *status* de santo:

> Presentemente já ninguém liga importâncias às mulheres embusteiras, que não fazem mais milagres e já caíram no ridículo; todo o fanatismo agora se concentra na pessoa do padre Cícero, que os ignorantes apelidam por *Padre Santo*.

O bispo nota também que uma devoção à imagem do padre Cícero começa lentamente a substituir o culto ao *Sangue Precioso*, e as medalhas que antes tinham uma representação com o nome de Maria de Araújo foram trocadas por outras com a imagem do padre e da Mãe das Dores no verso:

> Tem chegado a ponto de estando a imagem do Senhor do Bonfim, no corpo da Igreja a sair para uma procissão, indo o povo beijar a imagem, veio um sujeito com o retrato do padre Cícero e pô-lo ao lado da mesma, o qual também era beijado, e tendo mandado retirá-lo pelo sacristão, o romeiro não queria atender. Foi preciso ameaçá-lo de dar parte à Autoridade. Foi então que resolveu guardar o tal retrato numa bolsa. Consta-me, com certeza, que uma mulher, festejando em sua casa o mês mariano, pôs no altar em que se achava

> a imagem de Nossa Senhora, o retrato do padre Cícero. Agora mesmo se acham nesta vila duas beatas do Juazeiro, espalhando que um doutor indo à Roma trouxe uma porção de relíquias para o padre Cícero e esta lhes deu para distribuir com o povo - assim se deturpa a divina religião de Nosso Senhor Jesus Cristo!

Esse processo de reordenamento da devoção só será consolidado muito tempo depois, com a morte do padre Cícero. Todavia, é importante pensar como essa construção tecerá uma memória que recorda os "milagres" do padre, mas que esquece a beata e o *Sangue Precioso*.

Enquanto isso, o padre Cícero se estabeleceu em Salgueiro, interior do Pernambuco, em agosto de 1897. Não demoraram a surgir comentários a respeito das "verdadeiras intenções" da ida do padre cearense àquela região, situada estrategicamente na fronteira com os estados de Alagoas e Bahia, onde Antônio Conselheiro[94] havia se fixado, fundando a comunidade de Canudos. Não casualmente, começam a aparecer na imprensa as primeiras notícias que qualificavam Juazeiro como um espaço de fanatismo similar ao de Canudos.

Não é coincidência que no jornal *A União*, de 28 de março de 1897, matérias sobre Canudos e Juazeiro tenham sido publicadas

---

94. Nascido Antônio Vicente Mendes Maciel em 13 de março de 1830, na cidade Quixeramobim, Antônio Conselheiro pertencia a uma família tradicional da região. Letrado, casou-se em 1857 e exerceu diversas profissões, entre elas a de negociante, professor e caixeiro-viajante. Tendo sofrido um choque com a fuga de sua mulher com um militar, Antônio largou tudo o que tinha e começou uma vida nômade pelos sertões. Acusado de matar a mulher e a sogra, foi preso em 1877, mas foi logo solto por falta de provas, prosseguindo na sua caminhada sem rumo. Nesse meio-tempo, fazia pregações, organizava mutirões para construção de igrejas e cemitérios, em uma ação social, muito próxima à do padre Ibiapina que atuava na mesma época, e em 1893 chegou a Belo Monte, uma fazenda abandonada no interior da Bahia

uma ao lado da outra, na capa do semanário, a primeira narrando episódios da guerra no sertão baiano e exaltando a coragem das mulheres: "As mulheres lutam também com uma bravura incrível, tendo sido no combate de três, mortos dois oficiais por essas feras, que, dizem, tem uma beleza extraordinária". Enquanto isso, sobre Juazeiro o periódico enfatiza o caráter histérico de Maria de Araújo, acusando o padre Cícero de explorar os romeiros: "Juazeiro está convertido em uma escola de perversão moral e religiosa".

A distinção na abordagem feita pelo jornal sobre os dois casos reforça nossa tese de que os casos do Juazeiro e Canudos pouco têm em comum e não podem ser analisados sob a mesma ótica, como faz a historiografia sobre movimentos religiosos, principalmente aquela da década de 1970 que compara os movimentos de Canudos e Contestado com o do Juazeiro.[95]

Em agosto de 1897, um telegrama enviado ao Prefeito e Conselho Municipal de Salgueiro por um homem chamado Joaquim Correia defendia: "O padre Cícero não auxilia Antonio Conselheiro nem promoverá agitação hostil contra o Governo". Todavia, o telegrama não conseguiu evitar a expulsão do padre da província de Pernambuco em outubro de 1897, ordenada pelo bispo daquela Diocese, Dom Manuel. O próprio bispo cearense, em uma de suas cartas ao Internúncio, afirmou sobre Cícero: "É um segundo Antônio Conselheiro, que tem o dom de fanatizar as clas-

---

[95]. Essa ideia até mesmo originou toda uma discussão historiográfica que equipara equivocadamente, a nosso ver, os casos do Juazeiro, Canudos e Contestado, reproduzida sobretudo nos trabalhos de Rodolfo Teófilo (1926), Lourenço Filho (1968), Maria Isaura Pereira de Queiroz (1976) e Douglas Monteiro (1977), para citar alguns exemplos. Em um trabalho publicado em 2012, defendo a ideia que Juazeiro não pode ser compreendido a partir das categorias de messianismo e milenarismo, nem comparado aos movimentos de Canudos e Contestado. Ver: NOBRE, Edianne S. Os caminhos da historiografia sobre os fenômenos do Juazeiro do padre Cícero. *In:* BUARQUE, V. A. C. (org.). *História da historiografia religiosa*. Ouro Preto: Edufop/PPGHIS, 2012.

ses ignorantes". O discurso de Dom Joaquim denuncia ainda um preconceito latente sobre o norte do país: "Aqui no norte, há efetivamente pronunciada tendência para a superstição".

A especulação que se fez em torno dessa viagem gerou uma série de suspeitas por parte do pároco do Crato e, a despeito da lentidão dos correios, as cartas do padre Alexandrino indicam como a rede de informações e boatos funcionavam naquele momento:

> Antes de vir do Salgueiro para esta cidade, foi intimado [o padre Cícero] pelo Governador de Pernambuco a deixar o Salgueiro, visto estar ali grande quantidade de povo à disposição dele para seguir a Canudos para outros fins inconfessáveis. Acalmou-se o Governador quando recebeu um telegrama do Juiz de Direito afirmando não haver perigo para a ordem pública [ilegível] do padre Cícero, embora houvesse ali grande número de povo vindo de diversos Estados de qual poderia [ilegível] se quisesse fazer revolução. D. Manuel, Bispo de Pernambuco, exigiu do Pe. João Carlos [pároco de Salgueiro, na época] a retirada do Pe. Cícero, visto ser um sacerdote rebelde e desobediente.

Alheios a essa teia de intrigas, para a Legião da Cruz – leia-se José Lobo e os crentes no *Sangue Precioso* –, e mesmo para o padre Cícero, importava mais conseguir que a Santa Sé revogasse o *Decreto* de 1894, dado que se os fenômenos fossem considerados milagrosos qualquer condenação aos sacerdotes seria consequentemente anulada. Somente a partir de 1897, provavelmente por causa do insucesso quanto à anulação da decisão da Santa Sé, é que o padre Cícero e seus amigos começam a luta para reaver suas ordens sacerdotais perdidas em 1892. Sobre Maria de Araújo: nenhuma palavra.

Diante da impossibilidade de permanecer em Pernambuco, o padre Cícero retornou ao Juazeiro, desobedecendo a ordem do bispo, a fim de preparar a mais importante viagem de sua vida. O padre iria pessoalmente a Roma, sujeitar-se aos Decretos de 1894 e pedir ao Papa Leão XIII pelo restabelecimento de suas ordens sacerdotais.

Os preparativos duraram cerca de oito meses e, em março de 1898, nove anos após o primeiro sangramento da hóstia, ele começou sua viagem para Roma, embarcando pelo porto de Recife, em vez de sair de Fortaleza, uma estratégia para escapar do controle do bispo diocesano. Segundo o padre Alexandrino, Cícero teria dito claramente que não sairia pelo porto de Fortaleza para evitar um encontro com o bispo. Na bagagem, o padre Cícero ainda levou com ele vários "atestados" que afirmavam sua boa conduta e alguns abaixo-assinados que solicitavam a reabilitação de suas ordens.

Um mês antes, o cardeal Lucido Maria Parocchi, já citado, havia enviado a Dom Joaquim um ofício da Congregação sobre os fatos do Juazeiro: tanto o padre Cícero quanto José Lobo seriam absolvidos de suas faltas caso se abstivessem de falar ou escrever qualquer coisa sobre o Juazeiro. Sendo que o padre Cícero continuava proibido de "pregar a palavra de Deus, a ouvir confissões e à direção das almas sem especial licença do Santo Ofício". No documento, nada havia sobre Maria de Araújo ou sobre as beatas.

O padre Cícero ficou hospedado no *Albergo dell'Orso*, no centro de Roma, e lá contava com a ajuda do monsenhor Antônio Fernandes da Silva Távora (ex-pároco do Crato que morava na Itália naquele momento), como intermediador entre ele e os cardeais do Santo Ofício, uma vez que ele não falava italiano. Em 23 de abril de 1898, ele apresentou-se oficialmente ao cardeal Lucido Parocchi:

> Há dias que cheguei nesta Cidade e por motivo de
> doença, agora é que pude vir à presença de Vossa
> Eminência. Sou o padre Cícero Romão Batista do
> Juazeiro, Ceará, Brasil, suspenso desde 1892, e
> afinal até de confessar-me e comungar, dester-
> rado para longe de uma mãe e irmã, ambas em um
> leito de morte e pobres, de quem eu sou o único
> arrimo. [...] E como a Santa Congregação do Santo
> Ofício ordenou-me que, se eu quisesse recla-
> mar destas penalidades viesse em quanto antes
> a Roma, aqui vim obedecer, e pronto para o que
> Vossa Eminência determinar, e suplicando somen-
> te não sacrificar a consciência, o que nem V.
> Eminência nem a Santa Igreja o consentirá, aqui
> estou sem reserva.

O objetivo da visita era claramente reclamar a revogação da suspensão das suas ordens sacerdotais, no entanto o padre Cícero continuava tergiversando, jurando obediência desde que não fosse necessário "sacrificar a consciência", isto é, negar a veracidade dos fenômenos extraordinários manifestados por Maria de Araújo e o caráter milagroso do *Sangue Precioso*. O padre desejava ficar o menor tempo possível na cidade, pois os recursos de que dispunha para a viagem eram pequenos, apesar do valor angariado pela Legião da Cruz.

Duas testemunhas foram arroladas pelo cardeal Parocchi no julgamento do pedido do padre Cícero: João Batista de Oliveira, seu acompanhante na viagem, e o tenente-coronel Joaquim Lobo, que viajou para Roma a fim de dar assistência ao padre. Não encontrei nenhum documento que detalhasse a reunião entre o padre Cícero e o cardeal Parocchi, mas tudo indica que ele foi obrigado a esperar mais do que desejava. Tendo chegado a Roma em fins de abril, ainda no início de julho, ele reclamava já não ter mais condições financeiras e solicitou um empréstimo de 750$000 réis aos irmãos Mendo e Sebastião Sampaio, do Juazeiro, para continuar na cidade.

Em 28 de agosto de 1898, então hospedado no convento da Igreja de São Carlos, na via Corso della Republica, ele implorou aos cardeais o adiantamento da decisão para que pudesse voltar ao Brasil. Ao que parece, suas preces foram atendidas, uma vez que em 1º de setembro de 1898 o padre escreveu a Dom Joaquim para comunicar que prestou um ato de submissão ao Decreto do Tribunal do Santo Ofício sobre os fatos ocorridos com Maria de Araújo e que a Congregação tinha lhe devolvido o uso de suas ordens sacerdotais:

> Fui absolvido das censuras que eu pudesse ter incorrido, e me foi dada faculdade de celebrar o Santo Sacrifício da Missa e de voltar para casa. Como o mesmo Santo Tribunal comunicará a V. Ex.a. Revma. [...] Quando eu voltar, vou render a minha obediência a V. Ex.a. Revma., espero que me receberá como filho humilde e submisso.

De volta ao Cariri, Cícero se desesperava, pois a suposta carta que o autorizava a pregar e prestar os sacramentos não chegava. O bispo alegou que nunca recebeu o documento da Santa Sé que devolvia as ordens do padre Cícero. No povoado, espalhou-se a notícia de que o Santo Ofício devolvera as ordens ao padre, mas que o bispo as havia tomado. Segundo o padre Alexandrino, José Lobo fora o responsável pela disseminação do boato.

Ainda em 1898, o bispo publicou sua última *Carta Pastoral*, começando com um apelo sobre a necessidade do seguinte: "Lançar espesso véu sobre a execrável e enfadonha farsa do Juazeiro, e não mais nos ocupar dos deploráveis desvios religiosos e morais que ali se têm dado, mas impelido pela necessidade imperiosa de salvaguardar e pureza da doutrina católica". José Lobo foi convocado a prestar explicações em uma reunião particular em Fortaleza, na qual o bispo proibiu o funcionamento da Irmandade da Legião da Cruz:

> [...] fundada nesta Diocese, sem audiência nem consentimento seu; sendo que esta associação irregular tem dado ocasião a grosseiras superstições e a perturbações da harmonia dos fiéis da Diocese e paróquias com os seus [mutilado], pelo que Sua Excia. Rma. declarou ao Sr. Lobo, fundador desta associação que a proíbe expressa e terminantemente nesta Diocese.

Com a Irmandade suspensa e o padre Cícero fora do Juazeiro, o bispo começou a planejar uma atividade missionária no povoado e cogitou chamar os padres franciscanos que já estavam cotados para estabelecer uma casa de ensino na cidade de Canindé desde 1897. Logo após a visita do padre Cícero a Roma, a Congregação publicou uma revisão do caso, em um *Relatório* com cerca de quarenta páginas. Era a última comunicação oficial sobre os acontecimentos de 1889 e, provavelmente, a última vez que Maria de Araújo e as outras beatas foram citadas oficialmente.

21

Que conste dos autos: o Relatório final da Santa Sé

O *RELATÓRIO* FINAL SOBRE O PROCESSO, DATADO DE 17 DE AGOSTO de 1898, sobre "a pretensa transformação da Santa Partícula em carne e sangue na boca da religiosa Maria de Araújo", foi descrito pelo padre Ludovico Hickey e impresso em 31 páginas. Dividido em 4 tópicos – *Mulheres*; *Leigos*; *Sacerdotes*; e *Conclusão* –, apresenta uma revisão do caso e inclui peças documentais produzidas após 1894, isto é, após a publicação do *Decreto*.

Produzido pela mesa composta dos cardeais Lucido Maria Parocchi (1833-1903), Gaetano Aloisi Masella (1826-1902), Giuseppe Maria Graniello (1834-1896), Teodolfo Mertel (1806-1899), Isidoro Verga (1832-1899), Camillo Mazzella (1833-1900) e Seraphino Vannutelli (1834-1915). Ao todo eles se reuniram seis vezes entre 1892 e 1898 para analisar os documentos referentes aos fenômenos do Juazeiro.

O *Relatório* que se encontra no Arquivo da Congregação para a Doutrina da Fé, publicado pela imprensa do Vaticano, ratifica o *Decreto* de 1894 e Maria de Araújo como "pseudomística, fabricante de milagres e inventora de imposturas". Consideramos esse *Decreto* como a última manifestação da Santa Sé sobre os fenômenos do Juazeiro. De fato, não há mais nenhuma menção sobre o caso do Juazeiro, pelo menos até 1920, pelo que pudemos constatar nos livros de Decretos da Congregação.

Ora, mesmo considerando que esse documento ratifica a *Feria IV*, é importante notar que a produção e a publicação de um novo documento quatro anos depois têm a ver com as apelações e recursos interpostos por parte dos sacerdotes atingidos pelo *Decreto*, coincidindo inclusive com a visita do padre Cícero a Roma naquele ano. É ainda nesse documento que notamos como paulatinamente a "santidade" da beata será substituída pela deste sacerdote. O texto da Congregação é resumido, mas chama a atenção para três questões relativas a Maria de Araújo: a) a elevada quantidade de comunhões feitas diariamente, que contrariava a liturgia católica, questão que dizia respeito também às outras mulheres; b) o fato de ter sido representada em uma medalha como se fosse Nossa Senhora; e c) a relutância dela em se internar em uma casa religiosa.

Os principais documentos utilizados pela Congregação para formar o último juízo sobre o caso foram, além do Processo Episcopal (principalmente o segundo inquérito e o interrogatório com as beatas do Aracati), as cartas enviadas por Dom Joaquim ao Internúncio Apostólico Dom Girolamo Gotti, o que indica que foram privilegiadas informações que depunham contra Maria de Araújo e as beatas.

O *Relatório* apresenta as considerações e acusações que pesavam sobre algumas das beatas e sacerdotes envolvidos e, posteriormente, executa um juízo. Pela ordem de exposição do caso, Maria de Araújo é a primeira a ser citada. Como uma verdadeira "fabricante de milagres e inventora de imposturas", suas "aberrações pseudo-místicas" começam pelo fato do abuso das comunhões. Segundo uma matemática simples, feita a partir das informações fornecidas por Dom Joaquim, eram no mínimo cinco comunhões diárias.

Outra acusação dizia respeito à falta de humildade e à arrogância da beata, que se deixara retratar em uma medalha dita "milagrosa":

> Essa jovem foi esculpida sobre a medalha com uma aureola em torno da cabeça e com raios saindo das mãos, como se costuma representar a Santíssima Virgem [...] Na outra parte da medalha se lê o escrito = Padre Cícero =. É esse o sacerdote que se diz diretor de Maria de Araújo, presidente e regulador dos principais fatos, chamados prodigiosos, e obstinado sustentador dos pretensos milagres.

Soberba, insolência e orgulho. A esses adjetivos somava-se ainda uma acusação importante feita por Dom Joaquim: "Aquela jovem é dada a bebidas alcóolicas, e não obstante esse vício, quer se passar por santa". Em outra carta, afirma: "Seu temperamento é fraco, ela é doentia". Não sabemos de onde o bispo retirou essa informação, mas o fato de ele citar possíveis vícios de Maria e reforçar que ela era fraca e doente mostra sua mudança de opinião ou ao menos a incorporação desta tese àquela do embuste. Essa indecisão do bispo, presente nas tentativas de culpabilizar Maria a todo o custo, denota certo desespero diante da perda do controle sobre o clero diocesano.

A segunda mulher citada no *Relatório* foi a beata Maria de Jesus da Natividade Rebouças, acusada de receber em um dia pelo menos seis comunhões: "Uma pelos habitantes de Aracati, uma pelos de Limoeiro, e as últimas...! Ela não se lembrava mais qual a intenção". Aqui é necessário chamar a atenção para o fato de que esta beata não era do Juazeiro, mas do antigo grupo de beatas que seguia o padre Clicério no Aracati, como vimos no terceiro capítulo. O "movimento" do Aracati foi rapidamente liquidado pela Diocese, e todas as mulheres envolvidas se retrataram. Talvez o fato de que essa beata representava um caso no qual o bispo obteve total sucesso explique ela ter sido citada no *Relatório*. Outra acusação que pesava sobre Maria da Natividade era a formulação de um tipo de profecia escatológica:

> O acontecimento de uma nova redenção foi revelado, e do Juazeiro sairiam novos apóstolos, como se fosse um tipo de Jerusalém: seria por isso que essa 'localidade' levaria o nome de 'Nova Jerusalém'. O padre Cícero seria como um novo João Batista entre os homens; e Nosso Senhor lhe concederia graças tão extraordinárias, como Ele nunca havia concedido a nenhum outro homem. A Igreja Brasileira passaria por uma terrível perseguição, na qual haveriam muitos padres mártires, e mesmo agora, se sabia nominalmente que o Padre Cícero seria um deles. A causa da perseguição seria *o casamento civil*. A Santa Virgem, também pedira por revelação que fizessem uma cópia do processo para poder resolver todas as dificuldades que por acaso aparecessem contra o processo, e certamente, seriam numerosas. Apareceria um novo Moisés; eu não me lembro mais das palavras do Padre Clicério que me permitem conjecturar que esse Moisés seria o próprio Padre Clicério; E igualmente, que Sua Alteza morreria de morte súbita.

Consideramos que o texto supracitado foi completamente "traduzido" pelo escrivão, pois dificilmente mesmo as mulheres alfabetizadas se expressariam com essa clareza e erudição. O lugar principal, o espaço sagrado por excelência, permanece sendo o Juazeiro, mas ao contrário dos depoimentos do primeiro inquérito, no qual as mulheres e os fenômenos que elas diziam manifestar são o centro da questão, os textos atribuídos às mulheres de Aracati privilegiam a atuação dos sacerdotes.

Além disso, o texto parece indicar aspectos messiânicos e apocalípticos, mas os relatos das beatas do Juazeiro não seguiam essa linha.

As críticas ao *casamento civil*⁹⁶ aparecem como a síntese de todas as mudanças políticas e de laicização de fins do século XIX que "oprimiam" a Igreja Católica como Jesus fora oprimido em seu tempo.

A intervenção do Estado foi vista por muitos como forma de acabar com a Igreja. Desse modo, embora a posição política desta tenha sido de aceitação do novo regime no Brasil, é evidente que a população não conseguiu assimilar a situação tão rápido.⁹⁷ É como se os fenômenos fossem uma resposta à situação penosa pela qual a religião passava.

A laicização de práticas como o casamento e os enterramentos (feitos agora em cemitérios distantes das Igrejas) provocou

---

96. O casamento civil configurava para a Igreja um "concubinato legal", isto é, uma relação ilícita pelas leis divinas, mas amparada pelo poder civil. Em setembro de 1889, uma circular enviada pelo bispo Dom Joaquim às paróquias da Diocese cearense expressava o desagrado do Papa Leão XIII com a laicização do casamento: "Querendo Sua Santidade facilitar todos os meios de santificação e salvação das almas, e tendo em consideração o desgraçado estado a que se reduzem alguns infelizes que se deixam ficar em concubinato legal, pela união ilegítima sancionada pela lei do casamento civil, sem intervenção da Santa Igreja, e mesmo de outros que vivem em simples concubinato, expondo-se a morrer no triste estado de pecado [...] [seguem as prescrições]". Carta Circular de D. Joaquim Vieira ao Pe. Cícero Romão em 04.09.1889. *In:* CASIMIRO, Renato. *Documentário do Joaseiro*. Fortaleza, 1976, p. 28. Ressalte-se que a carta original foi emitida pela Secretaria da Sagrada Congregação do Santo Ofício em 29.02.1888.
97. Um exemplo disso foi a opinião dos sacerdotes envolvidos na questão, como a do padre Francisco Antero, que escreveu a certo Mons. Saluci, relacionando a ocorrência dos fenômenos do Juazeiro à situação do Estado brasileiro: "Ah! Se V. Ex.a tivesse conhecimento do estado do nosso infeliz Brasil em quanto a religião; como trabalham os sequazes de Satanás para arrancar dos corações daquele abandonado povo toda a ideia de religião; *como fazem progresso agora o positivismo e o materialismo procurando destruir os dogmas, mistérios e tudo o que há de mais santo em nossa religião*; exclamaria como eu e muitos outros maravilhados pelas vitórias que vai tendo nossa santa religião nesses lugares sobre inimigos tão perigosos quanto audazes, originadas por este milagre da transformação de hóstias consagradas em carne e sangue no povoado do Juazeiro: Ó Providência admirável de nosso bom Deus [...] para nos salvar em tempos calamitosos [...]". Carta de padre Antero a Mons. Saluci de 05.08.1892, *apud* Della Cava, 1976, p. 69.

um choque na sociedade do fim do século XIX. A possibilidade do milagre aparece aqui como uma "recusa ao estatuto da ordem" estabelecida, para usar uma expressão de Michel de Certeau ao explicar a influência do missionário Frei Damião no interior nordestino em meados do século XX (1994, 76). Essa argumentação, no entanto, não podia funcionar com a Santa Sé, uma vez que naquele contexto a Igreja considerava as manifestações desse tipo uma afronta ao poder institucional, afronta esta que o bispo do Ceará não conseguiu conter.

Voltando aos elementos presentes na narrativa anterior, percebemos que novamente Maria, mãe de Jesus, aparece como uma intermediária, reforçando a necessidade do envio da documentação a Roma. O Papa aparece aí como uma pessoa acessível, que escuta os pedidos dos fiéis, ao contrário do bispo cearense, colocado na posição de algoz.

Essa visão decorre também, podemos aventar, de um completo desconhecimento, por parte das mulheres, do funcionamento da hierarquia eclesiástica. Obviamente, essa mesma justificativa não pode servir para o padre Antero, por exemplo. Doutor em Teologia, ele ousou afirmar o seguinte em carta ao monsenhor Saluci: "[Se] Roma não autenticasse os milagres do Juazeiro, ela se defrontaria com a tarefa de invalidar 'milagres idênticos (que já tinham sido) aprovados pela Igreja' e nos quais os povos da França, de Portugal e da Itália vinham de longa data, acreditando". Outro padre, Pedro Augusto Chevalier, reitor no Seminário de Fortaleza, mais consciente da hierarquia e do quadro geral no qual a Igreja se encontrava naquele momento, teria dito que Deus não saía da França para fazer milagres no Brasil.

Seguindo o *Relatório*, a terceira beata citada foi Antônia Maria da Conceição, acusada de "confirmação de falso milagre" e de "juramento em falso". O texto do *Relatório* recorda que ela declarou abertamente:

> [...] que não teve nenhuma revelação, de qualquer tipo que seja; que ela jamais foi honrada com aparições divinas, nem daquelas com a Santíssima Virgem; que ela jamais foi a Roma em espírito, nem ao céu, nem ao Inferno, nem ao Purgatório. [...] Ela disse que os eventos em Maria de Araújo, não lhe tinham causado nenhuma surpresa, porque era sua convicção de que este devota tinha forjado esta história dos supostos milagres com habilidade e malícia, desde o início. E, finalmente, que todo o seu depoimento no processo sobre os fatos do Juazeiro era um tecido de mentiras.

Outras mulheres são citadas *en passant*: Maria da Soledade, condenada como embusteira por, entre outros abusos, apresentar uma medalha de São José ensanguentada e dá-la a beijar pelo povo; Anna Leopoldina de Aguiar e Mello, embusteira por alegar que uma hóstia ensanguentada lhe foi dada por Cristo em uma de suas viagens ao Purgatório; Jahel Wanderley Cabral, embusteira, por aparecer com um coração feito de hóstias e dizer que este lhe havia sido dado por Deus, quando estava no Purgatório. Joana Tertulina de Jesus e Maria das Dores do Coração de Jesus, condenadas por extrema pertinácia e por interporem recurso falso ao Sumo Pontífice.

O caso de Maria de Araújo foi comparado no *Relatório* a outro, ocorrido na mesma época na França, em Loigny, Diocese de Chartres, no qual uma beata chamada Matilde Marchat, chamada também Maria Genoveva, alegava ter visões com Jesus Cristo e chegou a fundar uma nova Ordem. O bispo de Chartres, querendo acabar com a "seita", condenou como falsas as aparições e revelações, mas Matilde e os sacerdotes que a apoiavam recorreram diretamente à Santa Sé, passando pela autoridade da Diocese.

O caso foi noticiado pelo jornal madrileño *El nuevo regimen*, em 27 de junho de 1891, dois anos após o primeiro sangramento ocorrido com Maria de Araújo, e analisava a mesmas hipóteses lançadas para avaliar os fenômenos do Juazeiro: seria embuste ou histeria. Mesmo depois de condenada como embusteira pela Santa Sé, Matilde continuou alegando receber revelações divinas, e os sacerdotes ligados a ela continuaram estimulando peregrinações ao lugar.

Esse mesmo caso foi citado pelo padre Alexandrino em uma de suas cartas ao bispo Dom Joaquim ainda em 1896:

> Causou-me espécie [sic] o fato ocorrido em Chartres. Nunca supus que, em país civilizado como é a França se dessem fatos desta ordem acompanhado de circunstâncias agravantes, tais como a resistência à Autoridade Diocesana e ao Santo Ofício. O espírito de revolta está minando a sociedade em suas bases.

É interessante perceber a relação entre os dois casos e o porquê da comparação nesse documento. Os dois foram marcados pela pertinácia e desobediência à autoridade diocesana e à Santa Sé; ambos suscitados por uma mulher leiga e sustentados por sacerdotes que, em tese, eram elucidados. O espanto do padre Alexandrino também é justificado: como é possível que tais fatos se dessem em um país "civilizado" e, ao mesmo tempo, em um pequeno e ignorante povoado no interior do Ceará?

Esse talvez seja um enigma impossível de decifrar, mas podemos inferir que esses diversos elementos em comum apontam para a profundidade das práticas religiosas populares e, talvez, possa significar uma tática de resistência ao hostil clima de mudanças daquele momento.

O *Relatório* continua aludindo ao caráter obstinado do padre Cícero e na insistência em continuar com as "sacrílegas falsidades" das quais tomara parte, tornando-se assim "o principal protagonista desta triste história do Juazeiro, pela crença e pela importância que deu aos artifícios de Maria de Araújo e de algumas outras mulheres enganadoras".

Na sua conclusão, o texto do *Relatório* apresenta um resumo: ressalta que Maria de Araújo e as outras mulheres perderam crédito e já não faziam mais "milagres" e Cícero era o único defensor do Juazeiro, pois os outros sacerdotes tinham já se retratado, figurando como "o único objeto da devoção dos fanáticos que lhe consideram como um santo". Cita José Lobo como um homem "que fala muito de devoção, mas que é ignorante, teimoso e bastante impertinente". Já José Marrocos aparece como o ladrão da caixa de panos que desaparecera em 1892 e jamais fora encontrada: "Homem astucioso, que procura continuamente perturbar a paz e a harmonia religiosa na Diocese". O texto ainda insiste no esforço do bispo para conseguir as retratações, a despeito da atitude de diversos renitentes que ainda perseveravam no erro; ao que parece, o bispo não foi punido em nenhum momento por ter permitido o alastramento do culto.

Esse documento provavelmente é a última manifestação da Santa Sé sobre os fenômenos do Juazeiro que tiveram Maria de Araújo como protagonista. Como o próprio texto já sugere, cada vez mais o padre Cícero ganhava destaque na questão, tendo as mulheres sumido, paulatinamente, da documentação e da memória do povo.

Dom Joaquim tampouco se manifestaria mais sobre o assunto, seu grande desejo era que o padre Cícero saísse do Juazeiro, diminuindo assim sua influência sobre a população, o que também nunca aconteceu. Dom Joaquim continuou na Diocese cearense por mais quatorze anos, quando pediu renúncia do bispado em março de 1912. Voltando para sua cidade natal em 1914, ele só viveria mais três anos, vindo a falecer em 8 de julho de 1917. Em sua biografia no *site* da Arquidiocese de Fortaleza, uma linha ganha destaque: "Lutou contra os abusos em Juazeiro do Norte, ao tempo do padre Cícero Romão Batista".

O padre Alexandrino, por sua vez, não aguentou tanto tempo. Perseguido pelos defensores do padre e da beata, pediu dispensa de ir ao Juazeiro e, em dezembro de 1899, escreveu ao bispo afirmando que não podia mais continuar no paroquiato da freguesia: "[...] vejo-me forçado a retirar-me desta freguesia, ou demitido ou com licença de seis meses ou um ano". De janeiro a abril de 1900, insistiu com o bispo sobre a necessidade de se afastar da freguesia do Crato e, em abril daquele ano, finalmente, conseguiu que o padre Vicente Sother o substituísse na freguesia. Ele não voltaria mais. Assumiu a paróquia de Picos, no Piauí, onde faleceu em 4 de fevereiro de 1903.

No final do século, a beata e o padre ainda não haviam se retratado e jamais o fariam. Junto a eles, alguns poucos personagens relutavam a obedecer ao bispo, como José Marrocos, José Lobo e a beata Mocinha, governanta de Cícero. Talvez por isso saibamos mais deles do que daqueles que cederam à *Decisão* da Santa Sé; estes últimos sumiram nos porões da História.

22

A aniquilação de si: "Fazei isto em minha memória"

> Ah! Ninguém sabe como esta alma, nestes momentos se apura no amor de Deus! Disse a ela que aquele ato era também para alcançar de Deus uma prova inabalável se o sangue de suas comunhões, dos crucifixos e das comunhões misteriosas eram verdadeiramente e realmente o sangue de Nosso Senhor Jesus Cristo. Não se imagina que enlanguecimento de amor, que fogo celeste nestes Divinos instantes inundou o coração escolhido desta Virgem!

EM 1891 ERA ASSIM QUE MONSENHOR MONTEIRO DESCREVIA OS êxtases de Maria de Araújo. Esquecida dos sacerdotes que tanto a amaram, em 17 de janeiro de 1914, ela faleceu em extrema pobreza, praticamente sozinha. Já há alguns anos em uma pequena casa próxima à Igreja Matriz de Nossa Senhora das Dores, alheia ao turbilhão que animava a então efervescente cidade do Juazeiro. Ainda usava seu hábito negro, e, segundo relatos, foi acometida de um câncer. A causa da morte de Maria de Araújo é ainda um mistério. Alguns informantes afirmam que ela faleceu devido a um câncer de mama, mas seria muito difícil fazer tal afirmação, uma vez que não havia diagnóstico preciso na época.

Maria de Araújo era também Madalena do Espírito Santo. Adotar um nome de santo por falta de sobrenome materno era um costume comum entre a população pobre do interior brasileiro. Madalena recordava ainda a figura da "santa pecadora" cujo "aspecto dramático da sua conversão servia aos princípios catequéticos da Igreja Católica [...] Por representar uma situação de liminaridade, resgatada da condição de pecadora e transformada em escolhida de Cristo".[98]

No Processo Episcopal, principal fonte sobre a vida de Maria de Araújo, não encontramos uma narrativa linear, mas uma série de depoimentos que, em conjunto, acabaram por contar a sua história – ao menos, a história que pudemos conhecer dela. Os textos que chamamos de *relatos místicos* são, portanto, frutos de um interrogatório, respostas a perguntas prontas e de caráter muito sugestivo que buscavam obter a confissão de uma "verdade".

A fim de criar uma sequência narrativa da vida de Maria de Araújo, utilizei os depoimentos prestados pela própria beata e por testemunhas que depuseram no primeiro inquérito e as mais de trezentas cartas encontradas em diversos arquivos. Apesar de tratar aqui de documentos produzidos durante uma investigação, conjecturo que, no final, o texto teceu, ainda que sem pretensão, uma trajetória biográfica de Maria de Araújo.

Vejo a necessidade de separar uma primeira escrita que veio do que foi falado por ela e pelas testemunhas, de uma segunda escrita: a dos sacerdotes que transcreveram essas falas. Vale lembrar que o Processo Episcopal seguiu uma linha condutora parecida com a de um processo criminal. Produzido a partir de uma investigação, tanto os depoimentos dados por livre e espontânea vontade como os interrogatórios feitos eram registrados pelo escrivão, que, pode-se

---

98. BORGES, Célia Maia. A conquista do Espaço público: o protagonismo feminino nos séculos XVII e XVIII na esfera religiosa. *In*: SARMENTO, Clara (org.). *Condição feminina no Império colonial português*. Porto: FCT, 2008, p. 272.

presumir, invariavelmente modificava o que foi dito ainda que não existisse intenção ilícita no ato. O escrivão detinha o poder de converter seu corpo em palavra do outro, imitando e encarnando o texto em uma liturgia da reprodução.

O caminho inverso também é possível, isto é, que as perguntas tenham condicionado a construção do discurso e, possivelmente, a intenção dos interrogados. As fórmulas, a escolha das palavras e a ordem dos pontos nos depoimentos são características de uma escrita formal, não totalmente erudita, mas muito mais elaborada em relação ao conhecimento narrativo de Maria de Araújo e das outras beatas.

É muito provável que o depoimento dela tenha sido modificado consideravelmente, tanto no que diz respeito ao estilo como no uso da retórica e de termos ligados à doutrina e que dificilmente Maria reproduziria tal qual está registrado. Dada a grande semelhança existente entre o seu depoimento e o do padre Cícero – que, aliás, foi realizado muito tempo antes –, é válido questionar também em que medida ela foi "instruída" pelo seu diretor espiritual sobre o que dizer aos padres da Comissão.

Cogito ainda que, possivelmente, houve uma espécie de *sedução* e convencimento recíprocos entre Maria de Araújo e os sacerdotes envolvidos no primeiro inquérito. Assim, esses padres poderiam ser considerados artífices da "santidade" da beata não no sentido de construção, mas de legitimação de um "culto" que já existia quando da chegada da primeira Comissão.

Maria de Araújo é uma personagem singular por ter sido vista como alguém tocada pela graça divina. Calculo que sua história foi contada a partir da combinação de traços e elementos similares a outros episódios hagiográficos. Nesse sentido, foi o que a história dela teve em comum com outras vidas de santas que deu sentido à narrativa produzida mesmo antes da chegada da Comissão ao Juazeiro.

Esses códigos e esquemas tradicionais das biografias espirituais pretendiam mostrar uma história de santidade e tinham como objetivo construir um modelo de comportamento feminino baseado na virtude e no recebimento da graça divina. Talvez seja uma resposta fácil dizer que Maria de Araújo e os outros depoentes buscaram nas matrizes hagiográficas os elementos de suas declarações. É sabido que por meio dos jornais da época circulavam obras como a *Imitação de Cristo* de Tomás de Kempis (1441), a *Missão Abreviada* do padre Manuel Couto (1859) e os *Exercícios Espirituais* de Santo Ignácio de Loyola (1548). Além disso, já circulava na região desde 1859 o jornal *A Voz da Religião no Cariri*, que tinha uma sessão dedicada à vida virtuosa das beatas das Casas de Caridade do padre Ibiapina.

O sangramento da hóstia assinalou, para ela, o auge de uma trajetória marcada pelo desejo de uma vida dedicada a Deus. Nesse sentido, nos seus depoimentos há a incorporação de elementos que pretendem dar verossimilhança à sua "fala". A questão que levantamos diz respeito a essa atração que Maria provocou nos sacerdotes, mesmo aqueles tidos como ilustrados e formados no espírito ultramontano, isto é, treinados para desconfiar daquelas práticas e manifestações.

Avento que o relato do milagre foi construído através da combinação de três elementos: com Maria de Araújo temos a presença de uma *consciência mística*, que acredita na possibilidade de eleição divina por meio da devoção e da experiência do corpo sofredor que conduz à santidade; com os sacerdotes envolvidos e os padres da primeira Comissão visualizamos *a instrumentalização de uma linguagem* que não só acredita na possibilidade do milagre, como o ratifica; e, por fim, com os peregrinos, temos a *crença* no sobrenatural, típica de uma religiosidade mais íntima fortemente arraigada nas tradições daquela população.

Nesse sentido, é possível distinguir três tipos de relações que podem ser estabelecidas a partir dos fenômenos que ocorreram em

1889: a) mística e Igreja Católica, em que Maria de Araújo foi qualificada a partir do trinômio santa/embusteira/possessa; b) mística e medicina, com base na qual o debate girou em torno da possibilidade de ela ser histérica/enferma; e, por fim, c) mística e política, na qual a "trajetória de santidade" de Maria foi apagada e substituída pela do padre Cícero.

A disputa pela santidade dela levou quase a um cisma, com a resistência de padres e populares à decisão do bispo e de Roma. Em todas as relações há um "transbordamento" de sentidos, no qual um espaço invade o outro. Em outras palavras, se os fenômenos ocorridos com Maria de Araújo não podem ser entendidos fora da religião, eles tampouco podem ser separados da ordem médica e política do final do século XIX.

Essas relações indicam ainda uma vida de devoção marcada pelos códigos da tradição mística representativos da permanência de uma espiritualidade contemplativa e de um exercício de poder forjados em um processo de *aniquilação*.[99] Nossa hipótese é que o percurso de Maria de Araújo (traçado também no inquérito) é fundamentado em uma *aniquilação de si*: dos desejos, pois eles se conformam aos desejos do Senhor; do próprio corpo, que vai aos poucos se deteriorando pelas doenças e enfermidades que aparecem, interpretadas, por sua vez, como um sinal de eleição; e,

---

99. A ideia do "aniquilamento" na literatura mística presume uma espécie de conformação com o destino. *Aniquilamento*, do grego, *kénos*, com o verbo *kenóo* destaca a privação de um conteúdo, de uma posse: "Cristo se privou voluntariamente do seu modo de ser divino e preexistente, assumiu o modo de ser divino e preexistente, assumiu o modo de ser humano e terreno e tornou-se humilde e obediente até a morte na cruz. [...] Em Cristo, o aniquilamento conduz à cruz, para aquele que crê nele, não há itinerário diferente. [...] Trata-se de esforço, isto é, de aniquilamento ativo, constituído principalmente por humildade autêntica e pela abnegação de si, que é renúncia perfeita à vontade própria, seja como criatura, seja como criador". MORANDIN, C. Verbete "Aniquilamento". *In*: BORRIELLO, L. *Dicionário de Mística*. São Paulos: Paulus, 2003, p. 60.

finalmente, de sua memória. O que temos aqui é um projeto de santidade pessoal que se apoia nas representações coletivas sobre o valor da santidade.

Voltando ao ponto de partida, é importante que percebamos a atuação de Maria de Araújo fora da condição maniqueísta de vítima ou vilã. Como lembra Mircea Eliade, "é sempre numa situação histórica que o sagrado se manifesta. Até as experiências místicas mais pessoais e mais transcendentes sofrem a influência do momento histórico".[100] É fato que ela nunca se retratou do que disse em seus depoimentos, nem jamais negou a veracidade do *milagre*, para o qual dizia ser o instrumento utilizado por Deus. Como tantas místicas, Maria de Araújo permanece naquela tênue fronteira entre a emancipação espiritual e a subserviência à ortodoxia.

Como lembra Virgínia Buarque, "segundo o ideal contemplativo, era justamente ao perceber-se como um ser carente, que o ser humano se disporia a um incessante processo de busca (relação) com o outro, sobretudo da alteridade divina".[101] Esse processo tem como resultado final uma completa *aniquilação de si*, o reconhecimento da própria fraqueza e incompletude, uma percepção *negativa* da humanidade, conforme o pensamento agostiniano. O mais surpreendente é que esses fenômenos e a própria atuação de Maria de Araújo foram ignorados pela historiografia sobre o Juazeiro, a qual, afirmo no início desta obra, constrói uma "história oficial" centrada no padre Cícero.

Além disso, não podemos nos esquecer do grupo de beatas. É importante enfatizar que os relatos destas últimas falam pouco

---

100. ELIADE, Mircea. *Tratado de História das Religiões*. São Paulo: Martins Fontes, 2002, p. 9.
101. Buarque, Virgínia A. C. *Paixão de Santidade: o epistolário de Madre Maria José de Jesus*. 2012. Tese de Doutorado, Dissertação de Mestrado, 276 p. – Universidade Federal do Rio de Janeiro. Cedida pela autora.

sobre a vida de Maria de Araújo. Ao contrário, exaltam as próprias experiências e incluem em suas narrativas elementos por vezes até mais elaborados do que aqueles presentes no relato de Maria. Essas mulheres, no entanto, desaparecem imediatamente após suas retratações. Ficamos sabendo, através do padre Alexandrino, do destino de uma ou outra, mas é como se suas vidas fossem apenas rabiscos na areia da praia cujo mar apagou sem hesitar. A especificidade aqui é dada pelo contexto, pelo momento político da Igreja – que não acolhia mais aquele tipo de experiência – e, claro, pela ação de Cícero, que ganha muito destaque e poder na região.

Acompanhamos como, paulatinamente, Maria vai sumindo da própria documentação até o momento em que o próprio José Marrocos – que tanto lutou por ela ao recontar sua história –, em 1909 nas páginas do jornal *O Rebate*, sequer a nomeia, referindo-se a ela apenas como "uma virgem":

> Sabe o público que o venerando sacerdote Padre Cícero ministrando a um *virgem* na Capela deste povoado, o sacramento da Eucaristia observou, visivelmente, que a hóstia consagrada se transformava em sangue; que repetindo-se por vezes esse misterioso fato, fora examinado por profissionais das ciências médicas, e por estes considerado sobrenatural e misterioso; e que levado o sobredito fato ao conhecimento do prelado diocesano, o Senhor Bispo D. Joaquim oficialmente pelo referido - Pe. Cícero, S. Ex. embora incrédulo mandou proceder a um inquérito, que tendo sido nulamente processado, fora julgado improcedente e nulo, por infrações do Direito canônico, e sem mais sindicância alguma deu-se por terminada essa magna questão, que chamou a atenção do público neste e n'outros Estados da República.

Nesse artigo, publicado vinte anos após o sangramento da hóstia, é possível ver claramente a inversão do sujeito principal da frase, antes, a beata Maria de Araújo, agora, o padre Cícero. Muda a ordem do discurso e esse reordenamento da *crença* compõe uma operação de sentidos vinculada à ideia inicial do "aniquilamento de si" como sacrifício assumido por Maria de Araújo.

Maria morreu em 17 de janeiro de 1914, foi enterrada com o hábito da Ordem Terceira de São Francisco e sepultada dentro de uma Igreja, mesmo quando tal prática não era mais permitida pela legislação canônica e civil, atribuindo um sentido muito importante à sua morte. Uma contemporânea sua, Amália Xavier de Oliveira, narrou em seu livro de memórias detalhes do sepultamento, enfatizando que ela foi acompanhada pelo seu diretor espiritual até o último momento. É óbvio que o padre Cícero, mesmo proibido pela Igreja, jamais deixaria sua dirigida:

> Logo que a beata acabou de morrer, o padre procurou meu pai e mandou que ele encomendasse o caixão mortuário que deveria ser todo de cedro, com boa fechadura e envernizado por dentro e por fora. Mandou ainda que, quanto antes providenciasse a sepultura mandando cavar dentro da Capela do Perpetuo Socorro, na parede ao lado direito de quem entra, perto da porta, recomendando que fizesse sobre a escavação o travejamento no nível do piso para receber o caixão, subindo depois um retângulo com paredes de dois tijolos, um metro acima do piso, em forma de urna, semelhante a um altar, deixando o caixão dentro.[102]

---

102. OLIVEIRA, Amália Xavier. *O Padre Cícero que eu conheci*. Fortaleza: Premius, 2001, p. 34.

O ponto alto da aniquilação de Maria não é, no entanto, sua reclusão ou sua morte praticamente anônima, mas o desfecho dramático: a violação do seu túmulo e a destruição dos seus restos mortais dezesseis anos após sua morte.

Em 22 de outubro de 1930, o monsenhor José Alves de Lima, vigário da cidade, teria ordenado a destruição do túmulo sem autorização legal e desapareceu com o corpo, sobrando no local apenas um pedaço de crânio com cabelos, um pedaço do cordão de São Francisco e um escapulário, guardados pelo padre Cícero dentro de um vidro cujo destino é ignorado até hoje.

A violação foi registrada em Cartório pelo padre Cícero: "Neste vidro devidamente lacrado se acha tudo que se encontrou nos despojos mortais da beata Maria de Araújo, quando em 22.10.1930 foi o seu túmulo aberto clandestinamente por ordem do Revmo. Vigário desta cidade monsenhor José Alves de Lima". Apesar disso, não se pode afirmar que o mesmo vigário tenha agido por iniciativa própria ou se estava seguindo ordens. Das histórias que circularam na época, uma das hipóteses é que teria sido o bispo do Crato, na época, Dom Quintino, que havia ordenado a destruição, pois o túmulo ainda era visitado por romeiros.

Independentemente de quem tenha ordenado, é fato que a destruição do túmulo consolidou o esquecimento dela.

23

A memória de uma paixão

> *Estou diante do espelho. Não existem mais*
> *absurdos, estranhezas, coincidências fortuitas.*
> *Existem apenas ressonâncias.*
>
> Natassja Martin

NA INTRODUÇÃO DE *A FÁBULA MÍSTICA*, MICHEL DE CERTEAU compara as diferenças e semelhanças entre místicos e historiadores, visto que tanto a Mística como a História se ocupam das relações que a sociedade mantém com seus mortos, ou seja, com seu passado, com as reparações, e com a busca constante de sentido para os acontecimentos. O historiador "acalma os mortos" ao produzir uma razão, uma "explicação" para as coisas; seu tempo é cronológico, ele se atém ao sujeito do saber e ao lugar de produção do texto. O místico, por sua vez, aceita a incompreensão e o corte que estabelece a questão do sujeito; o tempo é para ele algo que emerge e se transforma continuamente.[103]

Para mim, a História é uma arte que se constrói a partir desses pequenos vestígios, reminiscências e experiências e não tem nenhuma pretensão de verdade absoluta. Eu, como aprendiz dessa arte,

---

103. CERTEAU, Michel. *La fable mystique*. Paris: Gallimard, 1982, 21-22.

me dediquei por vinte anos (contando toda minha formação até hoje, isto é, graduação, mestrado e doutorado e dez anos como professora universitária) a estudar a tessitura dos eventos do Juazeiro. Os meus mortos são os personagens imbricados nas teias da espiritualidade católica. Concordo com Michel de Certeau quando ele diz que a própria historiografia "é uma maneira contemporânea de praticar o luto. Se escreve partindo de uma ausência e não produz senão simulacros, por muito científicos que se sejam. Ela coloca uma representação no lugar de uma separação".[104]

Adentrar essa história foi descobrir um mundo novo, forjado com muitas dificuldades ao longo do caminho, mas que me trouxe também muitas recompensas. Muitas questões que abordo aqui foram pensadas ainda no mestrado e surgiram durante a escrita da dissertação. O que mais me intrigava era o fato de existir toda uma historiografia (embasada sobre os mesmos documentos que eu consultei à exceção do material dos Arquivos Vaticanos) sobre o padre Cícero e o Juazeiro e pouco ter sido dito sobre Maria de Araújo, que aparecia como uma personagem menor, coadjuvante.

Obviamente a *pergunta* ainda não tinha sido feita: quem era Maria de Araújo? Se na década de 1970, quando os historiadores começaram a investigar a história desse grande milagre – demográfico, econômico e político –, que é o Juazeiro, não havia lugar para perguntar sobre Maria de Araújo, na primeira década do século XXI. A pergunta foi posta e minha tese, por um feliz acaso, concluída no ano do centenário de morte da beata, em 2014, foi uma tentativa de responder a ela.

Estou certa de que, com o tempo, outras perguntas e respostas virão e outras histórias serão contadas. Conseguiremos então devolver Maria de Araújo ao seu lugar na História?

---

104. *Idem*, p. 21.

Posfácio à nova edição
Incêndios da alma

Em maio de 2023 fui convidada pela Secretaria de Cultura de Juazeiro do Norte a fazer uma fala sobre a beata Maria de Araújo por ocasião das comemorações de seu aniversário. No meio da minha fala, justamente quando eu chegava à hipótese principal da pesquisa, um homem levantou-se da plateia e bradou: "Ela não queria ser santa, não!". Eu pedi que ele se sentasse e deixasse as considerações para o final. Ele ainda insistiu um pouco em me interromper, mas logo depois consegui retomar meu raciocínio.

Achei muito sintomático tentarem me silenciar em um evento criado para recuperar a imagem da beata, uma mulher que foi silenciada durante toda a vida e que teve seu corpo literalmente destruído para que não fosse mais lembrada (afinal, o corpo também fala!). Esse silenciamento, aliás, não é novo.

Minha tese, intitulada originalmente *Incêndios da alma: a Beata Maria de Araújo e a experiência mística no Brasil no século XIX*, nunca foi muito bem recebida pela Igreja local e por muito tempo tentaram me censurar. Cheguei a receber uma carta de uma das líderes da Pastoral de Romeiros dizendo que minha pesquisa era perigosa; enfrentei restrições no acesso à documentação do Arquivo da Cúria Diocesana do Crato e no Vaticano e existem documentos aos quais até hoje não pude ter acesso. Não fosse a minha orientadora italiana, a Profa. Dra. Marina Caffiero, talvez meu acesso aos arquivos do Vaticano também tivesse sido limitado.

Passaram-se dez anos desde que defendi a tese no Programa de Pós-graduação da Universidade Federal do Rio de Janeiro com o apoio inestimável da minha orientadora, a Profa. Dra. Jacqueline Hermann. Muitas coisas aconteceram desde então. A tese ganhou o Prêmio Manoel Salgado, a menção honrosa no Prêmio Gilberto Velho e o Prêmio Capes de Teses em 2015 e foi publicada em 2016 em um formato destinado ao público acadêmico. Apesar da distribuição restrita, o livro logrou chegar a muitos lugares, tendo versões reduzidas publicadas em revistas acadêmicas nacionais e internacionais. Recentemente, em 2022, um trecho foi usado na elaboração de uma das questões do Enem, demonstrando a atualidade do que apresentei.

Meu trabalho não se pretende, nem de longe, ser uma obra definitiva sobre o tema, é inegável que ele conquistou o lugar de pioneiro pelo ineditismo da abordagem na época. A minha tese principal consistia na ideia de que, para além de um projeto de apagamento social ou memorialístico, há também uma parcela de sacrifício da própria Maria de Araújo que se *aniquila* a fim de salvar o centro da sua experiência no mundo.

O conceito que criei, o de *aniquilação de si*, pretende dar conta desse autossacrifício que permeia a experiência mística da beata Maria de Araújo. O foco, nesse sentido, foi a própria experiência mística e a interpretação da Igreja sobre os fenômenos como base para a condenação de Maria de Araújo. Deixei, assim, as portas abertas para que outras pesquisadoras e pesquisadores pudessem trazer novos questionamentos sobre o assunto.

Em 2018, dois anos após a publicação da tese original, alguns grupos culturais do Juazeiro se mobilizaram em torno da imagem da beata e se uniram em um *Movimento pela Reabilitação da Memória da Beata Maria de Araújo* que, segundo meus informantes, atuam em três frentes: uma *frente artística*, uma *frente política* e uma *frente espiritual*.

Na *frente artística*, passeatas reivindicam anualmente, na data de seu nascimento, em 24 de maio, o corpo desaparecido. Liderados pelo grupo *Companhia Carroça de Mamulengos*, o corredor de pessoas anda pelas ruas do Juazeiro com uma faixa, na qual se destacam os dizeres: "Onde estão os restos mortais de Maria de Araújo?". Outro grupo de artistas, chamado *100 diferente*, fez uma intervenção nos muros da cidade colando lambes com a chamada "Procura-se". Os diversos cartazes espalhados pela cidade com a imagem de Maria de Araújo sangrando pela boca e o título grafado em vermelho fazem alusão ao sumiço do corpo da beata em 1930. No rodapé do cartaz lemos: "Maria Magdalena do Espírito Santo de Araújo – BEATA MARIA DE ARAÚJO – mulher, pobre, negra, desaparecida desde 22 de outubro de 1930".

Ainda em 2018, fui procurada por um grupo de teatro que queria encenar um monólogo tendo como base o meu texto. O monólogo *Maria de Araújo e o Milagre do Juazeiro do Norte*[105] foi estrelado por Rafael Moraes e produzido pelo *Coletivo Passarinho* e pela *Trupe Errante* e traz uma Maria de Araújo que questiona a Igreja que a julgou.

Na *frente política*, os resultados são extraordinários e dizem respeito à aprovação de duas leis propostas pelo *Movimento* junto à Câmara Municipal, ambas apresentadas pela vereadora Jacqueline Gouveia. A primeira, a Lei Orgânica Municipal 4.866/2018, que institui o dia 1º de março como o "Dia do Milagre", sancionada no dia 30 de maio de 2018. A segunda, a Lei 5.142/2021, institui a obrigatoriedade da imagem da beata ao lado da do padre Cícero nas repartições públicas da cidade. No projeto de lei, a vereadora afirma: "A beata foi uma das protagonistas do chamado milagre da hóstia, evento mais importante que deu origem ao fundamento

---

105. Ver: http://truperrante2006.blogspot.com/2018/06/maria-de-araujo-edianne-nobre-e-rafael.html. Acesso em: 15 abr. 2024.

para a emancipação política do Juazeiro".[106] Existe ainda outro projeto de lei que solicita uma revisão histórica do Hino do Juazeiro e pede a inserção de uma estrofe sobre a beata.

Uma terceira lei, desta vez, estadual, foi aprovada em 19 de setembro de 2023 (Lei 18.469) e institui a inserção no Calendário Oficial de Eventos do Estado do Ceará do Dia da Beata Maria de Araújo, a ser celebrado, todos os anos, no dia 24 de maio e da Semana Maria de Araújo.

Na *frente espiritual*, o grupo realiza alguns rituais como a entronização da imagem da beata em casas de devotos, a reza do terço no lugar onde ela deveria estar enterrada com direito a procissão com um andor pelas ruas e igrejas do Juazeiro, e há ainda a distribuição de santinhos com a imagem da beata de um lado e uma "oração" do outro. A oração é, na realidade, um trecho do depoimento da própria beata à Comissão Episcopal em 1891, o que representa uma certa subversão da narrativa, uma vez que o testemunho presente nos processos não é apenas dela, mas transcrito por um escrivão.

Do ponto de vista histórico, acredito que o *Movimento* é interessante na construção de uma imagem feminina de referência em confronto à história oficial do Juazeiro que coloca o padre Cícero no centro da narrativa, mas acho que a *frente espiritual* apresenta um aspecto extremamente complicado.

Enquanto historiadora das religiões, acredito que uma *crença* não pode ser criada de cima para baixo, isto é, não faz sentido criar uma "crença popular" que não parte do povo (que mal conhece a história da beata), mas de grupos artísticos e intelectuais. Mesmo com todo o trabalho do grupo, não há garantias de que

---

106. MAGALHÃES, Vitor. Beata Maria de Araújo ganha foto ao lado de padre Cícero nas repartições públicas de Juazeiro do Norte. *O Povo*, 18 maio 2021. Disponível em: https://www.opovo.com.br/noticias/politica/2021/05/18/assim--como-padre-cicero--beata-maria-de-araujo-agora-tem-fotos-colocadas-em--reparticoes-publicas-de-juazeiro-do-norte.html. Acesso em 22 jan. 2024.

se forje uma devoção à Maria de Araújo por parte dos romeiros do padre Cícero quando mesmo para os moradores da cidade o impacto é mínimo. Um exemplo disso é que ainda em maio de 2023 a Prefeitura inaugurou uma estátua da Beata na principal praça da cidade, de autoria do escultor Ranilson Viana, junto a outras duas que representam o padre Cícero e o monsenhor Murilo Barreto, as três sem placas ou referência de quem sejam. Em uma enquete rápida, feita por mim mesma no mês de inauguração das imagens, percebi que qualquer juazeirense consegue identificar os dois homens; mas quando perguntados sobre a terceira personagem confundem a mulher retratada na escultura com outra beata, a Mocinha, governanta do padre Cícero.

Há, portanto, certa ingenuidade e romantização do *Movimento* quando se trata de desviar o objetivo político e histórico para aquele espiritual. As "regras da santidade" são claras nesse sentido: se não há devoto nem crença, não há santo para conclamar. Esse ativismo em prol da construção póstuma da santidade de Maria de Araújo também atinge o campo acadêmico local cuja produção é militante e repetitiva, pois se apodera da imagem da beata a fim de produzir estudos que se pretendem científicos, mas na realidade são apologéticos e devocionais, ou seja, pretendem "provar" a santidade de Maria de Araújo e reivindicar a devoção sobre ela na contemporaneidade.

Pesquisando os trabalhos acadêmicos produzidos sobre o tema nos últimos dez anos, isto é, após a publicação da minha tese, verifiquei que apenas duas teses foram produzidas no sentido de retomar a história da beata – e ambas se centram nos movimentos contemporâneos de recuperação da memória local. A primeira delas é, no campo da Antropologia, de autoria de Ercília Maria Braga de Olinda, *Uma santa na penumbra*: razões entrecruzadas para o isolamento da beata Maria de Araújo na história e na prática pedagógica do ensino fundamental (UFC, 2018). Já a outra é no campo da Ciências das Religiões, de Priscila Ribeiro Jeronimo Diniz, *Eu não estou aqui... aliás, eu estou aqui!*: o processo de invisibilidade da Beata Maria de Araújo em Juazeiro do Norte (CE, UFPB, 2021).

Os dois trabalhos possuem muitas características em comum: pretendem tratar do apagamento da beata na história do Juazeiro na contemporaneidade; investigam esse apagamento a partir de entrevistas com romeiros, artistas e figuras locais atuantes no *Movimento de Reabilitação Histórica*; ambos são descritivos, prosaicos e pouco rigorosos no que concerne ao método científico; e são guiados mais pela fé que pelo rigor acadêmico.

Como juazeirense, eu entendo o sentimento que leva muitas pessoas a se apaixonarem pela figura da beata Maria, pois eu mesma me apaixonei por ela quando tinha apenas 20 anos e estava começando minha pesquisa em 2004. É difícil não se encantar com uma mulher que, no final do século XIX, subverteu o sistema e mexeu com toda a estrutura hierárquica da Igreja desafiando a lógica branca, patriarcal e colonizadora. Como eu também sou escritora de ficção, permito-me deixar aflorar a paixão no texto literário.

No entanto, enquanto cientista e pesquisadora, também entendo que devemos manter certo distanciamento do nosso objeto de estudo, a fim de evitar que as paixões nos ceguem diante dos fatos, isto é, daquilo que está registrado nas fontes. E mais, precisamos nos ater ao método científico. É ele que nos ajuda a não ceder à tentação de sermos devotos daqueles que estudamos, percebendo também as suas contradições e complexidades.

A imagem de Maria também produz representatividade: uma mulher negra e pobre que causou uma celeuma nas convicções doutrinárias do clero brasileiro e desafiou o Vaticano. Inclusive, por causa da minha formação em instituições clássicas formadas por professores majoritariamente brancos, me faltaram leituras importantes sobre a conexão entre raça e gênero. Assumo esta lacuna do meu trabalho: a historiografia ainda carece de um estudo que interseccione em sua contemporaneidade as opressões de raça, gênero e classe que Maria de Araújo sofreu por sua condição.

Entender Maria como uma mulher negra dentro de uma sociedade branca, racista e cis-heterocentrada é importantíssimo para entendermos também a recusa imediata da Igreja em aceitar que ela era capaz de produzir os milagres que a ela atribuíam. Não é uma coincidência que o primeiro fenômeno público do sangramento da hóstia tenha acontecido pouco depois da abolição da escravatura no Brasil e da separação entre a Igreja e o Estado que culminou com a Proclamação da República.

Hoje, munida de outros referenciais teóricos como Beatriz Nascimento, Lélia González, Angela Davis, Cida Bento, entre outras e outros, percebo que a hostilidade da Diocese cearense e da Congregação para a Doutrina da Fé foi uma manifestação da imposição civilizatória da branquitude europeia. O contexto não permitia que essas instituições simpatizassem com a imagem de uma santa negra, daí também as inúmeras tentativas de reduzi-la aos adjetivos: doente, bêbada ou histérica.

O padre francês Chevalier já havia dito: "Deus não deixaria a França para obrar milagres no Brasil!", mas, talvez, ele pensasse: "A Igreja não deixaria de produzir santas brancas para produzir uma santa negra". Fica, então, o desafio para a nova geração: uma nova investigação sobre Maria de Araújo que tensione a questão racial, se distancie da paixão religiosa e encare o tema com os rigores da pesquisa acadêmica.

Revisitar este trabalho foi uma experiência interessante. Eu me conectei mais uma vez com muitas questões, teóricas e metodológicas, e com muitas memórias. Acredito que a minha tese central ainda é totalmente válida e não foi superada pelos trabalhos que se seguiram até o momento.

Se vinte anos atrás falar sobre a invisibilidade de Maria era uma espécie de tabu, hoje nós (mulheres, historiadoras, pesquisadoras, escritoras) somos responsáveis por não deixar que ela seja esquecida novamente. É nossa responsabilidade colocar Maria de Araújo no lugar que é dela por direito: o de protagonista da história oficial do Juazeiro.

Dia Nobre
6 de fevereiro de 2024, Petrolina

Sumário

Nota da autora	7
Prefácio à primeira edição	9
Entre Anas e Marias	15
1. O milagre ou a semente da discórdia	17
2. Religião e política no Vale do Cariri: edifícios arruinados e população revoltosa	21
3. Dom Luís e os pregadores indesejados	29
4. A primeira romaria ao Juazeiro	41
5. A Diocese *versus* Maria de Araújo	49
6. Brincar com o menino Deus, carregar a cruz do Amado	65
7. Ela gemia e amava: santidade ou soberba?	91
8. O corpo analisado: o milagre à luz da ciência	99
9. Maria de Araújo na imprensa	121
10. Um servo obediente: o padre Cícero Romão Batista	131
11. José Marrocos: o advogado da *"Santa Causa"*	143
12. Monsenhor Monteiro: narrador dos incêndios de Maria de Araújo	153
13. As damas de honra de Maria de Araújo	159
14. As armadilhas da fé: o encerramento do primeiro inquérito	191
15. A autoridade a serviço da "verdade": o segundo inquérito	203
16. A condenação orquestrada: a Carta Pastoral de 1893	225
17. "Prodígios vãos e supersticiosos": a voz da Santa Sé e a Carta de 1894	241
18. As fabricantes de milagres e o reordenamento da crença	259
19. "Se eu negar o que disse antes, que Deus me cegue!"	275
20. O "Lobo do Juazeiro" e a viagem do padre Cícero	285
21. Que conste dos autos: o Relatório final da Santa Sé	305
22. A aniquilação de si: "Fazei isto em minha memória"	315
23. A memória de uma paixão	325
Posfácio à nova edição	327

**Acreditamos
nos livros**

Este livro foi composto em Adobe Caslon Pro e
impresso pela Geográfica para a Editora Planeta do
Brasil em junho de 2024.

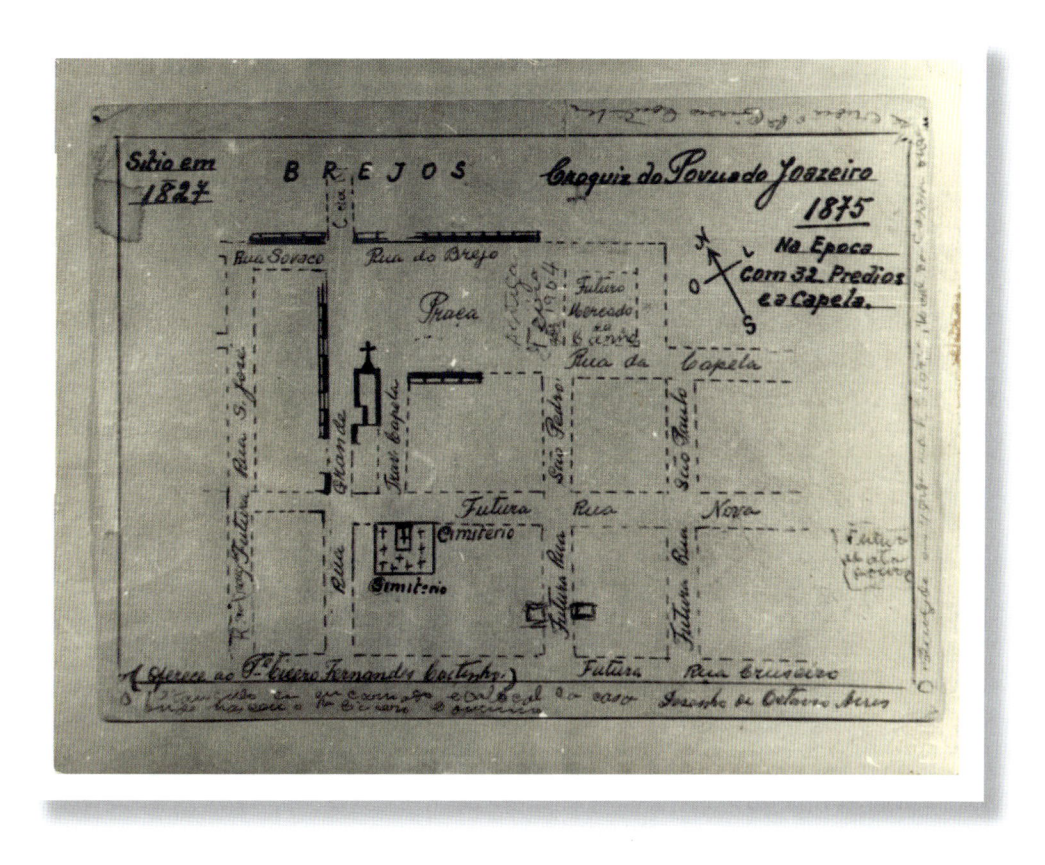

Planta do povoado de Joaseiro no ano de 1875, desenhada por Octavio Aires.
Crédito: Acervo da Fundação Memorial Padre Cícero, Juazeiro do Norte, Ceará.

Igreja Nossa Senhora das Dores, antes Capela, onde aconteceu o primeiro sangramento da hóstia. Juazeiro do Norte, antes de 1940.
Crédito: Acervo da Fundação Memorial Padre Cícero, Juazeiro do Norte, Ceará.

Um dos paninhos do fenômeno da hóstia. O único que teria
sido guardado pela beata Maria de Araújo.
Crédito: Acervo da Fundação Memorial Padre Cícero,
Juazeiro do Norte, Ceará.

Beata Maria de Araújo.
Crédito: Acervo da Fundação Memorial Padre Cícero, Juazeiro do Norte, Ceará.

Cruzamento das Ruas São Pedro e São Francisco, entre as décadas de 1920 e 1930.
Crédito: Acervo da Fundação Memorial Padre Cícero, Juazeiro do Norte, Ceará.

Juazeiro do Norte. Rua São Pedro, Juazeiro do Norte, Ceará, [19--].
Crédito: Acervo IBGE.

Padre Cícero em sua residência. Fotografia PB, provavelmente tirada em 1925. Ao lado do padre, está o advogado José Ferreira de Menezes, seu secretário particular. De pé, da esquerda para a direita, estão: Joana Tertulina de Jesus, a "beata Mocinha" (governanta da casa do padre Cícero), Laura Ferreira de Menezes e Irinéia Furtado de Menezes, respectivamente, filha e esposa do advogado.
Crédito: Acervo do Museu Histórico e Antropológico do Ceará - Fortaleza.

Juazeiro do Norte. Santuário de São Francisco das Chagas,
Juazeiro do Norte, Ceará, [19--].
Crédito: Acervo IBGE.

Vista panorâmica da cidade, Juazeiro do Norte, Ceará, [19--].
Crédito: Acervo IBGE.

Praça das Almas: Estátua de São Francisco das Chagas, Santuário de São Francisco das Chagas, Juazeiro do Norte, Ceará, [19--].
Crédito: Acervo IBGE.

Igreja do Socorro, 2022. O túmulo do padre Cícero encontra-se no centro da Igreja, enquanto o da beata Maria de Araújo estava na lateral interna do lado direito. Depois de destruído em 1931 foi substituído por uma placa mortuária.
Crédito: Junior Silva/NUCOM/Prefeitura de Juazeiro do Norte, Ceará.

Igreja do Socorro, 2022.
Crédito: Junior Silva/NUCOM/Prefeitura de Juazeiro do Norte, Ceará.

Representação em tamanho natural do padre Cícero e de Maria de Araújo no momento em que a hóstia teria sangrado pela primeira vez. Dos lados direito e esquerdo, pode-se ver uma parte dos milhares de ex-votos deixados pelos romeiros todos os anos.
Crédito: Acervo Museu de Cera na Serra do Horto em Juazeiro do Norte, Ceará.

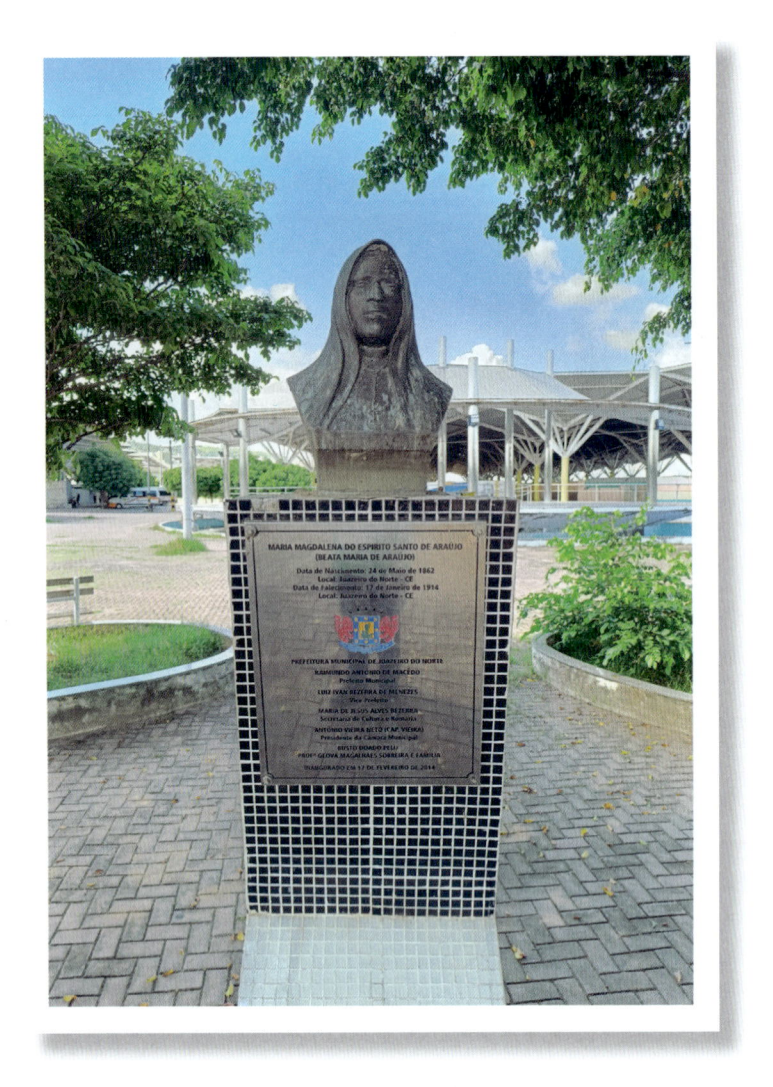

Busto (em detalhes) da beata Maria de Araújo na Praça
da Igreja do Socorro em Juazeiro do Norte, Ceará, 2024.
Crédito: Roberto Júnior.

Busto da beata Maria de Araújo na Praça da Igreja do Socorro em Juazeiro do Norte, Ceará, 2024.
Crédito: Roberto Júnior.

Estátuas de padre Murilo de Sá Barreto, ex-pároco da Igreja de Nossa Senhora das Dores e líder da Pastoral dos Romeiros, padre Cícero e beata Maria Araújo na Praça Padre Cícero no centro da cidade de Juazeiro do Norte, Ceará.
Crédito: Thiago Sousa/NUCOM/Prefeitura de Juazeiro do Norte, Ceará.

Vitral da beata Maria de Araújo na Igreja de Nossa Senhora do Perpétuo do Socorro, Juazeiro do Norte, Ceará, 2024.
Crédito: Roberto Júnior.

Estátua da beata Maria Araújo na Praça Padre Cícero no
centro da cidade de Juazeiro do Norte, Ceará.
Crédito: Thiago Sousa/NUCOM/Prefeitura de Juazeiro do Norte, Ceará.